STUDIEN ÜBER AUFGABEN DER FERNSPRECHTECHNIK

Von Max Langer

Abteilungs-Direktor der Siemens & Halske AG

Berlin-Siemensstadt

2. Teil

FERNVERKEHR

2. Auflage

MÜNCHEN UND BERLIN 1939

VERLAG VON R. OLDENBOURG

Druck von R. Oldenbourg, München

Printed in Germany

Inhaltsverzeichnis.

1*

Vorwort.

Die zweite Auflage der „Studien über Aufgaben der Fernsprechtechnik" erscheint in zwei Bänden; erster Band „Ortsverkehr", zweiter Band „Fernverkehr". Da die Einführung der Wählertechnik in den Fernverkehr heute im Vordergrunde des Interesses steht und auf diesem Gebiet sich die größte und umfangreichste Entwicklung vollzieht, soll der zweite Band „Fernverkehr" zuerst erscheinen.

Dieser Band ist bedeutend durch die neuesten Studien erweitert; es sind wichtige Abschnitte hinzugefügt worden, die besondere Aufgaben des Fernverkehrs behandeln. Der Band enthält ferner viele neue Vorschläge über die Einführung der Wählertechnik besonders in den Weitfernverkehr, die noch der Prüfung unterliegen.

Berlin, Februar 1939.

Der Verfasser.

Einleitung.

Der Fernsprechbetrieb in allen Staaten der Erde befindet sich in einem Zustand großer Umwälzungen; einmal dringt die selbsttätige Verbindungsherstellung in die Betriebe ein und stellt diese grundlegend um, zum anderen hat die Verstärkerröhre die unmittelbare Verständigung über den ganzen Erdball ermöglicht. Da auch immer neue Gebiete fernsprechtechnisch erschlossen und in das Weltfernsprechnetz eingegliedert werden, so werden, um den gesteigerten Ansprüchen zu genügen, die öffentlichen Fernsprechanlagen aller Staaten an den zunehmenden Weltverkehr angepaßt und leistungsfähiger in bezug auf Umfang, Güte und Beschleunigung des Verkehrs ausgestaltet. Die Umänderungen und Anpassungen sind nicht nur technisch, sondern auch wirtschaftlich schwierig; denn in den Anlagen sind mehr als 33 Milliarden Mark angelegt. Man kann daher die Anlagen nicht einfach durch neue ersetzen, sondern muß diese in möglichst einfacher Weise auf Grund umfangreicher Wirtschaftsrechnungen den neuen Bedingungen langsam nach und nach anpassen.

Der Fernsprech-Ortsbetrieb hat sich in den letzten 30 Jahren in allen Kulturstaaten durch die Einführung der selbsttätigen Betriebsform erheblich geändert. Die Umänderung, die in Europa mit der Einschaltung des Amtes Hildesheim 1908 begann, ist zwar überall noch nicht vollkommen beendet, doch sind in vielen Staaten schon etwa 70 bis 98% des Ortsverkehrs zum Selbstanschlußbetrieb umgeschaltet. Von den 37 Millionen Sprechstellen in der Welt sind 50%, von den 13,5 Millionen Sprechstellen in Europa 68% und von den 3,6 Millionen in Deutschland sind etwa 88% umgeändert.

Der Fernsprech-Fernbetrieb ist dagegen fast noch unverändert; denn die Fernverbindungen werden zum größten Teil heute noch von Hand vermittelt, trotzdem das erste selbsttätige Fernamt der Welt mit Herstellung der Fernverbindungen über kurze Entfernungen durch die Teilnehmer selbst schon im Jahre 1923 in Weilheim in Betrieb genommen wurde. Da aber die für den Fernbetrieb neu zu lösenden Aufgaben nicht einfach sind, sondern viel verwickelter, weitreichender und durchgreifender als diejenigen des Ortsbetriebes, so ist es gar nicht verwunderlich, daß die Fortschritte zunächst nur gering waren und mitunter die Meinung geäußert wurde, im Fernbetrieb seien die Beamtinnen für die Regelung des Verkehrs, Herstellung und Überwachung der vielen verschiedenartigen Fernverbindungen sowie Errechnung und Verrechnung der verwickelten Gebühren nicht zu entbehren, oder die Einführung der Wählertechnik im Fernbetrieb sei eine Angelegenheit der fernen Zukunft. Die Wählertechnik bringt aber auch im Fernbetrieb viele technische, wirtschaftliche und betriebliche Vorteile für Teilnehmer und Verwaltung und hat in der Praxis längst überzeugende Beweise erbracht, daß alle schwierigen Aufgaben des umfangreichen Fernbetriebes in einfacher und billiger Weise gelöst werden können.

Bei der Einführung der Wählertechnik im Fernverkehr treten folgende neue Aufgaben besonders hervor:

a) Die Umgestaltung der Fernnetze, die Bündelung der Fernleitungen, die Beseitigung der Wartezeiten, die Bildung von Netzgruppen.

b) Die verwickeltere Berechnung und Verrechnung der Gebühren, die von der Entfernung und von der Gesprächszeit abhängen.

c) Die Fernwahl, das ist die Übertragung der Wahlstromstöße über große Entfernungen.

d) Die Berücksichtigung der zunehmenden Dämpfung der Fernvermittelungsleitungen mit zunehmender Größe der Netzgruppen.

Bevor das erste Fernamt mit Wählerbetrieb eingeschaltet werden konnte, waren daher eine Reihe von verwickelten Aufgaben zu lösen, die weit über den Rahmen der Erfahrungen, die in den Ortsnetzen mit Selbstanschlußbetrieb gesammelt worden waren, hinausgingen. Im einzelnen ist über diese neuen Aufgaben folgendes zu sagen:

Zu a: Die Einführung der Wählertechnik hat Sofortverkehr zur Voraussetzung. Die Fernnetze sind bisher für Handbetrieb allgemein als Maschennetze entwickelt worden, bei denen möglichst alle wichtigen Orte unmittelbar mit Leitungen untereinander verbunden waren, unter möglichster Vermeidung des Durchgangsverkehrs, der bei Handbetrieb sehr umständlich ist. Derartige Maschennetze, mit ihren kleinen Leitungsbündeln, haben aber nur dann eine befriedigende Leistung, wenn teilweise erhebliche Wartezeiten zugelassen werden. Für den Sofortverkehr der Wählertechnik müßte, weil die Wartezeiten fortfallen, die Zahl der Fernleitungen im Maschennetz erheblich gesteigert werden, was wirtschaftlich untragbar ist. Um die Erhöhung der Leitungszahl zu vermeiden, formt man die Maschennetze um und bildet Sternnetze mit großen Leitungsbündeln und guter Ausnutzung der Leitungen.

Das hat aber eine erhebliche Steigerung des Durchgangsverkehrs zur Folge, der sich im Wählerbetrieb im Gegensatz zum Handbetrieb in der einfachsten Weise zwanglos von selbst ergibt; denn ob die Wähler im eigenen Amt oder in einem fremden Amt stehen, ist im Wählerbetrieb ohne jede Bedeutung.

Eine Anzahl zusammenhängender Orte wird zu einer sog. Netzgruppe zusammengefaßt mit dem Interessenmittelpunkt als Mittelpunkt des Fernsprechverkehrs, weil dieser stets in der Richtung der Interessen verläuft. Der Umfang einer Netzgruppe richtet sich nach den allgemeinen Beziehungen. Die Teilnehmer einer derartigen Netzgruppe erhalten Selbstwählfernverkehr untereinander, mit Zeitzonenzähler für Errechnung und Verrechnung der Gebühren.

8

Zu b: Die Gebührenberechnung erfolgt im Fernverkehr nach der Entfernung der Teilnehmer und der Gesprächszeit, und zwar galt früher die Zeiteinheit von je 3 min zu 3 min, herrührend aus der Handamtstechnik. Heute erfolgt die Berücksichtigung der Zeit schon nach den ersten 3 min je min, und es ist nicht ausgeschlossen, daß später bei zunehmender Einführung der Wählertechnik die Berücksichtigung von vornherein je min erfolgen kann, weil die Ursache dafür, der zeitraubende Aufbau der Fernverbindungen mit Handbetrieb, fortfällt. Die Gebührenverrechnung erfolgt im Selbstwählfernverkehr größtenteils als Mehrfachzählung auf den Teilnehmerzähler für die Ortsgebühren, wobei Voraussetzung ist, daß die Ferngebühr ein Mehrfaches der Ortsgebühr betragen muß. Durch eine Unterteilung in zwei- oder dreifache Zählung der Ortsgebühr kann eine weitere Anpassung der Gebühren des Fernverkehrs an die Ortsgebühr erfolgen. Die Gebühren für die vom Teilnehmer selbsttätig hergestellten Fernverbindungen werden demnach gemeinsam mit den Ortsgebühren verrechnet, ohne daß Gebührenzettel ausgestellt werden. Eine besondere Einrichtung, der sog. Zeitzonenzähler, ermittelt selbsttätig die Gebühr aus Entfernung und Zeit und veranlaßt die Mehrfachzählung. Der Zeitzonenzähler bildet daher die Grundlage der Berechnung und Verrechnung der Ferngebühren und ist damit ein grundsätzlicher Bestandteil des Selbstwählfernverkehrs. Er ist im Laufe der Zeit immer umfangreicher geworden, weil der Selbstwählfernverkehr der Teilnehmer sich über immer größere Entfernungen erstreckt.

Die Gebührenverrechnung läßt sich aber auch durch selbsttätige Gebührendrucker ermöglichen, die selbsttätig einen Gebührenzettel mit allen erforderlichen Angaben herstellen. Dazu gehört die Nummer des Rufenden und Gerufenen, das Jahr, der Tag mit Tageszeit, die Gebührenhöhe, die laufende Nummer des Zettels und des Druckers. Der Gebührendrucker ermöglicht wieder den Gebührenzettel und eine Unabhängigkeit des Fern- vom Ortstarif, doch ist die wirtschaftliche Grundlage für denselben heute noch nicht gefunden.

Zu c: Zur Steuerung der Wähler über Fernleitungen gehört die Fernwahl. Die Fernwahl kann erfolgen mit Gleichstrom, Induktionsstrom und Wechselstrom verschiedener Frequenzen, wobei bisher die Fernwahl mit Wechselstrom die größere Bedeutung erlangt hat. Die Wechselstromfernwahl erfolgt mit 50, 100 oder 150 Hertz für kürzere, mit Tonfrequenz von 600 und 750 Hertz über größere und größte Entfernungen. Die Wechselstromfernwahl mit 50 Hertz und die Wahl mit Induktionsströmen haben eine große Ausbreitung für die kurzen Entfernungen erlangt; sie werden heute allgemein für kurze Fernleitungen verwendet. Die Tonfrequenzfernwahl mit 600 und 750 Hertz hat eine große Zukunft, weil sie die Fernwahl über jede große Entfernung und jede Art von Leitungen und Kanälen zuläßt. Alle größeren Fernleitungen, besonders auch im internationalen Verkehr, werden künftig bei Einführung der Wählertechnik mit Tonfrequenz betrieben werden. Aus diesem Grunde hat das CCIF (Comité Consultatif International des Communications Téléphoniques à Grandes Distances) Empfehlungen für die

Grundlagen der Tonfrequenzfernwahl für internationalen Verkehr festgelegt, die später noch eingehend behandelt werden.

Die Fernwahl selbst wird auf kurze Entfernungen durch die Teilnehmer und auf große und größte Entfernungen durch die Fernbeamtin ausgeführt. Die Ausdehnung der Teilnehmerfernwahl ist ständig gewachsen. Während in der ersten Zeit die Fernwahl nur bis etwa 15 km Entfernung vorgesehen war, wird heute in Deutschland beabsichtigt, sie bis etwa 75 km auszudehnen, weil etwa 81% aller Fernverbindungen innerhalb dieser Entfernung verlaufen und die Bedenken, die man früher gegen die unmittelbare Benutzung der Fernleitungen durch die Teilnehmer hatte, sich für diese Entfernungen als nicht begründet ergeben haben. Man kann demnach sagen: Bis 75 km Entfernung empfiehlt sich Teilnehmerfernwahl, darüber hinaus Fernwahl durch die Beamtin.

Zu d: Der Einfluß der Fernvermittlungsleitungen mit ihren Dämpfungen trat in der ersten Zeit des Fernwahlbetriebes nicht besonders in Erscheinung, weil nur kurze Fernleitungen in Betrieb waren. Mit der Ausdehnung der Fernwahl und der Netzgruppen trat aber immer mehr die unerwünschte Zunahme der Dämpfungen hervor, die sich mit den inzwischen vom CCIF festgelegten zulässigen Dämpfungen nicht ohne weiteres in Übereinstimmung bringen ließen. Die Dämpfung zwischen Fernamt und Ortsamt war zu groß. Besondere selbsttätige Verstärker wurden entwickelt und in Betrieb gesetzt, um diese Dämpfungen herabzusetzen. Auch heute noch wird an einer allgemein zufriedenstellenden Lösung gearbeitet, die zulässigen Dämpfungen nicht zu überschreiten, ohne die Pfeifsicherheit der Fernleitungen herabzusetzen, oder aber die zulässigen Dämpfungen durch andere Verteilung der Gesamtdämpfungen auf den zusammengeschalteten Fernleitungen zu erhöhen.

Seit der Einschaltung des ersten selbsttätigen Fernamtes sind aber sehr viele wertvolle Erfahrungen gesammelt worden, die zweckmäßig bei der weiteren Entwicklung des selbsttätigen und halbselbsttätigen Fernverkehrs verwertet werden.

Fernbetrieb.

1. Die Technik des Fernbetriebes.

Die heute noch am weitesten verbreitete Art der Fernverbindungsherstellung ist folgende: Wenn ein Teilnehmer ein Ferngespräch wünscht, so meldet er es am Meldeplatz an, wo ein Gesprächszettel mit den notwendigen Angaben ausgefüllt wird. Der Zettel wird gewöhnlich durch Rohrpost über eine Zettelverteilungsstelle zum Fernplatz geschickt, und die Verbindung wird dort dann hergestellt, wenn die Fernleitung frei und die betreffende Verbindung an der Reihe ist. Abb. 1 oben zeigt diesen Betrieb. Der Teilnehmer muß warten, damit auf der Fernleitung zur besseren Ausnutzung derselben ein Gespräch an das andere gereiht werden kann. Die dadurch entstehenden Wartezeiten sind recht unangenehm, und alle Verwaltungen bemühen sich, diese nach Möglichkeit herabzusetzen.

Die vom Meldeamt einlaufenden Gesprächszettel werden auf die Plätze gleicher Richtung möglichst gleichmäßig verteilt und nach der Zeit ihres Einganges geordnet. Die Vorbereitung zur Herstellung einer Fernverbindung geschieht derart, daß die Fernbeamtin schon während des Besetztseins der Fernleitung die neue Verbindung im eigenen Ort mit dem rufenden Teilnehmer entweder über Vorschalteschrank oder über Wähler herstellt, wobei zu erwähnen ist, daß die Vorschalteschränke ganz allgemein immer mehr verschwinden und durch Wähler ersetzt werden. Auch im fernen Ort hat die Fernbeamtin die Verbindung mit dem gewünschten Teilnehmer, dessen Nummer sie in vielen Fällen telegraphisch durch Summermeldebetrieb erhalten hat, vorbereitet. In dem Augenblick, wo die bestehende Fernverbindung beendet ist, trennen die beiden Beamtinnen die alte Verbindung, stellen auf beiden Seiten eine neue Verbindung mit den vorbereiteten Teilnehmern her und rufen diese an, so daß möglichst keine Zeit verloren geht. Auf diese Weise wird auf der Fernleitung ohne Zeitverlust ein Gespräch an das andere gereiht.

Für Durchgangsverkehr hat entweder bei kleinen Ämtern jede Fernbeamtin alle Fernleitungen in Vielfachschaltung in ihrem Klinkenfeld, oder bei großen Ämtern werden Durchgangsverbindungen über besondere Durchgangsplätze hergestellt, denen alle dafür vorgesehenen Fernleitungen zur Verfügung stehen.

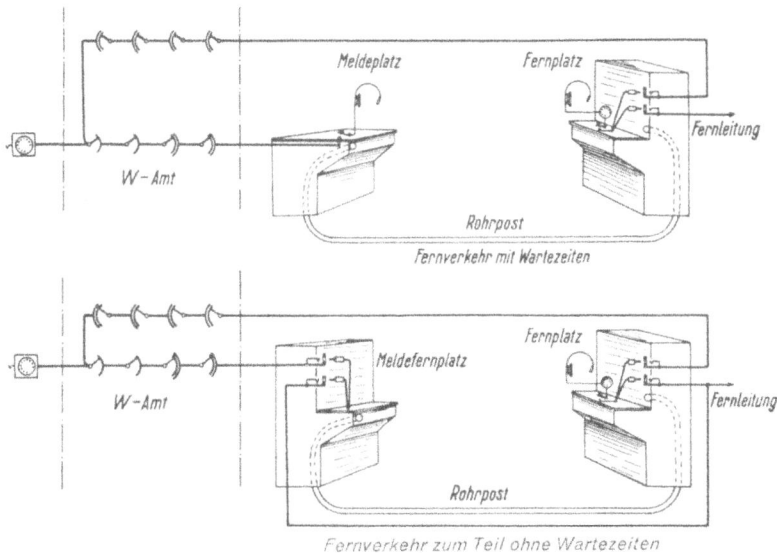

Abb. 1. Grundsätzliche Darstellung des Fernverkehrs.

Im allgemeinen haben die Fernämter eine ganze Anzahl von Gruppen verschiedener Fernplätze. Bei großen Fernämtern kann man folgende Plätze finden:

Meldeplätze für die Anmeldung von Ferngesprächen.

Plätze für abgehenden Verkehr, die noch nach Richtungen unterteilt sind.

Plätze für ankommenden Verkehr, die ebenfalls unterteilt sind.

Plätze für Sofortverkehr.

Plätze für Durchgangsverkehr, unverstärkt.

Plätze für Durchgangsverkehr, verstärkt.

Sammelplätze für den Nachtverkehr für alle Gruppen.

Den normalen Fernplätzen werden 2 bis 5 Fernleitungen, je nach Länge und Wichtigkeit, möglichst einer Richtung, mit ihren Anrufzeichen zur Bedienung unmittelbar zugeteilt. Sind es zwischenstaatliche Leitungen, so müssen die Beamtinnen die entsprechende Sprache beherrschen. Die Fernleitungen werden bei größeren Bündeln im Richtungsverkehr, bei kleineren Bündeln in doppeltgerichtetem Verkehr betrieben. Bei Richtungsverkehr stellt die Beamtin in ankommender Richtung nur Gespräche ohne Gesprächszettel her; sie kann daher mehr Fernleitungen bedienen als die Beamtinnen in abgehender Richtung der Fernleitungen. Bei den doppeltgerichteten Fernleitungen wird die Reihenfolge in der Herstellung der Gespräche so geregelt, daß abwechselnd Gespräche von der einen Seite, dann von der anderen Seite hergestellt werden. Nur die Beamtin am Anmeldeort hat einen Gesprächszettel und überwacht die Verbindung, während in ankommender Richtung die Beamtin nur die Verbindung herstellt, ohne sie zu überwachen.

Im allgemeinen Fernverkehr gibt es die verschiedensten Arten von Ferngesprächen, die von den Beamtinnen unterschiedlich behandelt und tarifiert werden müssen, und die besonders bezeichnet sind.

1. *Normale Gespräche*, Gebühr abhängig von der Entfernung.

Sie beträgt:

	bis	15	km	0,30	RM
	,,	25	,,	0,40	,,
	,,	50	,,	0,60	,,
	,,	75	,,	0,90	,,
	,,	100	,,	1,20	,,
darüber je	100		,,	0,30	,,
über	600		,,	3,00	,,

bei einer Gesprächszeit von 3 min, dann steigend von min zu min um je $1/3$ der Gebühr.

2. *Blitzgespräche* mit 10facher Gebühr normaler Gespräche.

3. *D-Gespräche* (dringend) mit doppelter Gebühr normaler Gespräche.

4. *V-Gespräche* mit Voranmeldung mit normaler Gebühr und Zuschlag von $1/3$ der Gebühr eines normalen Dreiminutengesprächs.

5. *XP-, XPL-Gespräche* mit Herbeirufung einer Person. Normale Ge-

bühr mit Zuschlag von $^1/_3$ der Gebühr eines normalen Dreiminutengesprächs. Weiterer Zuschlag von 30 Rpf., wenn Person von anderem Grundstück, 80 Rpf., wenn vom Nachbarort zu rufen ist.

6. *R-Gespräche*, die der Angerufene bezahlen soll. Normale Gebühr mit Zuschlag von $^1/_3$ der Gebühr eines normalen Dreiminutengesprächs.

Außerdem gibt es noch eine ganze Anzahl anderer Arten von Gesprächen, für die besondere Gebühren bestehen, z. B. Festzeitgespräche, Börsen-, Dienst- und Staatsgespräche, Zugfunk- und Seefunkgespräche, Dauerverbindungen usw.

Die angegebenen Gebühren gelten für die Tageszeit von 8 bis 19 Uhr, für die Nachtzeit von 19 bis 8 Uhr werden nur $^2/_3$ der Gebühren für innerstaatliche und $^3/_5$ für zwischenstaatliche Gespräche erhoben. Die Zuschläge ändern sich nur für V- und XP-Gespräche von 40 bis 60 Rpf. je nach Entfernung.

Die Beamtinnen müssen die aufgelaufenen Gebühren errechnen und auf dem Gesprächszettel notieren. Kommen Verbindungen aus irgendwelchem Grunde nicht zustande, so muß die Ursache auf dem Gesprächszettel ebenfalls angegeben werden.

Die Herstellung der Fernverbindungen geschieht vielfach im Interesse der guten Ausnutzung der Fernleitungen mit Vorzug gegenüber Ortsverbindungen. Diese Betriebsmethode ist aber in den verschiedenen Ländern nicht einheitlich geregelt, sondern recht verschieden. Man kann 3 Gruppen unterscheiden:

1. Fernverbindungen haben einen vollkommenen Vorzug gegenüber Ortsverbindungen. Die Fernbeamtin tritt in eine bestehende Ortsverbindung ein, benachrichtigt die Teilnehmer und trennt die Verbindung zugunsten der Fernverbindung. Diese Methode ist in Italien und Holland eingeführt.

2. Die Fernverbindungen haben nur einen gewissen Vorzug. Die Fernbeamtin tritt wohl in eine Ortsverbindung ein, trennt aber nicht, sondern überläßt die Annahme oder Ablehnung dem Teilnehmer. Diese Methode ist in England und z. T. in der Schweiz eingeführt.

3. Die Fernverbindungen haben gar keinen Vorzug. Bei ortsbesetzten Teilnehmern kann eine Fernverbindung nicht hergestellt werden. Diese Methode ist in Deutschland, Amerika und Spanien eingeführt.

Zu diesen verschiedenen Methoden ist folgendes zu sagen:

Zu 1. Der vollkommene Vorzug ermöglicht die beste Ausnutzung der Fernleitungen und ist bei Herstellung der Fernverbindungen von Hand besonders im Durchgangsverkehr begründet, verursacht aber unter Umständen durch schnelle Trennung Verärgerung der Teilnehmer.

Zu 2. Wenn man die Fernverbindungen nur anbietet, wird vielleicht in einzelnen Fällen die Ausnutzung der Fernleitungen etwas herabgesetzt, man vermeidet aber Verärgerung der Teilnehmer, die bei vorzeitigem Trennen entstehen kann.

Zu 3. Wenn genügend Fernleitungen zur Verfügung stehen, die Fernleitungen schon gebündelt sind und der Aufbau der Fernverbindungen durch Fernwahl sehr schnell erfolgt, kann diese Methode ohne Nachteile angewendet werden, die jede Beeinflussung telephonischer Gespräche vermeidet.

Die jeweilige Methode richtet sich daher nach der Art der Herstellung der Fernverbindungen.

Während bei der alten, teilweise umständlichen und zeitraubenden Herstellungsweise aus wirtschaftlichen Gründen eine gewisse Notwendigkeit der Trennung von Ortsverbindungen vorlag, fällt diese beim Wählerbetrieb fort. Man kann allgemein den Grundsatz aufstellen, daß, wenn mehrere Beamtinnen an dem Aufbau einer Fernverbindung tätig sind, eine Aufschaltung auf Ortsverbindungen und eine Trennung wünschenswert ist, daß aber, wenn nur eine Beamtin die Fernverbindung mittelst Fernwahl aufbaut, ohne weiteres auf die Trennung, ja sogar unter Umständen auf die Aufschaltung verzichtet werden kann.

Wenn der Wählerbetrieb mit Fernwahl auf den Fernleitungen in einem Lande eingeführt ist, so kann man zu der in Deutschland üblichen Praxis übergehen und nur Fernverbindungen herstellen, wenn der gewünschte Teilnehmer frei ist. Ist der Teilnehmer besetzt, wird die aufgebaute Fernverbindung wieder aufgelöst und später wieder hergestellt.

Die Trennung von Ortsverbindungen ist bisher stets eine unerfreuliche Angelegenheit gewesen, die viel Mißstimmung in Teilnehmerkreisen verursacht hat. Diese Mißstimmung bei der Trennung von Ortsgesprächen hat ihre Ursache darin, daß:

a) Ortsgespräche unter Umständen wichtiger als Ferngespräche sein können,

b) eine Benachrichtigung der Teilnehmer vor der Trennung gar nicht oder ungenügend erfolgt,

c) für unbeendete, unter Umständen gerade begonnene Gespräche bezahlt werden muß, was besonders im selbsttätigen Vorortverkehr recht unangenehm ist, weil höhere Beträge in Frage kommen,

d) zu frühzeitig getrennt wird und man noch auf das Ferngespräch warten muß, während man in dieser Zeit das Ortsgespräch hätte zu Ende führen können.

e) Trennung falscher Teilnehmer vorkommt,

f) bei Mehrfachanschlüssen wohl immer ein anderer Teilnehmer der Nebenstellenzentrale verlangt wird als der, der am Fernsprecher ist, und viele andere Gründe mehr.

Man ersieht aus den angegebenen Gründen also deutlich, daß man die Trennung von Ortsgesprächen auf das denkbar kleinste Maß zurückführen sollte, was durch die Einführung der Wählertechnik im Fernverkehr ermöglicht wird.

Es ist früher die Vorbereitung einer Fernverbindung zum Teilnehmer ohne Sperrung desselben für Ortsverkehr gefordert worden. Diese Forderung

hatte nur eine gewisse Berechtigung im alten Fernverkehr mit langen Warte-
zeiten. Im neuzeitlichen, schnell betriebenen Fernverkehr stellt die Beamtin im
Ort die Verbindung her und benachrichtigt den Teilnehmer sofort über die
Herstellung der Fernverbindung, die in den nächsten Sekunden erfolgen wird,
damit der Teilnehmer am Fernsprecher die Fernverbindung erwartet und keine
Leerlaufzeit auf der Fernleitung entsteht. An Stelle der früheren Vorbereitung
ohne Sperrung ist jetzt eine kurze Vorbereitung mit Sperrung getreten. Der
Teilnehmer wird also stets sofort bei der Herstellung der Verbindung durch
die Fernbeamtin angerufen und benachrichtigt.

Es ist vorgeschlagen worden, um die Aufschaltung auf besetzte Teilnehmer zu vermeiden, eine vorbereitete Verbindung herzustellen, die durch-
schaltet in dem Augenblick, wenn der Teilnehmer frei wird. Diese Methode
wird sich nicht recht empfehlen, weil einmal, wenn die Verbindung über die
Fernleitung hergestellt ist, diese nicht solange nutzlos belegt bleiben kann,
bis der Teilnehmer frei wird, was mitunter recht lange dauern kann, zum
anderen Doppelverbindungen entstehen, wenn mehrere vorbereitete Fernverbindungen auf das Freiwerden des Teilnehmers warten und keine besondere Rufverteilung vorgesehen ist.

Der Wählerbetrieb ist bisher z. T. nur für die Herstellung der Verbindungen vom Fernamt zum Teilnehmer der eigenen Anlage eingeführt, nur in
sehr wenigen Fällen wird der ferne Teilnehmer über die Fernleitung mittels
Fernwahl über Wähler gerufen. Trotzdem hat der Wählerbetrieb den Bau
der Fernämter schon wesentlich beeinflußt. Durch den Wählerbetrieb war
es möglich, die alten Verbindungsmittel, Stöpsel, Schnüre und Klinken, zu
vermeiden und durch festeingebaute Schalter zu ersetzen. Die Verbindungsherstellung geschieht vom Fernplatz in der eigenen Anlage über Wähler,

Abb. 2. Fernplätze in Schrank- und Tischform.

entweder zum Vorschalteschrank oder unmittelbar zum Teilnehmer, über die Fernleitung mit Hilfe der Beamtin des fremden Fernamtes. Abb. 2 zeigt ein Schrankamt mit Stöpsel und Klinken und ein neuzeitliches Tischamt ohne Stöpsel und ohne Vielfachfeld. Abb. 3 zeigt grundsätzlich die Verbindungsweise der Fernleitungen mit den Teilnehmern durch Tasten.

Um die Wartezeiten abzukürzen, sind Systeme mit vereinigten Melde- und Fernplätzen entwickelt worden, bei denen die Meldebeamtin nach Ausfüllung des Gesprächszettels sofort die Verbindung herstellt, wenn Fernleitungen frei zur Verfügung stehen. Der Teilnehmer kann am Fernsprecher bleiben und erhält sofort die verlangte Verbindung. Man erspart den Transport der Zettel mit Rohrpost zum Fernplatz und das Einarbeiten der zweiten Beamtin. Ist die Fernleitung besetzt, so wird der Zettel entweder wie früher zu den gewöhnlichen Fernplätzen geschickt oder er bleibt am eigenen Platz

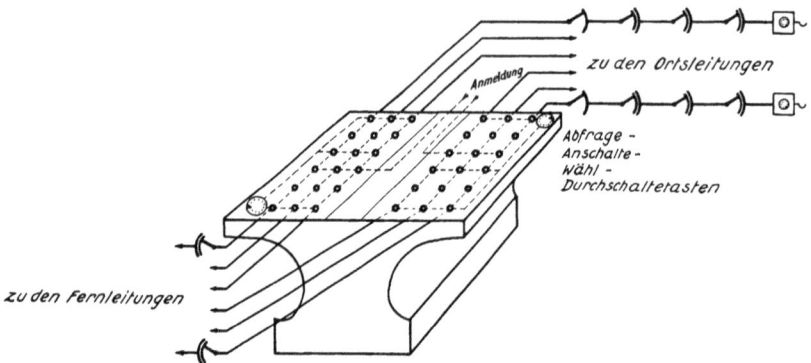

Abb. 3. Meldefernplatz eines Tischfernamtes mit Tasten.

liegen, worauf später in alter Weise mit Wartezeiten die Herstellung der Fernverbindung erfolgt. Bei diesem Betrieb werden im allgemeinen die Verbindungen in schwachen Verkehrszeiten sofort, in starken Verkehrszeiten zum Teil mit Wartezeiten hergestellt. Abb. 1 unten läßt auch diese Betriebsart erkennen.

Solche Systeme sind in verschiedenen Ländern mit geringen Abweichungen unter den verschiedensten Namen in Betrieb. In Deutschland wird diese Art des Verkehrs beschleunigter Fernverkehr, wartezeitloser Fernverkehr, Sofortverkehr, Schnellverkehr und Überweisungsverkehr genannt; in den Vereinigten Staaten Combined Line and Recording Traffic, in England Demand Traffic oder No-delay Service, in Frankreich Trafic direct oder Trafic sans delai. Je mehr Fernleitungen nun für diesen Verkehr zur Verfügung stehen, ein um so größerer Prozentsatz des Verkehrs wird sofort erledigt werden können. In Amerika z. B., wo sehr viele Leitungen vorhanden sind, werden 90% des gesamten Fernverkehrs auf diese Weise sofort hergestellt. Ein derartiger Betrieb wird in Europa heute größtenteils nur für diejenigen

16

kürzeren Fernleitungen vorgesehen, wo gewöhnlich starker Verkehr mit vielen Leitungen und kürzeren Wartezeiten als bei langen Fernleitungen vorhanden ist. Erst wenn der Wählerbetrieb mit Fernwahl und Bündelung der Fernleitungen weiter auf den großen Fernleitungen fortgeschritten sein wird, wird ein umfassenderer Sofortverkehr möglich werden.

Für den Schnellverkehr sind teilweise vom Fernverkehr getrennte Meldefernplätze, mitunter getrennte Ämter, teilweise sogar getrennte Netze vorgesehen. Diese Trennung ist dann ohne Mehrkosten möglich, wenn starker Verkehr in großen Leitungsbündeln vorhanden ist, so daß durch die Spaltung des Betriebes nichts verloren wird. In den deutschen Schnellverkehrsnetzen, die Bezirke mit starkem Verkehr umfassen und besonders dafür ausgewählt und gebaut sind, werden alle Verbindungen wartezeitlos hergestellt.

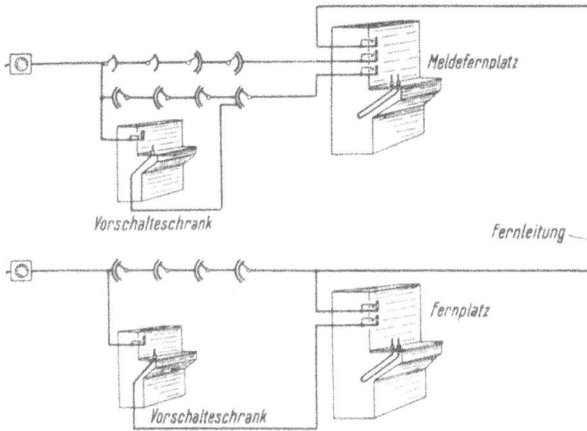

Abb. 4. Schnellverkehr mit Rückprüfung.

Eine Schwierigkeit bei diesem Verkehr besteht darin, daß man die eigene Nummer des rufenden Teilnehmers prüfen muß, damit nicht fremden Teilnehmern irrtümlicherweise Gespräche angerechnet werden, die sie gar nicht geführt haben. Die dazu erforderliche Rückprüfung geschieht auf verschiedene Weise, entweder durch eine besondere Prüfbeamtin oder durch die Fernbeamtin selbst, indem eine neue Verbindung rückwärts zum rufenden Teilnehmer hergestellt wird, entweder beim Handbetrieb über Vorschalteschrank oder bei selbsttätigem Betrieb über Wähler. Abb. 4 zeigt diese Betriebsart. Die Beamtin prüft dann mittels Summer, ob sie mit dem meldenden Teilnehmer über den neuen Weg richtig verbunden ist, ob also die angegebene Nummer stimmt. Da die Rückprüfung umständlich und zeitraubend ist, besonders bei Teilnehmern mit mehreren Anschlußleitungen, wird sie deshalb nicht in allen Fällen, sondern nur stichprobenweise durchgeführt. Auf die unbequeme Rückprüfung und die Ausfüllung und Verrechnung eines Gesprächszettels kann man dann verzichten, wenn die aufgelaufene Gebühr als Mehrfachzählung auf den Teilnehmerzähler unmittelbar übertragen wird, was aber bis jetzt nur in wenigen Anlagen erfolgt. Der Teilnehmer muß dann auf einen besonderen Nachweis über das Ferngespräch verzichten.

Möchte man nun die Wartezeiten noch weiter herabsetzen, als es schon durch die Schaffung von vereinigten Meldefernplätzen erreicht ist, so kann dies natürlich durch Zubau von weiteren Fernleitungen geschehen, was aber kostspielig ist. Der Verminderung der unangenehmen Wartezeiten, die erheblich sein können und bis 500 km Fernleitungslänge $^1/_2$ h und bis 1000 km 1 h betragen können, stehen also wirtschaftliche Schwierigkeiten gegenüber.

Durch die Einführung selbsttätiger Betriebsmethoden in den eigentlichen Fernbetrieb, d. h. Fernwahl des gewünschten Teilnehmers über die Fernleitung, hat man aber die Möglichkeit, ohne besondere Vergrößerung des Fernleitungsnetzes, aber durch Anpassung des Netzes an diese Betriebsform, die Wartezeiten zu beseitigen. Mit der Einführung des Wählerbetriebes auf den Fernleitungen muß im Netz etwas geschehen, weil mit diesem Betriebe der Sofortverkehr ohne Wartezeiten zwangläufig verbunden ist.

Der einfachen Übertragung der Wählertechnik des Ortsverkehrs auf den Fernverkehr stellen sich aber Schwierigkeiten in den Weg, weil im Fernverkehr Bedingungen besonderer Art gegenüber dem Ortsverkehr zu erfüllen sind. Das ist, wie erwähnt, die verwickelte Erfassung und Verrechnung der Gebühren und die Nummernwahl über Fernleitungen, gegebenenfalls mit Verstärkern. Selbst wenn diese Schwierigkeiten überwunden sind, so erreicht man noch nicht unmittelbar durch die Wählertechnik die Beseitigung der Wartezeiten ohne Leitungsvermehrung, sondern erst durch die dadurch ermöglichte Umgestaltung des Fernnetzes. Die Leitungen der Fernnetze müssen so umgruppiert werden, daß eine natürliche Leistungssteigerung der Fernleitungen durch Bildung möglichst großer Bündel entsteht. Da das Fernnetz sowieso in einer Umänderung, nämlich Anpassung an den zwischenstaatlichen Weltverkehr begriffen ist, wird die Umänderung gleich so getroffen werden, daß sowohl die Beseitigung der Wartezeiten durch Bildung großer Bündel als auch die Anpassung an den Weltverkehr erfolgt.

Der Fernverkehr von Hand erfolgt möglichst unter Verwendung unmittelbarer Leitungen zwischen den in Betracht kommenden Ämtern, weil sonst Durchgangsverkehr über mehrere hintereinandergeschaltete Ämter entsteht, der weitere Beamtinnen in den Durchgangsämtern erfordert, deren Tätigkeit durch Herstellen, Überwachen und Trennen der Verbindungen noch größere Verzögerungen verursacht. Außerdem bedeutet der Durchgangsverkehr aber auch noch Warten auf das Freisein mehrerer hintereinandergeschalteter Fernleitungen und damit wachsende Gesamtwartezeit und Verminderung der Leitungsausnutzung, so daß Durchgangsverkehr möglichst vermieden wird. Nach dem „Handbuch des elektrischen Fernmeldewesens" verliert im handbedienten Durchgangsverkehr eine Fernleitung 25% ihrer Ausnutzungsmöglichkeit.

18

Bei der alten Herstellungsform der Fernverbindungen waren zunächst zwei Fernbeamtinnen in den beiden Städten, zwischen denen die Fernverbindung hergestellt werden sollte, tätig. Sie stellten zuerst die Verbindung der Teilnehmer mit dem eigenen Fernamt, gewöhnlich über Vorschalteschränke her, wodurch weitere zwei Beamtinnen zum Aufbau der Verbindung erforderlich wurden. Waren in beiden Orten die Teilnehmer mit ihrem Fernamt über Vorschalteschrank verbunden, so schalteten die beiden Fernbeamtinnen die im Ort vorbereiteten Verbindungen über die betreffende Fernleitung zusammen. Im ganzen waren also vier Beamtinnen zum Aufbau einer Fernverbindung tätig. Bestanden keine unmittelbaren Fernleitungen

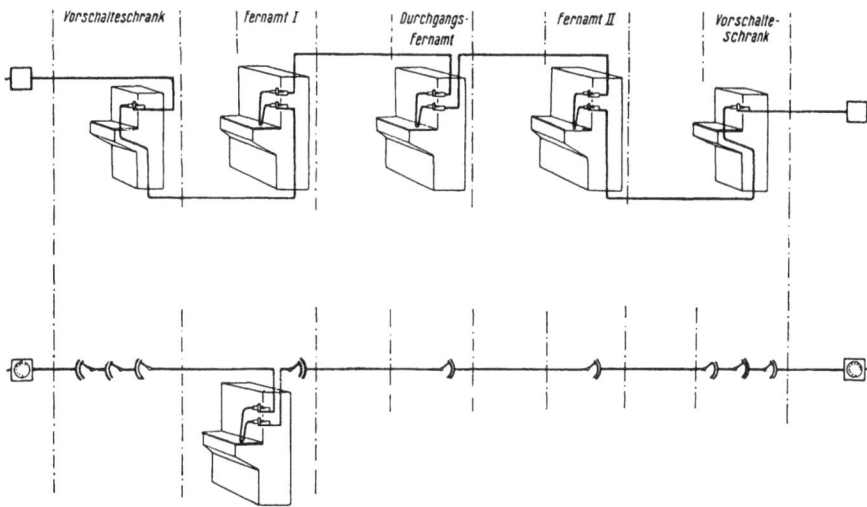

Abb. 5. Aufbau einer handbedienten Fernverbindung (oben) und einer halbselbsttätigen Fernverbindung (unten).

zwischen den beiden Städten, sondern konnte eine Verbindung der Teilnehmer erst über ein Hilfsfernamt — Durchgangsamt — hergestellt werden, so waren in diesem Durchgangsamt mindestens eine, mitunter auch zwei weitere Beamtinnen erforderlich (Abb. 5). Je mehr derartige Durchgangsämter nötig waren, um so mehr Fernbeamtinnen mußten zum Aufbau einer Fernverbindung in Anspruch genommen werden. Das war, besonders bei Verbindungen nach kleinen Orten, eine recht umständliche, zeitraubende und kostspielige Angelegenheit, und man konnte verstehen, daß gefordert wurde, möglichst „Durchgangsämter zu vermeiden". Dadurch waren sehr viele Leitungen in vielen kleinen Bündeln, vielfach nur Einzelleitungen mit schlechter Ausnutzung erforderlich, ein Kennzeichen des alten Fernleitungsnetzes.

Damit nun die Zahl der Fernleitungen nicht allzu groß wurde, wurden die Gespräche auf den Fernleitungen planmäßig aneinandergereiht, was nur dadurch erreicht werden konnte, daß man die Teilnehmer auf ihr angemeldetes

2*

Ferngespräch warten ließ. Diese Wartezeiten waren mitunter recht lang und konnten in Stunden ausgedrückt werden. Andererseits war es verständlich, daß, wenn endlich eine Fernverbindung mit großer Mühe und Zeitverlust unter Mitwirkung von vier und mehr Beamtinnen aufgebaut war, diese unter allen Umständen hergestellt werden mußte, auch unter harten Bedingungen, z. B. der Trennung von Ortsgesprächen. Der alte Fernamtsbetrieb mit Verbindungsherstellung durch Hand und mit Teilnehmerwartezeiten erforderte daher zwingend eine Aufschaltung auf besetzte Ortsverbindungen und u. U. eine Trennung des bestehenden Gespräches.

Beamtinnenbedienung bedeutet stets Wartezeiten; denn jede Beamtin bringt eine gewisse Verzögerung in den Verbindungsaufbau hinein. Je größer die Zahl der Beamtinnen, die an einer Verbindung beteiligt sind, ist, um so größer ist die Verzögerung, um so größer ist die Wartezeit, um so größer ist der volkswirtschaftliche Verlust an Arbeitszeit. Deshalb besteht für den Netzaufbau die Bestimmung, daß zwischen 2 Orten bis zu 50 km Entfernung dann die Errichtung einer besonderen Fernleitung gerechtfertigt ist, wenn 20 Ferngespräche je Tag gefordert werden. Das entspricht etwa einer Ausnutzung der Fernleitungen von 9/60 Verkehrseinheiten (VE) = 9 min je Hauptverkehrsstunde. Das typische Fernnetz für einen derartigen Verkehr mit Handbetrieb und Wartezeiten ist durch die unmittelbare Verbindung der Fernämter untereinander maschenförmig.

Durch die Einführung des Wählerbetriebes auf den Fernleitungen kann nun der Durchgangsverkehr so vereinfacht werden, daß beim Netzaufbau dieser Verkehr nicht mehr so sehr zu vermeiden ist, wie beim Verbindungsaufbau von Hand. Im Durchgangsverkehr mit Wählerbetrieb wird keinerlei Beamtinnenarbeit benötigt, sondern der Verbindungsaufbau erfolgt über Wähler ebenso einfach und schnell, auch über mehrere Durchgangsämter, wie im Ortsbetrieb. Durch die Vergrößerung des Durchgangsverkehrs und die dadurch ermöglichte Vergrößerung der Bündel ist die fast kostenlose Einführung des Sofortverkehrs möglich. Außerdem werden noch die Leerlaufzeiten auf den Fernleitungen durch Verkürzung der Herstellungs- und Trennzeiten wesentlich verkleinert. Es besteht nun die Frage, in welcher Weise das Fernleitungsnetz gestaltet werden muß, um die beste Ausnutzung der Fernleitungen zu erreichen.

Fernnetz.

2. Fernnetzgestaltung.

Die richtige Gestaltung des Ortsleitungsnetzes von Fernsprechanlagen ist bekanntlich für die Wirtschaftlichkeit von ausschlaggebender Bedeutung, weil mitunter mehr als 60% des gesamten Anlagekapitals allein für das Netz benötigt werden. Dieser hohe, für das Netz erforderliche Prozentsatz des Anlagekapitals wird mit der zunehmenden Ausdehnung der Anlage, also mit wachsender Länge der Leitungen, immer größer und größer. Je länger demnach die Leitungen werden, um so wichtiger wird die Einführung einer richtigen Netzgestaltung, durch die die größtmögliche Ausnutzung der Leitungen und damit Verminderung des Aufwandes für das Netz angestrebt wird. Die Erkenntnis über die besondere Notwendigkeit eines wirtschaftlichen Aufbaues der Netze gilt aber nicht nur für Ortsanlagen, sondern in viel höherem Maße, wegen der zunehmenden Länge der Leitungen, auch für Anlagen mit Vorort- und Fernverkehr, so daß also auch Vorort- und Fernnetze, wenn der Betrieb verbessert und leistungsfähiger gestaltet werden soll, nach den Grundsätzen richtiger Netzgestaltung aufgebaut werden sollten. Hierbei soll unter Verbesserung des Betriebes die Erzielung der größten Wirtschaftlichkeit in Verbindung mit dem besten Gütegrad verstanden werden, wozu die Einführung des Sofortverkehrs ohne jede Wartezeit und die selbsttätige oder halbselbsttätige Fernwahl gehört. Bei den großen zwischenstaatlichen Fernleitungen wird wohl der Sofortverkehr zunächst noch nicht in Betracht kommen, obwohl Vorschläge dafür vorliegen, wohl aber bei allen anderen Fernleitungen innerhalb eines Landes, die mitunter als Zubringerleitungen bezeichnet werden. Wird Sofortverkehr im Fernnetz eingeführt, so gelten für die Netzgestaltung dieselben Grundsätze, wie sie für die Ortsnetzgestaltung gefunden worden sind, weil dann die Ausnutzung der Fernleitung auch nur noch von der Bündelgröße abhängt.

Die Übertragung der Netzgrundsätze von Ortsanlagen auch auf Landesfernnetze, die bisher nach anderen Gesichtspunkten entwickelt worden sind, mag zunächst befremden; denn mit zunehmender Länge der Leitungen treten, zunächst abgesehen von der Überwachung, die Forderungen nach einer guten Verständigung mehr und mehr in den Vordergrund, wodurch gewissermaßen etwas andere Bedingungen als bei Ortsanlagen bestehen. Trotzdem gelten auch hier die Grundsätze für Ortsnetze, und es soll deshalb die Zweckmäßigkeit der Übertragung derselben auf Landesfernnetze mit Sofortverkehr hier nachgewiesen werden.

Für den Vorort- und Fernverkehr werden bekanntlich höhere Gebühren als im Ortsverkehr berechnet, die die Mehrkosten des Netzes und neben anderen Betriebsunkosten auch besonders die des Personals decken sollen. Trotzdem wird natürlich die Wirtschaftlichkeit derartiger Anlagen gesteigert, wenn eine zweckmäßige Netzgestaltung mit größtmöglicher Leitungsausnutzung eingeführt wird, wodurch Ersparung an Leitungen und Leitungsführungen erreicht werden soll. Auch die Personalkosten lassen sich durch Einführung des selbsttätigen oder halbselbsttätigen Betriebes mit Fernwahl wesentlich herabsetzen.

Wie schon erwähnt, läßt sich eine gute Ausnutzung der Fernleitungen durch Wartezeiten erreichen, so daß die Beamtinnen planmäßig auf den Fernleitungen ein Gespräch an das andere reihen können. Diese Methode, bei der die Teilnehmer so lange auf die Verbindung warten müssen, bis die Leitung frei ist und sie an der Reihe sind, hatte früher für Vorort- und Fernverkehr allgemein Anwendung gefunden. Wenn aber der Betrieb verbessert und diese den Verkehr äußerst hemmenden Wartezeiten, die mitunter Stunden betragen haben und die volkswirtschaftlich als Verlust anzusehen sind, beseitigt und den Teilnehmern ein Sofortverkehr geboten werden soll, was wohl in allen Ländern mehr und mehr angestrebt wird, so werden damit für den Verkehr und für das Netz vollkommen neue Bedingungen geschaffen, die einen anderen Aufbau des Netzes erfordern. In demselben Augenblick, wo an Stelle des alten Verkehrs mit Wartezeit neuzeitlicher Sofortverkehr auf den Fernleitungen eingeführt wird, müssen die Fernleitungsnetze anders gestaltet werden. Die Leitungen werden nicht mehr nach einem durch Beamtinnen geregelten Plan benutzt, und es wird nicht mehr Verbindung an Verbindung gereiht, sondern die Benutzung der Leitungen ist vollkommen willkürlich, also dem reinen Zufall überlassen. Sie unterliegen daher bezüglich ihrer Ausnutzung denselben Bedingungen wie Verbindungsleitungen im Ortsverkehr. Die Ausnutzung der Leitungen hängt nur noch ab von der Größe der Bündel, zu denen sie zusammengefaßt sind, wobei zu beachten ist, daß in den meisten Fällen gegenüber den Ortsleitungsbündeln die Fernleitungsbündel bisher äußerst klein waren. Es müssen daher für die Fernleitungen dieselben Gesetze und Berechnungsmethoden wie für Verbindungsleitungen gelten, wobei dann auch bei Fernleitungen aus wirtschaftlichen Gründen gewisse Verluste an Rufen zugelassen werden, wenn alle Fernleitungen einer Richtung besetzt sind. Den Berechnungen der Fernleitungszahl wird daher eine gewisse Betriebsgüte, d. i. ein Verlust an Rufen, zugrunde gelegt. Aber während bei der Berechnung der Verbindungsleitungen im allgemeinen ein verhältnismäßig kleiner Verlust, z. B. 0,1 bis 1 $^0/_0$ in der Hauptverkehrsstunde, angenommen wird, kann man bei den viel teureren Fernleitungen etwas höhere Verluste, 1 bis 5 $^0/_0$, zulassen. Mit der Einführung größerer Verluste, durch die die Leistung kleiner Bündel wohl stark gesteigert wird, sollte man allerdings vorsichtig sein, weil bei mehreren hintereinandergeschalteten Leitungen die Verluste zunehmen, besonders durch die Rückwirkungen, die die Leerlaufzeiten auf den Leitungen vergrößern.

Die bedeutende Ausnutzungssteigerung durch Bildung großer vollkommener Bündel kann aus Abb. 6 für einen Verlust von 1 $^0/_{00}$, 1 $^0/_0$ und 5 $^0/_0$ ersehen werden. Während eine Leitung bei 1 $^0/_0$ Verlust etwa 2,5/60 VE in der Hauptstunde leistet, steigt die Ausnutzung im 100 er Bündel bei demselben Verlust auf 50/60 VE je Leitung, was eine Leistungssteigerung auf das 20 fache bedeutet.

Von Verlusten wie im Ortsverkehr kann man eigentlich im halbselbsttätigen Fernverkehr nicht sprechen, weil die Fernverbindung nicht verloren geht sondern nur von Sofortverkehr auf Warteverkehr umgelegt wird; denn der Gesprächszettel bleibt am Fernplatz erhalten und wird kurze Zeit später erledigt. Man sollte daher im halbselbsttätigen Fernverkehr den Ausdruck „Verlust" durch „Warteverkehr" ersetzen.

Auch die Ausnutzung der Fernleitungen in der Hauptverkehrsstunde wird in Minuten oder auch in Prozenten der Zeit angegeben. Wird z. B. eine Leitung

22

mit 40/60 VE ausgenutzt, so heißt das, die Leitung ist in der Hauptverkehrs-stunde 40 min lang belegt. Diese Belegungszeit setzt sich zusammen aus einer tatsächlichen Gesprächszeit, für die bezahlt wird, und aus einer Leerlauf-oder Verlustzeit, für die nicht bezahlt wird. In die Leerlaufzeiten fallen: die Verbindungsherstellung und Trennung, Besetztverbindungen, Warte-zeiten bis zur Meldung des Gerufenen, Bedienungsfehler usw. Aus wirt-schaftlichen Gründen muß natürlich eine möglichst kleine Leerlauf- oder Verlustzeit und eine möglichst große Gesprächszeit angestrebt werden. Zur Entscheidung der Frage, halbselbsttätigen oder vollselbsttätigen Betrieb

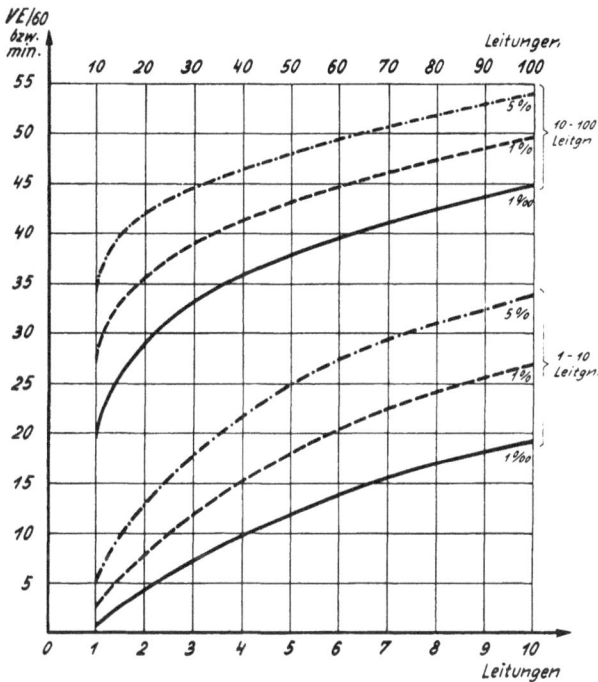

Abb. 6. Ausnutzung der Leitungen in vollkommenen Bündeln bei $1^0/_{00}$, $1^0/_0$ und $5^0/_0$ Verlust.

auf den Fernleitungen, spielen diese Zeiten eine ausschlaggebende Rolle. Die bei großen Verlusten auftretenden Rückwirkungen rühren von den Teilneh-mern und Beamtinnen her, die bei erfolglosen Rufen immer und immer wie-der versuchen, doch zu ihrer Verbindung zu kommen, wodurch die Leerlauf-zeiten natürlich vergrößert werden. Die bekannten Grundsätze für den richtigen Netzaufbau bei Sofortverkehr und selbsttätigen Systemen, abge-sehen von weitgehender Dezentralisation, sind:

1. Zusammenfassung vieler kleiner Bündel zu großen, möglichst 100er-Bündeln, weil die Ausnutzung der Leitungen mit der Bündelgröße steigt.

23

2. Einführung von Durchgangs- und Knotenämtern unter Vermeidung von unwirtschaftlichen Querverbindungen.

Wenn auch, besonders im Fernverkehr, 100er-Bündel in vielen Fällen nicht zu erzielen sind, so muß doch die größtmögliche Leitungszahl in den Bündeln zur Erzielung der besten Ausnutzung angestrebt werden. Der wirtschaftliche Einfluß auf das Netz ist durch die Anwendung der neuzeitlichen Grundsätze um so größer, je kleiner die Leitungsbündel bisher waren.

Da im alten Fernleitungsnetz im allgemeinen sehr kleine Bündel, in vielen Fällen mit nur einer Leitung, vorhanden waren, deren Ausnutzung im Sofortverkehr äußerst klein ist, so ist der wirtschaftliche Erfolg bei Einführung der Grundsätze besonders groß.

Eine Leitung leistet bei 1% Verlust überhaupt nur etwa 2,5/60 VE in der Hauptstunde. In Bündeln von 2 Leitungen steigt die Leistung je Leitung auf 7,5/60 VE. Weil eine Leitung so wenig leistet, treten auch verhältnismäßig große Verluste im Ortsverkehr in der Zahl der Besetztverbindungen auf. Dort sind zum größten Teil nur Teilnehmereinzelleitungen vorhanden, die also bei 1% Verlust etwa 2,5/60 VE leisten. Da aber in der Hauptverkehrsstunde jede Teilnehmerleitung im Mittel mit etwa 2 bis 8/60 VE belastet ist, so sind die als Besetztverbindungen beobachteten hohen Verluste von 10 bis 25% vollkommen erklärlich und als Beweis für die geringe Leistung von Einzelleitungen anzusehen. Eine Leitung, aber auch Bündel mit nur 2 Leitungen, können daher für Sofortverkehr wegen ihrer geringen Leistung nicht in Betracht kommen. Daher muß eine Bildung möglichst großer Bündel angestrebt werden. Es fragt sich, welche Leistungen kommen nun eigentlich im gewöhnlichen Fernverkehr vor und welche Bündel sind zu bilden.

Die mittleren Leistungen, wie sie bisher im Fernverkehr vorhanden sind, können aus dem „Handwörterbuch des elektrischen Fernmeldewesens" abgeleitet und so für Sofortverkehr die erforderlichen Bündelgrößen bei 1% Verlust errechnet werden, wobei 3,5 min mittlere Gesprächsdauer und 13% Konzentration zugrunde gelegt worden sind. Diese Werte gelten für Fernwahlbetrieb, während für Handbetrieb noch erhebliche Zeiten für die Leerlaufarbeit hinzuzurechnen wären. Folgende Tabelle gibt darüber Aufschluß:

Fernleitungsgespräche Länge	je Tag	Ausnutzung je HVSt	Bündelgröße bei 1% Verlust	Bündelgröße bei 5% Verlust
10— 25 km	40	18 VE/60	5 Leitungen	3 Leitungen
26— 50 ,,	50	23 ,,	7 ,,	4 ,,
51—100 ,,	60	27 ,,	11 ,,	6 ,,
101—200 ,,	70	32 ,,	15 ,,	9 ,,
201—400 ,,	80	36,5 ,,	25 ,,	13 ,,
401—600 ,,	90	41 ,,	40 ,,	20 ,,
über 600 ,,	100	45,5 ,,	65 ,,	40 ,,

Tabelle 1.

Wenn es gelingt, durch Zusammenfassung der Leitungen derartige Bündel, wie Tabelle 1 angibt, zu bilden, so erreicht man den Sofortverkehr mit sehr billigen Mitteln.

Während beim alten maschenförmigen Netz zwischen den verschiedenen Ämtern viele Bündel mit je wenigen Leitungen vorhanden waren, faßt man die Bündel beim Sofortverkehr zur Ausnutzungssteigerung anders, zu wenigen, aber möglichst großen Bündeln zusammen und führt einen Teil des Verkehrs über Durchgangsämter. Die Verbindungen verlaufen dann zwar z. T. über einen Umweg, doch bringt die erhebliche Ausnutzungssteigerung der Leitungen so große Vorteile, daß trotz des Umweges ein großer

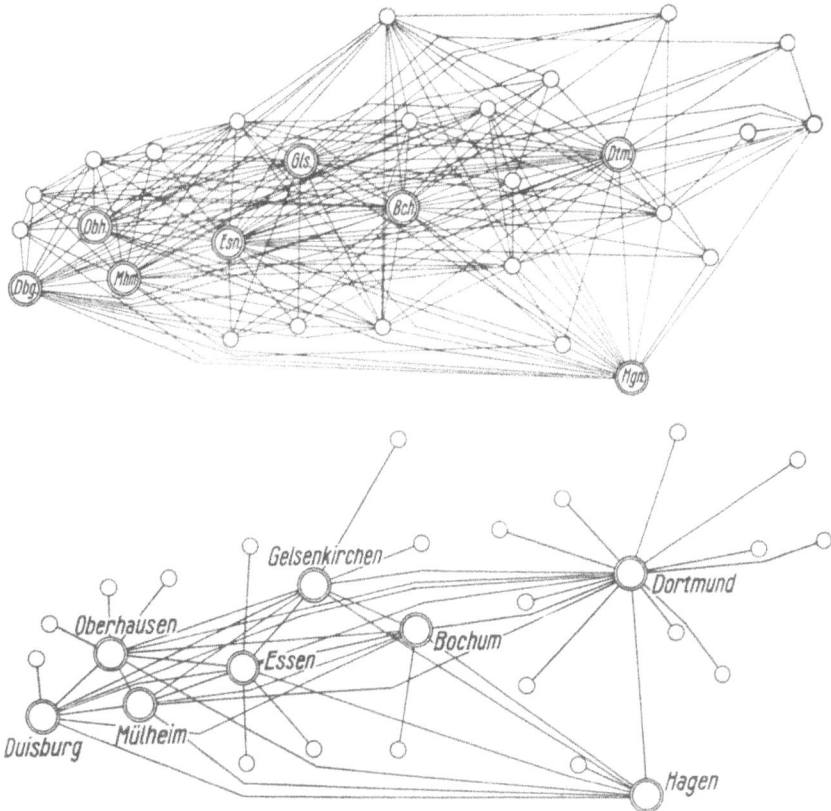

Abb. 7. Netz für das Rheinisch-Westfälische Industriegebiet
(oben Handbetrieb, unten Wählerbetrieb).

Vorteil für den Leitungsbedarf übrigbleibt. Außerdem erhält man eine erhebliche Verminderung in der Leitungsführung, was wirtschaftlich von großer Bedeutung ist.

Abb. 7 zeigt oben ein typisches Maschennetz, einen Teil des Rheinisch-Westfälischen Industriegebietes, wie es für Fernverkehr mit Handvermittlung und Wartezeiten in Betrieb war. Das ganze Land war in dieser Weise mit vielen Fernleitungen in dichten Maschen durchzogen. In Deutschland gab es damals etwa 7000 große, mittlere, kleine und kleinste Fernämter, die derartig im Maschennetz verbunden waren. Wird nun Wählerbetrieb eingeführt, werden die vielen kleinen Bündel mit wenigen Leitungen zu großen Bündeln mit vielen Leitungen zusammengezogen und wird der Durchgangsverkehr vermehrt, so wird das Netz einfach und klar, wie Abb. 7 unten erkennen läßt. Früher waren 29 Fernämter in diesem Bezirk vorhanden, jetzt sind noch 8 Fernämter in Betrieb. Es kann die Frage aufgeworfen werden, ob eine weitere Zusammenlegung der Fernämter und damit Vereinfachung des Netzes erfolgen kann, oder ob durch den vorhandenen starken Verkehr der Ämter untereinander die Beibehaltung der 8 Fernämter begründet ist. Wenn die Fernleitungsbündel bei den 8 Fernämtern schon genügend groß sind, so kann an Fernleitungen durch die Zusammenlegung weiterer Bündel und Fernämter nichts gespart werden, sondern nur an Fernämtern selbst, einigen Fernplätzen und Beamtinnen.

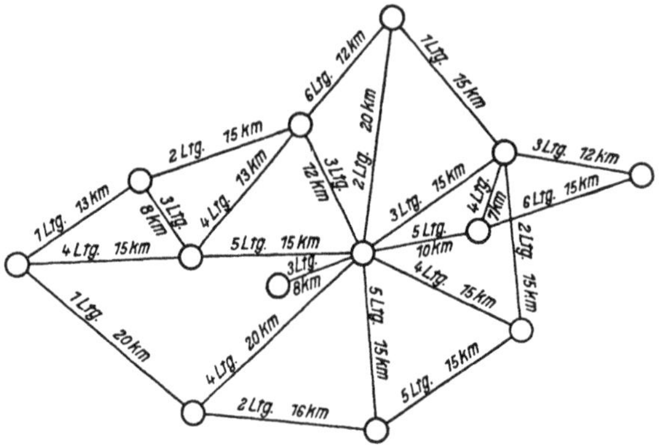

Abb. 8. Netzgestaltung eines Landbezirkes,
wie sie bisher ausgeführt wurde.

Beim alten Fernverkehr von Hand sind in allen kleinen Orten Fernämter vorhanden, von denen aus die Fernverbindungen hergestellt werden. Diese große Zahl von Fernämtern mit ihren vielen Verkehrsrichtungen machen das Fernnetz unübersichtlich und teuer, besonders wenn man die im zwischenstaatlichen Verkehr zugelassenen Höchstdämpfungen nicht überschreiten will, und erschweren und verteuern den Betrieb. Man hat deshalb bei der Einführung des Wählerbetriebes eine Gruppe von kleinen Fernämtern zu einem einzigen größeren Fernamt zusammengezogen, das im wirtschaftlichen Mittelpunkt der Gruppe liegt. Da der Fernsprechverkehr immer in Richtung der wirtschaftlichen Interessen verläuft und da die wirtschaftlichen Interessen eines Gebietes sich immer auf bestimmte Zentren vereinigen, so ist es richtig, in diesen Zentren die Fernämter eines derartigen Gebietes zu errichten. Eine derartig zusammengefaßte Gruppe von Ämtern nennt man Netzgruppe, die etwa eine Fläche von 15 bis 35 km Radius umfassen kann.

Die Größe der Netzgruppen kann sehr verschieden sein und hängt von den örtlichen wirtschaftlichen Beziehungen und von der Größe des Verkehrs ab. Je kleiner der Verkehr, je mehr wird man durch Zusammenlegen der Bündel sparen, eine um so größere Fläche wird man mit einer Netzgruppe erfassen können. Man kann als allgemeine Richtlinie annehmen, wenn besondere Interessen nicht vorhanden sind, die ein Abweichen von dieser Regel bedingen, daß für starken Verkehr kleine Netzgruppen, für schwachen Verkehr große Netzgruppen zweckmäßig sind.

Bei der Bildung der Netzgruppen dürfen aber zusammenhängende Wirtschaftsgebiete nicht willkürlich auseinandergerissen werden, auch auf die Gefahr hin, daß die Netzgruppe nicht die Form einer Kreisfläche, sondern die irgendeiner anderen Fläche bekommt. Das ganze Land wird in derartige Netzgruppen eingeteilt und es erhalten, wie schon angegeben, nur die Verkehrszentren ein Fernamt. Der Fernverkehr zwischen den Orten innerhalb einer Netzgruppe kann selbsttätig hergestellt werden, wobei auch die Gebührenberechnung selbsttätig erfolgt. Er kann aber auch von einer Beamtin über Wähler halbselbsttätig vermittelt werden. Die als zweckmäßig gefundene Netzgestaltung ist ganz unabhängig von der Art des Fernsprechbetriebs der Orte untereinander.

Abb. 8 zeigt grundsätzlich die Netzgestaltung eines Landbezirkes, wie sie bisher ausgeführt wurde.

Es ist nun die Frage: Wie ist die günstigste Netzgestaltung einer derartigen Netzgruppe? Soll die bestehende Netzanlage beibehalten, wie soll sie erweitert oder soll sie gegebenenfalls grundlegend geändert werden? Zur Beantwortung dieser Frage sind folgende Überlegungen anzustellen:

Greift man zunächst einen wichtigen Teil der Netzgruppe heraus, z. B. wie in Abb. 9 zwei Ämter, die etwa gleich weit vom Verkehrszentrum entfernt sind und starken Verkehr miteinander haben, so sind vier Arten der Netzgestaltung möglich:

1. Jedes Unteramt ist mit dem Hauptamt verbunden, außerdem besteht eine Querverbindung zwischen den Unterämtern wie bisher.

2. Die Querverbindung fällt weg, und alle Verbindungen, auch diejenigen, die über die bisherige Querverbindung gingen, verlaufen über die beiden Leitungswege zum Hauptamt.

3. Die Querverbindung bleibt bestehen, aber nur ein Unteramt B erhält eine Verbindung zum Hauptamt, so daß der Verkehr des anderen Unteramtes A mit dem Hauptamt über das erste Unteramt verläuft.

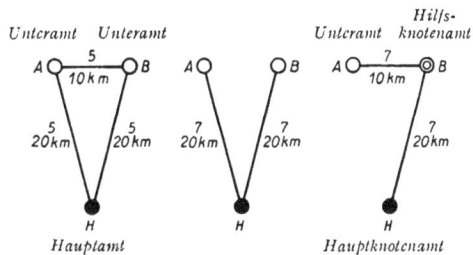

Abb. 9. Verschiedene Arten der Verbindung zweier etwa gleich weit entfernter Unterämter mit einem Hauptamt.

4. Wie unter 3., nur erhält das Unteramt A die Verbindung zum Hauptamt, das zweite, B, nicht.

A I. Werden nun bestimmte Annahmen gemacht, z. B.: Unteramt A hat zum Hauptamt 5 Leitungen und ist 20 km entfernt; Unteramt B hat zum Hauptamt 5 Leitungen und ist ebenfalls 20 km entfernt, zwischen A und B verlaufen ebenfalls 5 Leitungen von 10 km Länge, so ist für dieses Netz folgender Aufwand erforderlich:

Zu 1. Der Gesamtaufwand beträgt 250 km Doppelleitung mit 50 km Leitungsführung, d. i. Kabelkanal oder Freileitungsgestänge.

Zu 2. Wenn der Verkehr der Unterämter untereinander über das Hauptamt verläuft, so sind dafür von jedem Amt 7 Leitungen zum Hauptamt erforderlich, weil 7 Leitungen dasselbe leisten wie 2 mal 5 Leitungen. Hier werden 280 km Doppelleitungen erforderlich, aber nur 40 km Leitungsführung.

Zu 3. In diesem Falle verlaufen zwischen den Unterämtern 7 Leitungen und zwischen dem einen Unteramt und dem Hauptamt ebenfalls 7 Leitungen, nach der oben gegebenen Begründung. Der erforderliche Aufwand beträgt 210 km Doppelleitung und 30 km Leitungsführung.

Zu 4. Dieser Fall ist gleich 3., braucht daher nicht besonders untersucht zu werden.

Die Fälle 3 und 4 sind bei weitem die günstigsten, es ist nicht nur die geringste Zahl von Doppelleitungskilometern erforderlich, sondern auch die Leitungsführung erhält, was wirtschaftlich sehr wichtig ist, die geringste Länge. Man kann daher den Satz aufstellen: „Es ist empfehlenswert, unter den angenommenen Bedingungen nicht eine Querverbindung zwischen den Unterämtern herzustellen und beide an das Hauptamt anzuschließen, sondern den Verkehr eines Unteramtes über das zweite Unteramt zu leiten."

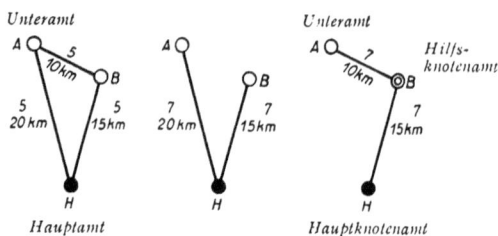

Abb. 10. Verschiedene Arten der Verbindung zweier verschieden weit entfernter Unterämter mit einem Hauptamt.

A II. Ist nun der Verkehr zwischen den Ämtern nicht gleich stark, wie bisher angenommen, sondern zum Hauptamt stärker als der Verkehr der Unterämter untereinander, sind z. B. zum Hauptamt je 6 Leitungen, zwischen den Unterämtern nur 4 Leitungen nötig, so wäre hierzu folgender Aufwand erforderlich:

Zu 1:   280 km Doppelleitung und 50 km Leitungsführung.
Zu 2:   280 ,,   ,,   ,, 40 ,,   ,,
Zu 3 und 4: 230 ,,   ,,   ,, 30 ,,   ,,

Auch bei diesem Verkehr sind Fall 3 und 4 die günstigsten.

A III. Ist der Verkehr der Unterämter untereinander stärker als der Verkehr zum Hauptamt, sind z. B. zum Hauptamt je 4 Leitungen, zwischen den Unterämtern je 6 Leitungen nötig, so ist folgender Aufwand erforderlich:

Zu 1:   220 km Doppelleitung und 50 km Leitungsführung.
Zu 2:   280 ,,   ,,   ,, 40 ,,   ,,
Zu 3 und 4: 170 ,,   ,,   ,, 30 ,,   ,,

In allen diesen Fällen sind stets Fall 3 und 4 am günstigsten. Der oben aufgestellte Grundsatz wird also auch für verschieden starken Verkehr bei der angenommenen Lage der Ämter zueinander bestätigt.

B I. Wenn nun die Unterämter nicht gleich weit vom Hauptamt entfernt sind, so wird das Ergebnis noch günstiger. Eine kurze Überschlagsrechnung wird das zeigen: In unserem Beispiel sei das eine Unteramt nur 15 km vom Hauptamt entfernt, die anderen Entfernungen seien ungeändert (Abb. 10). Dann gelten für die erste Durchrechnung, also bei überall gleichem Verkehr mit je 5 Leitungen, folgende Werte:

Zu 1:   225 km Doppelleitung und 45 km Leitungsführung.
Zu 2:   245 ,,   ,,   ,, 35 ,,   ,,
Zu 3:   175 ,,   ,,   ,, 25 ,,   ,,
Zu 4:   210 ,,   ,,   ,, 30 ,,   ,,

Fall 4 ist ungünstig, wie es vorauszusehen war.

C I. Mit je größerer Annäherung die Unterämter und das Hauptamt in einer Richtung liegen, um so günstiger wird Fall 3. Liegt z. B. das eine Unteramt zwischen Hauptamt und dem anderen Unteramt Abb. 11, dann ist für den Verkehr mit je 5 Leitungen folgender Aufwand erforderlich:

Zu 1:   200 km Doppelleitung und 20 km Leitungsführung.
Zu 2:   210 ,,   ,,   ,, 20 ,,   ,,
Zu 3:   140 ,,   ,,   ,, 20 ,,   ,,
Zu 4:   210 ,,   ,,   ,, 20 ,,   ,,

Für die anderen Verkehrsfälle, wie unter A II und III angegeben, würde sich ähnliches ergeben. Der aufgestellte Grundsatz: „Keine Querverbindungen in Netzgruppen" ist daher für diese Fälle ebenfalls richtig.

Das Ergebnis wird noch günstiger, wenn die Unterämter näher beieinander liegen, wie jede kurze Nachrechnung zeigen wird.

D I. Es seien z. B. 5 km Unteramtsentfernung und 20 km Hauptamtsentfernung im Beispiel von Abb. 9 vorhanden; dann ergibt sich:

Zu 1:   225 km Doppelleitung und 45 km Leitungsführung.
Zu 2:   280 ,,   ,,   ,, 40 ,,   ,,
Zu 3 und 4: 175 ,,   ,,   ,, 25 ,,   ,,

Es fragt sich nun: Wie liegt der Fall, wenn die Unterämter weiter voneinander entfernt sind? Mit zunehmender Entfernung wird ein Augenblick

Unteramt
A
5
10km
5
20km B Unter-
amt
5
10km
H
Hauptamt

A
7
20km B
7
10km
H

Unteramt
A
7
10km
B Hilfsknoten-
amt
7
10km
H
Hauptknotenamt

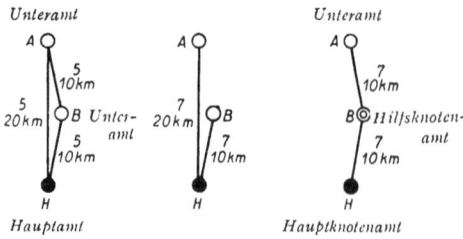

Abb. 11. Verschiedene Arten der Verbindung zweier annähernd in derselben Richtung liegender Unterämter mit einem Hauptamt.

eintreten, von dem an Fall 2 günstiger werden wird als die Fälle 3 und 4. Von dieser Entfernung an werden die Verbindungen der Unterämter über das Hauptamt geführt werden müssen. Es fragt sich: von welcher Entfernung an tritt dies ein?

E I. Zur Untersuchung wird Abb. 9 zugrunde gelegt, und es soll zunächst die Entfernung der Unterämter 20 km wie vom Hauptamt betragen. Dann sind erforderlich:

Zu 1:   300 km Doppelleitung und 60 km Leitungsführung.
Zu 2:   280 ,,   ,,   ,, 40 ,,   ,,
Zu 3 und 4: 280 ,,   ,,   ,, 40 ,,   ,,

Bei gleicher Entfernung und gleichem Verkehr ist demnach Fall 2 gleich den Fällen unter 3 und 4.

F I. Es sei weiter die Entfernung der Unterämter 30 km, der Verkehr der gleiche, dann sind notwendig:

Zu 1:   350 km Doppelleitung und 70 km Leitungsführung.
Zu 2:   280 ,,   ,,   ,, 40 ,,   ,,
Zu 3 und 4: 350 ,,   ,,   ,, 50 ,,   ,,

Ist die Entfernung der Unterämter voneinander größer als die Entfernung zum Hauptamt, so müssen demnach die Verbindungen über das Hauptamt geführt werden.

Ist nun der Verkehr verschieden stark, wie bei A II und III, so wird sich auch die Grenze etwas verschieben. Eine kurze Rechnung zeigt, daß bei stärkerem Verkehr der Unterämter untereinander deren Entfernung größer sein kann, bei schwächerem Verkehr eine kleinere Entfernung die Grenze angibt. Die Verschiedenheiten sind jedoch nicht erheblich, so daß ganz allgemein der Grundsatz aufgestellt werden kann:

„In Netzgruppen sind die Verbindungsleitungen zu bündeln und sind Querverbindungen wirtschaftlich nicht gerechtfertigt." Das bedeutet eine Umänderung des Maschennetzes in ein Sternnetz.

In Abb. 12 sind die möglichen Verbindungsarten mit den Ergebnissen der Rechnung nochmals übersichtlich zusammengestellt. Die günstigsten Verbindungsarten sind jeweils durch Kreise gekennzeichnet. Aus dieser Zusammenstellung ersieht man sofort deutlich die zweckmäßigsten Verbindungsarten.

Bei großer Entfernung der Unterämter untereinander müssen die Verbindungen über das Hauptamt, bei kleiner Entfernung die Verbindungen eines Unteramtes über das dem Hauptamt näher liegende Unteramt geführt

30

werden. Die Grenze, bis zu der die Leitungsführung zwischen den beiden Unterämtern vorteilhafter ist, ist dann erreicht, wenn die Entfernung der Unterämter etwa gleich der Entfernung zum Hauptamt ist. In zweifelhaften Fällen entscheidet eine einfache Rechnung.

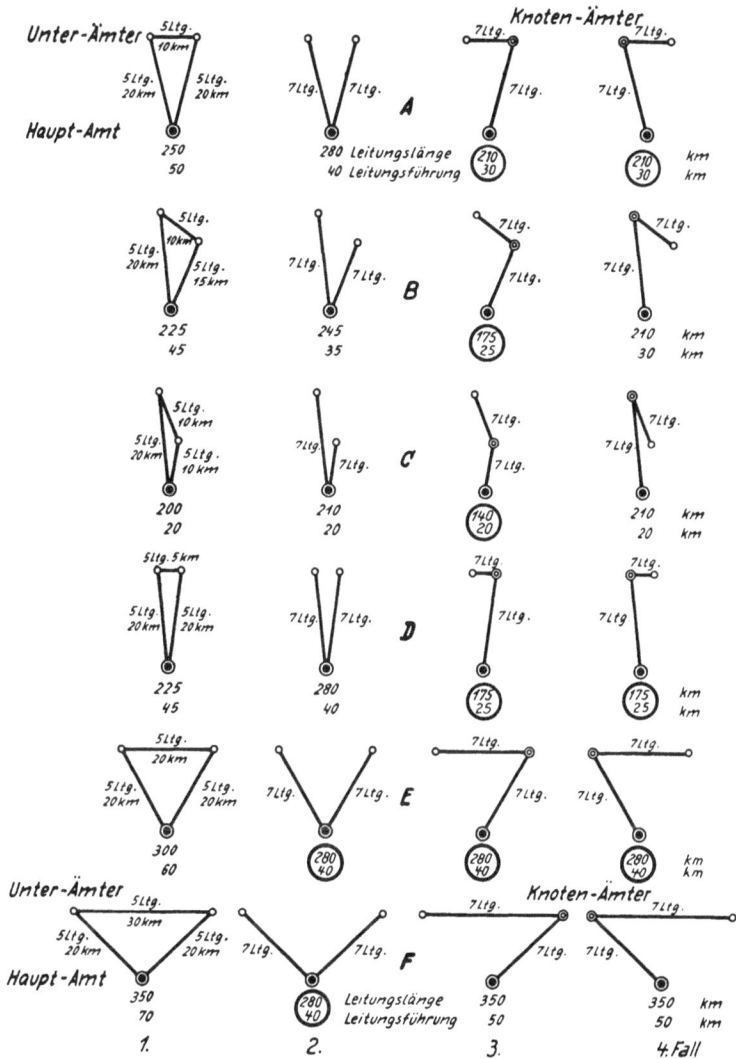

Abb. 12. Verschiedene Netzgestaltung zwischen Haupt- und Unterämtern.

Da sich nun die Netzgruppen aus mehreren solchen Gebilden, wie sie soeben untersucht worden sind, Netzgruppenelementen, zusammensetzen, so ist damit der erste Teil der Frage, nämlich die nach der wirtschaftlichsten Netzgestaltung beantwortet.

Es soll nun noch die Anwendung des gefundenen Grundsatzes auf die in Abb. 8 dargestellte Netzgruppe gezeigt werden.

Die angenommene Netzgruppe, bestehend aus 13 Ämtern mit der für den bisherigen Handbetrieb vorgesehenen Netzgestaltung und den dazu notwendigen, in Abb. 8 eingetragenen Verbindungsleitungen, erfordert:

1062 km Doppelleitung mit 321 km Kabelkanälen oder Freileitungsgestänge.

Wird die Netzgruppe nach dem oben gefundenen Grundsatz umgebaut, wie Abb. 13 zeigt, so ist nur noch folgender Aufwand erforderlich:

787 km Doppelleitung und 132 km Leitungsführung.

Es würde also durch die Anwendung des Grundsatzes in bezug auf die Länge über 30% an Doppelleitungsadern und über 50% an Kabelkanälen oder Freileitungsgestänge erspart werden. Damit ist die große wirtschaftliche Bedeutung des aufgestellten Grundsatzes an einem Beispiel nachgewiesen.

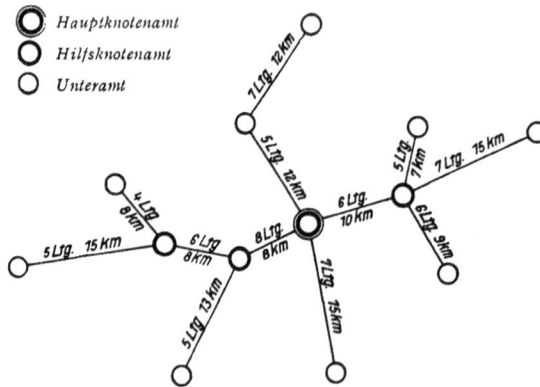

Abb. 13. Netzgestaltung desselben Landbezirks
wie in Abb. 8, aber nach dem neuen Grundsatz.

Der zweite Teil der aufgeworfenen Frage: Soll eine bestehende Netzanlage mit ihrem für Wählerbetrieb unwirtschaftlichen Aufbau bestehen bleiben oder soll sie grundlegend geändert werden, ist nicht so einfach zu beantworten, weil die örtlichen Verhältnisse eine große Rolle dabei spielen. Eins ist klar: neue Anlagen würde man nur nach dem gefundenen Grundsatz aufbauen, ebenso natürlich Anlagen, die verbraucht sind und gänzlich erneuert werden müssen. Bei Anlagen, die wohl in der Netzgestaltung nach dem Vorhergesagten als veraltet anzusehen, deren Teile aber durchaus noch nicht verbraucht sind, wie es meistens der Fall sein wird, muß man wirtschaftliche Überlegungen der oben erörterten Art von Fall zu Fall anstellen. Erweiterungen wird man möglichst nach dem neuen Gesichtspunkt vornehmen, und diejenigen Teile einer bestehenden Anlage, die als besonders unwirtschaftlich anzusehen sind, wird man unbedenklich nach dem aufgestellten Grundsatz erneuern können. Ebenso, wenn Freileitungen durch Kabel ersetzt werden sollen. Es wird dann nur noch wenige Fälle geben, in denen die

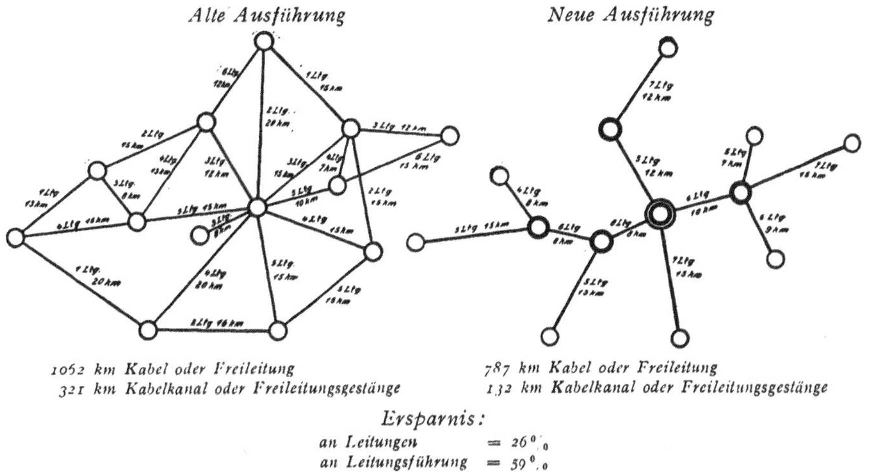

Alte Ausführung *Neue Ausführung*

1052 km Kabel oder Freileitung
321 km Kabelkanal oder Freileitungsgestänge

787 km Kabel oder Freileitung
132 km Kabelkanal oder Freileitungsgestänge

Ersparnis:
an Leitungen = 26 %
an Leitungsführung = 59 %

Abb. 14. Alte und neue Netzgestaltung einer Netzgruppe.

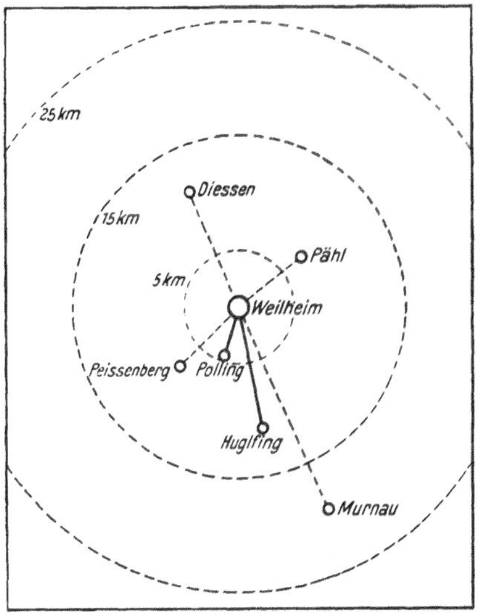

Abb. 15. Netzplan der Netzgruppe Weilheim.

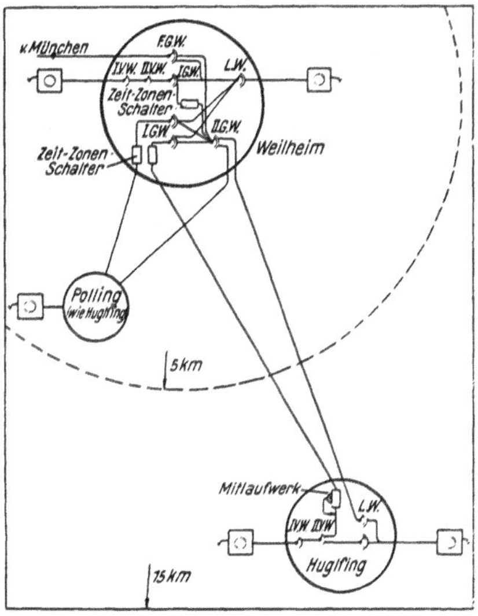

Abb. 16. Übersichtsplan der Netzgruppe Weilheim.

Leitungen nach dem alten Netzaufbau zunächst bestehen bleiben müssen. Auch diese Netze wird man, wenn der Zeitpunkt gekommen ist, der die Änderung rechtfertigt, umändern.

Falsch wäre es auf jeden Fall, wenn man zu dem Schluß käme, man müsse, weil nun einmal die alten Netzanlagen vorhanden sind, diese auch bestehen lassen und in der alten Weise erweitern; das würde heißen, bis in die ferne Zukunft bei der alten Netzgestaltung bleiben.

In Abb. 14 sind alte und neue Netzgestaltung einer Netzgruppe nochmals gegenübergestellt und die Ersparnisse angegeben.

In Abb. 15 ist der Netzplan der ersten Netzgruppe der Welt mit Selbstwählfernverkehr dargestellt, wie sie in Weilheim im Jahre 1923 eingeschaltet

Abb. 17. Weilheim, das erste selbsttätige Fernamt der Welt.

wurde. Sie enthielt schon ein Sternnetz mit Bündelung der Fernleitungen, Umgehungsverkehr mit Umsteuerwählern, Zeitzonenzähler, die alle Bedingungen erfüllten und die Ferngebühr ermittelten und mit Mehrfachzählung auf den Teilnehmerzähler verrechneten. Ein Jahr später wurde sie bedeutend erweitert, und es wurde Fernwahl mit Wechselstrom 50 Hertz eingeführt. Abb. 16 zeigt den Übersichtsplan mit der Anordnung der verschiedenen Wähler und der Zeitzonenzähler. Abb. 17 zeigt das erste selbsttätige Fernamt Weilheim selbst. Die damals geschaffenen und in Betrieb gesetzten Einrichtungen haben sich sehr bewährt und sind im Laufe der Jahre von vielen Verwaltungen als Grundlage für die Einführung der Wählertechnik im Fernverkehr angenommen worden.

34

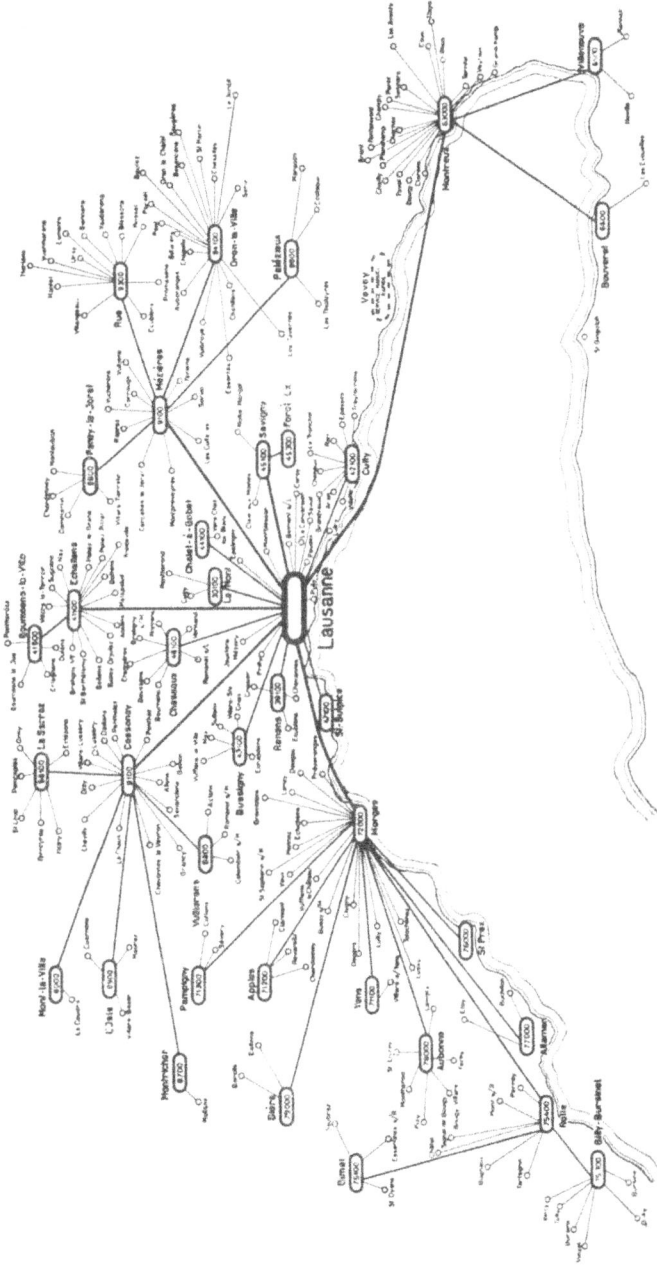

Abb. 18. Netzgruppe Lausanne.

Typische Netzgruppen der späteren Entwicklung sind die Netzgruppe Lausanne, Abb. 18, und die Netzgruppe Nürnberg, Abb. 19.

Man erkennt deutlich die sternförmige Netzgestaltung mit der Richtung der Leitungen zum wirtschaftlichen Mittelpunkt, dem Hauptamt, in dem sich auch das Fernamt für den gesamten Weitfernverkehr der Netzgruppe befindet. Weiter sind die Knotenämter zu ersehen, zu denen die Leitungen der zugehörigen Unterämter bzw. Hilfsknotenämter geführt sind. Zu den Hilfsknotenämtern sind wieder die Leitungen ihrer zugehörigen Unterämter geführt. Wenn der Netzaufbau richtig in Richtung der wirtschaftlichen Inter-

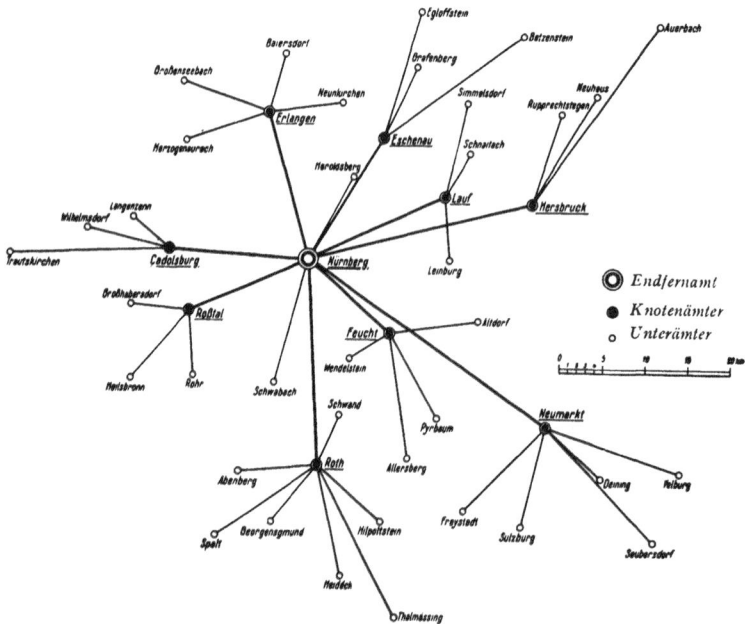

Abb. 19. Netzgruppe Nürnberg.

essen erfolgt, die Grenzen der Netzgruppe, das Hauptamt und die Zuordnung der Unterämter zu den Knoten- und Hilfsknotenämtern richtig gewählt sind, so wird damit das Minimum an Netzkosten erreicht. Der richtige Aufbau der Netzgruppen, den die Bilder erkennen lassen, ist daher von großer Bedeutung.

Die Verbindungsherstellung innerhalb einer Netzgruppe kann voll- oder halbselbsttätig erfolgen; denn die Netzgestaltung ist unabhängig von der Art des Wählerbetriebes. Vollselbsttätig erfolgt sie durch Teilnehmerwahl, wobei die Gebühren nach der Zeit und Zone durch Zeitzonenzähler erfaßt und auf den Teilnehmerzähler in Mehrfachzählung als Mehrfaches der Grundgebühr übertragen werden, halbselbsttätig durch Beamtinnen im Fernamt, die dann auch diese Verbindungen über Wähler herstellen. Hierbei erfolgt die Gebührenverrechnung entweder durch die bekannten Gesprächszettel, oder aber die aufgelaufenen Gebühren werden durch die Beamtin mit Hilfe eines Stromstoßgebers als Mehrfachzählung auf den Teilnehmerzähler übertragen. Es kann auch gemischter Verkehr halb- und vollselbsttätig in einer Netzgruppe vorgesehen werden, wobei dieselben Verbindungsleitungen für beide Verkehrsarten gemeinsam benutzt werden. Ein typisches Beispiel hierfür ist die Netzgruppe St. Malo, Abb. 20, wo die Ämter mit starkem Verkehr

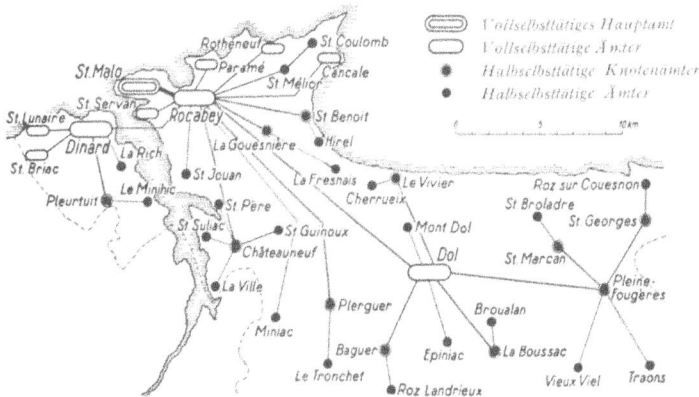

Abb. 20. Netzgruppe St. Malo.

vollselbsttätig, diejenigen mit schwachem Verkehr halbselbsttätig, sogar mit Ortsbatteriefernsprechern betrieben werden. Die Bedienung aller Teilnehmer mit halbselbsttätigem Verkehr erfolgt in St. Malo. Halb-, vollselbsttätige und gemischte Netzgruppen werden später noch näher behandelt.

Zur Entwicklung eines zweckmäßigen Fernleitungsnetzes teilt man das ganze Land zunächst in Netzgruppen ein, die den Vorortverkehr umfassen und nach wirtschaftlichen Gesichtspunkten gebildet werden müssen. Der Mittelpunkt des Wirtschaftslebens muß auch Mittelpunkt der Netzgruppe sein. Da derartige zusammenhängende Wirtschaftsgebiete in der Praxis ganz verschiedene Größen haben, so kann auch die Größe der Netzgruppen nicht allgemein festgelegt werden. Die Mittelpunkte aller Netzgruppen eines Landes werden nun zu einem Fernnetz mit Durchgangsämtern zusammengefaßt, bei dem die erwähnten Grundsätze ebenfalls streng durchgeführt werden sollten. Abb. 21 zeigt ein in Netzgruppen eingeteiltes Land in grundsätzlicher Darstellung. Die Netzgruppenmittelpunkte werden zur Entwicklung des Fernleitungsnetzes als Quellen des Fernverkehrs angesehen. In Abb. 22 ist das Fernnetz des Landes in gewöhnlicher Weise als Maschennetz entwickelt; dabei sind alle Netzgruppenmittelpunkte untereinander unmittelbar verbunden. Dieses Fernleitungsnetz erfordert sehr viele Leitungen und weit ausgedehnte Leitungsführung. Führt man die Grundsätze bei diesem Netz streng durch,

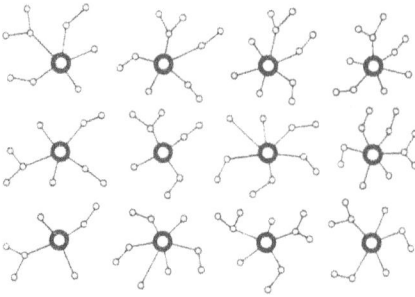

Abb. 21. Einteilung eines Landes
in Netzgruppen.

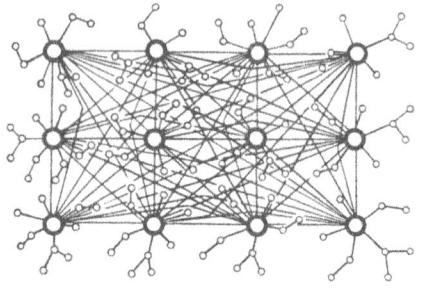

Abb. 22. Fernleitungsnetz ohne Durchgangsämter (Maschennetz).

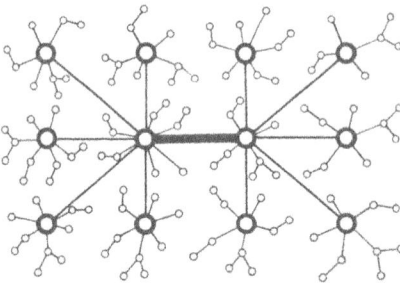

Abb. 23. Fernleitungsnetz mit Durchgangsämtern (Sternnetz).

ersetzt man das schlecht ausgenutzte Maschennetz durch ein gut ausgenutztes Sternnetz mit Bündelung der Fernleitungen, so erhält man ein Fernnetz, das in Abb. 23 dargestellt ist. Man erspart gegenüber Abb. 22 etwa 48% an Leitungen und 83% an Leitungsführung. Aus diesem Bild ist ohne weiteres der große Vorteil der neuzeitlichen Netzgestaltung auch für den Weitfernverkehr zu ersehen. Während die Netzgruppenmittelpunkte in gewöhnlicher Netzgestaltung alle untereinander mit kleinen Bündeln in Verbindung stehen würden, wird bei der neuen Gestaltung der Verkehr in größeren Bündeln über gewisse zentral gelegene Hauptämter, Verteiler- oder Durchgangsämter genannt, geführt. Als Hauptämter werden die wichtigsten Großstädte des Landes gewählt, weil zu diesen der größte Teil des Verkehrs hinfließt. Bei diesen Hauptämtern befinden sich auch die Fernämter, die den Weitfernverkehr des Bezirks vermitteln. Es muß stets das Bestreben sein, die Hauptbündel in die Richtung des Hauptverkehrs zu legen, so daß für diesen der kürzeste Leitungsweg erreicht wird. Der Verkehr gewöhnlicher Landesnetzgruppen untereinander wird im allgemeinen klein sein, so daß dieser Verkehr auf einen Umweg wie bei Ortsnetzen über die Hauptämter geleitet werden kann. Andernfalls können natürlich Querverbindungen vorgesehen werden. Die Entwicklung des Fernverkehrs unter Berücksichtigung der jeweilig vorliegenden besonderen Verhältnisse, also in der Richtung der natürlichen wirtschaftlichen Beziehungen, führt zur günstigsten und wirtschaftlichsten Lösung.

Alle Netze, sowohl für Orts- als besonders auch für Vorort- und Fernverkehr, sollten wegen der hohen dafür erforderlichen Kosten ganz unabhängig von dem verwendeten Selbstanschlußsystem entwickelt werden, und die Systeme sollten die entwickelte zweckmäßigste Netzgestaltung mit den

38

billigsten Mitteln zulassen. Die verwendeten Wählersysteme müssen daher außerordentlich anpassungsfähig sein. Diese Forderung ist äußerst wichtig; denn es treten bei der Verwirklichung neuer Fernleitungsnetze neue Probleme auf, die die Systeme lösen müssen.

Um ein neuzeitliches Fernleitungsnetz wirtschaftlich aufbauen zu können, dürfen auch die Leitungsquerschnitte besonders für die Fernvermittelungsleitungen, das sind die Leitungen für den Fernverkehr zwischen Fernamt und Ortsamt, nicht groß werden. Die erforderlichen Leitungsquerschnitte richten sich nach der zulässigen Dämpfung, die vom Comité Consultatif International festgelegt worden ist und von Teilnehmer zu Teilnehmer nicht mehr als 3,3 Neper betragen darf. Wie sich diese Dämpfung auf die einzelnen Leitungsabschnitte verteilen soll, ist vielfach in der Literatur*) zu finden. Da bei der neuzeitlichen Netzgestaltung viele Fernverbindungen auf einem Umwege über Durchgangsämter hergestellt werden, weil Querverbindungen zwischen den Ämtern nicht immer vorhanden sind, so würde eine Verstärkung der Leitungsquerschnitte trotz Pupinisierung erforderlich werden, wodurch ein Teil der Ersparnisse wieder aufgezehrt werden würde. Es sind Verstärker entwickelt worden, die sich bei Bedarf vollständig selbsttätig in eine Verbindung einschalten und die zu große Dämpfung senken. Es sind aber auch Vorschläge ausgearbeitet worden, die eine andere Aufteilung der Gesamtdämpfung vorsehen, wodurch eine größere Dämpfung der Fernvermittelungsleitungen zulässig ist, ohne daß selbsttätige Verstärker erforderlich werden. Diese Vorschläge werden später noch erläutert.

Das Fernleitungsnetz für Sofortverkehr läßt sich daher neuzeitlich aufbauen, die Leitungen selbst lassen sich gut dimensionieren und die Dämpfungen durch Verstärker in den Verbindungen auf den erforderlichen Wert einhalten. Die anderen Forderungen für Leitungen, kein Mitsprechen, keine besonderen Reflexionen usw., werden durch die neuzeitliche Netzgestaltung nicht berührt.

Es ist demnach eine zweckmäßige Netzgestaltung für das Fernleitungsnetz eines Landes mit den geringsten Mitteln ohne weiteres gegeben, wenn entsprechende Systeme verwendet werden, die die auftretenden neuzeitlichen Forderungen der Technik leicht erfüllen. Die für Ortsanlagen aufgestellten Grundsätze für zweckmäßige Netzgestaltung gelten daher auch für Vorort- und Fernnetze, wenn eine Verbesserung des Betriebes mit Sofortverkehr und Fernwahl eingeführt werden soll.

Um nun das gesamte Fernnetz eines Landes richtig zu entwickeln und die Fernämter richtig zu gruppieren, verfährt man folgendermaßen:

Fernämter bestehen nur noch in den Netzgruppenmittelpunkten, die als Endfernämter (EF) bezeichnet werden. Eine wirtschaftlich zusammenhängende Gruppe von solchen Endfernämtern wird — wie gezeigt worden ist und wie es auch in den Netzgruppen mit den Ortsämtern geschieht — zusammengefaßt und das wichtigste Endfernamt dieser Gruppe zum Hauptfernamt der

---

*) Hartz, „Zur Gestaltung des deutschen Fernleitungsnetzes", Europäischer Fernsprechdienst, Sept. 1930.

Gruppe gemacht, das dann Verteilerfernamt (VF) genannt wird. Die Fläche, die eine derartige Gruppe von Endfernämtern umfaßt, kann einen Radius von etwa 140 km haben. Das Fernnetz innerhalb dieser Gruppe bezeichnet man als Endfernnetz und die gesamte Gruppe als Endfernnetzgruppe.

Eine Gruppe von Verteilerfernämtern kann man nun wieder zu einem höheren Gebilde zusammenfassen und das wichtigste Verteilerfernamt dieser Gruppe zum Hauptfernamt erheben, das dann Durchgangsfernamt (DF) genannt wird. Die Fläche, die eine derartige Gruppe umfaßt, kann einen Radius von etwa 700 km haben. Das Fernnetz in dieser Gruppe wird Verteilerfernnetz genannt. Die gesamte Gruppe wird als Verteilerfernnetzgruppe bezeichnet.

Eine Gruppe von solchen Durchgangsfernämtern wird wieder zu einem Gebilde höherer Ordnung zusammengefaßt und das wichtigste Durchgangsfernamt zum Hauptfernamt dieser Gruppe erhoben, das dann Weltfernamt (WF) genannt wird. Die Fläche, die eine derartige Gruppe umfaßt, kann einen Radius von etwa 3500 km haben. Das Fernnetz innerhalb dieser Gruppe wird als Durchgangsfernnetz bezeichnet, die gesamte Gruppe selbst als Durchgangsfernnetzgruppe. Eine Gruppe von Weltfernämtern kann dann noch zu einem Weltfernnetz zusammengefaßt werden.

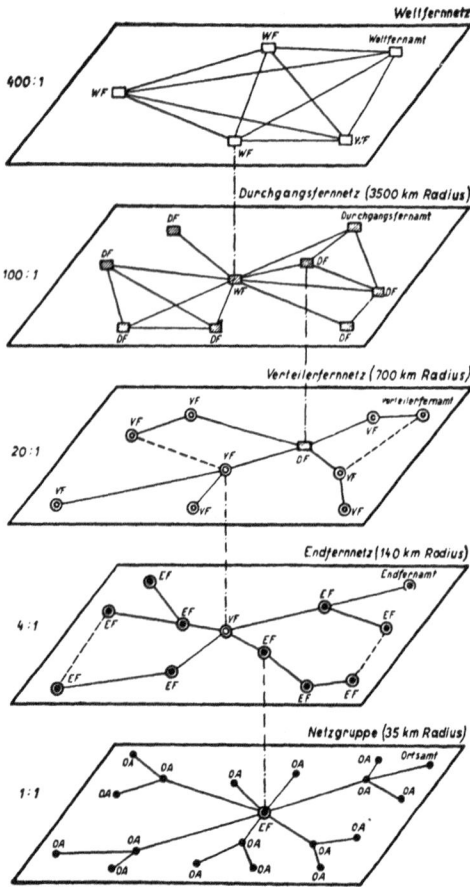

Abb. 24. Fernnetzgliederung in Ebenen.

Die Gruppierung aller dieser Fernämter kann zweckmäßig in Ebenen dargestellt werden, wie Abb. 24 erkennen läßt. Jedes Fernamt einer Ebene erfaßt stets die zugehörigen Gruppen von Fernämtern der unteren Ebenen.

Bei der Bildung der Ferngruppen müssen die wirtschaftlichen Beziehungen, wie in den Netzgruppen, sorgfältig beobachtet werden, weil eine willkürliche Trennung der Beziehungen zu einer unnötigen Verteuerung des

40

Fernnetzes führt. Die angegebenen Größen der Netz- und Ferngruppen sind nur Richtwerte, die örtlichen Verhältnisse und die wirtschaftlichen Beziehungen sind die Grundlagen zur richtigen Bestimmung der Gruppengröße.

Die Netzgestaltung innerhalb dieser Ebenen richtet sich nun nach der Art der Herstellung der Fernverbindungen und der Stärke des Verkehrs. Erfolgt die Herstellung der Fernverbindungen über Wähler im Sofortverkehr, so ist die zweckmäßigste Netzgestaltung dann ein Sternnetz, wenn durch Bildung großer Bündel eine genügende Steigerung der Leitungsausnutzung erreicht wird. Sind schon so große Bündel im Maschennetz vorhanden, daß eine Leistungssteigerung durch weitere Bündelung nicht möglich ist, so ist die Beibehaltung desselben zweckmäßig. Erfolgt aber die Herstellung der Fernverbindungen mittels Hand, so ist ein Maschennetz stets das Gegebene, weil dann Durchgangsverkehr zu vermeiden ist. Die Art der Fernleitungen innerhalb der einzelnen Netzebenen ist gleichartig, aber u. U. verschieden in den verschiedenen Ebenen.

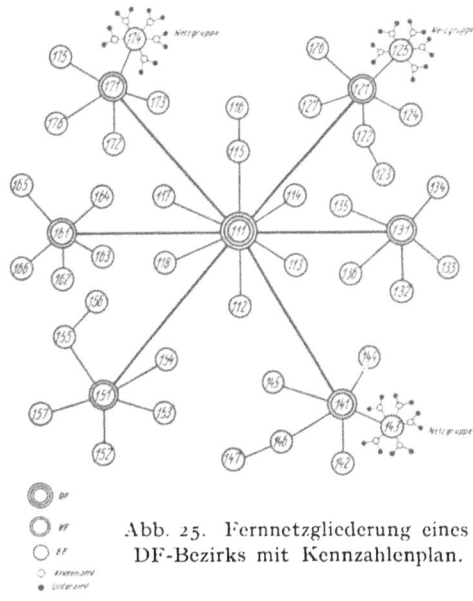

Abb. 25. Fernnetzgliederung eines DF-Bezirks mit Kennzahlenplan.

Eine andere Darstellung des Fernnetzes zeigt Abb. 25 mit der natürlichen Lage der Ebenen übereinander, aus der ebenfalls die Netzgruppen, das Endfernnetz und das Verteilerfernnetz ersehen werden können. Es ist das Netz eines Durchgangsfernamtes dargestellt, in dem noch die Kennzahlenverteilung gezeigt ist, die später näher erläutert wird.

Querverbindungen sind im allgemeinen im Sternnetz vermieden. Sie sind natürlich jederzeit möglich und zweckmäßig, wenn schon Leitungen vorhanden oder wenn sie wirtschaftlich gerechtfertigt sind. Das wird aber für neue Leitungen sehr selten der Fall sein, weil nur große Bündel die Wirtschaftlichkeit ergeben. Wenn aber einmal große Bündel als Querverbindungen gefordert werden sollten, dann sollte nochmals geprüft werden, ob der gesamte Netzaufbau richtig ist. Im allgemeinen sind neue Querverbindungen wegen ihrer geringen Leitungszahl, wenn sie nicht im Umgebungsverkehr betrieben werden, unwirtschaftlich.

Die Umänderung der Netze braucht nun nicht plötzlich mit erheblichen Kosten zu erfolgen, sondern kann langsam mit der zunehmenden Entwicklung der Anlagen vor sich gehen. Erfolgen die Erweiterungen der Netze in Richtung der zukünftigen Netzgestaltung, so wird das Netz allmählich ohne besondere Kosten in den Endzustand übergeführt.

Bei Diskussionen über Umänderung der Fernleitungsnetze werden teilweise Fragen aufgeworfen, ob für die Umänderung bestehender Netze und Einführung des Sofortverkehrs nicht erhebliche Kosten aufgewendet werden müßten, weil schon Leitungen für maschenförmige Netzgestaltung verlegt sind. Zur Klärung dieser Frage sind Untersuchungen an vorhandenen Kabeln angestellt worden, wobei nachstehendes Ergebnis erzielt wurde:

Die verlegten Kabel haben gewöhnlich eine große Zahl von mehr als 100 Leitungen. Diese Leitungen sind sehr stark unterteilt und in viele kleine Bündel zersplittert, von denen manche nur aus sehr wenigen Leitungen, vielfach auch nur aus einer Leitung bestehen. Wenn die in einem solchen Kabel für Fernverkehr von Hand vorgesehenen 30 bis 40 und mehr Bündel so umgruppiert werden, daß an Stelle der vielen kleinen Bündel wenige große Bündel gebildet werden, so erreicht man eine solche Steigerung der Ausnutzung der Fernleitungen, daß Sofortverkehr praktisch ohne Leitungsvermehrung möglich wird. Als Beispiel ist ein Kabel von 460 km Länge, das in 17 Abschnitte geteilt war, untersucht worden, und man hat die erwähnte große Zersplitterung der Leitungen gefunden, wie sie in Abb. 26 links zu ersehen ist. Für die einzelnen Abschnitte ist die Leitungs- und Bündelzahl angegeben. Es waren zwar einige große Bündel vorhanden, aber zum großen Teil bestanden die Bündel nur aus 1 oder 2 Leitungen. Wenn nun die Leitungen für vergrößerten Durchgangsverkehr umgruppiert werden, so kann man wenige große Bündel bilden, wie es in Abb. 26 rechts angegeben ist. Die Zahl der Bündel zwischen den verschiedenen Fernämtern, die beim Handbetrieb im Mittel 30 beträgt, ist beim selbsttätigen Betrieb auf 2,5 Bündel vermindert worden. Dadurch erhält man eine derartige Leistungssteigerung, daß bei derselben Verkehrsleistung im selbsttätigen Verkehr ein Mehrbedarf an Leitungen praktisch nicht nötig wird. In den beiden Spalten rechts ist die Er-

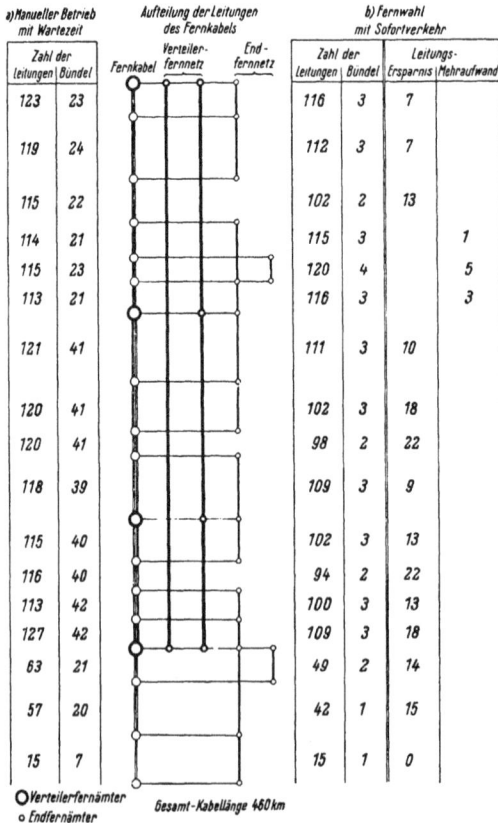

a) Manueller Betrieb mit Wartezeit		Aufteilung der Leitungen des Fernkabels			b) Fernwahl mit Sofortverkehr			
Zahl der Leitungen	Bündel	Fernkabel	Verteiler-fernnetz	End-fernnetz	Zahl der Leitungen	Bündel	Leitungs-Ersparnis	Mehraufwand
123	23				116	3	7	
119	24				112	3	7	
115	22				102	2	13	
114	21				115	3		1
115	23				120	4		5
113	21				116	3		3
121	41				111	3	10	
120	41				102	3	18	
120	41				98	2	22	
118	39				109	3	9	
115	40				102	3	13	
116	40				94	2	22	
113	42				100	3	13	
127	42				109	3	18	
63	21				49	2	14	
57	20				42	1	15	
15	7				15	1	0	

O Verteilerfernämter
o Endfernämter
Gesamt-Kabellänge 460 km

Abb. 26.
Aufteilung eines Fernkabels in Leitungsbündel.

Schaffhausen

Basel
Pruntrut
Delémont
Frick
Baden
Winterthur
Trauenfeld
Weinfelden
Romanshorn
Wil
Altstätten
Aarau
Olten
Wohlen
Zürich
St.Gallen
Porrentruy
Chx-de-fds
Biel
Solothurn
Langenthau
Reinach
Rapperswil
Buchs
Neuchâtel
Sursee
Zug
Luzern
Schwyz
Glarus
Sargans
Fleurier
Murten
Burgdorf
Bern
Langnau
Entlebuch
Stans
Altdorf
Chur
Yverdon
Payerne
Freiburg
Sarnen
Davos
Lausanne
Bulle
Thun
Interlaken
Disentis
Tiefencastel
Nyon
Zweisimmen
Frutigen
St.Moritz
Genf
Aigle
Sitten
Brig
Faido
Martigny-Ville
Locarno
Bellinzona

Endfernnetze

● Durchgangsfernamt
◉ Verteilerfernamt
• Endfernamt
○ Netzgruppenamt

Lugano
Chiasso

0   25   50 km

Basel
Olten
Zürich
St. Gallen
Luzern
Bern
Chur
Lausanne
Genf

Verteilerfernnetz

Lugano

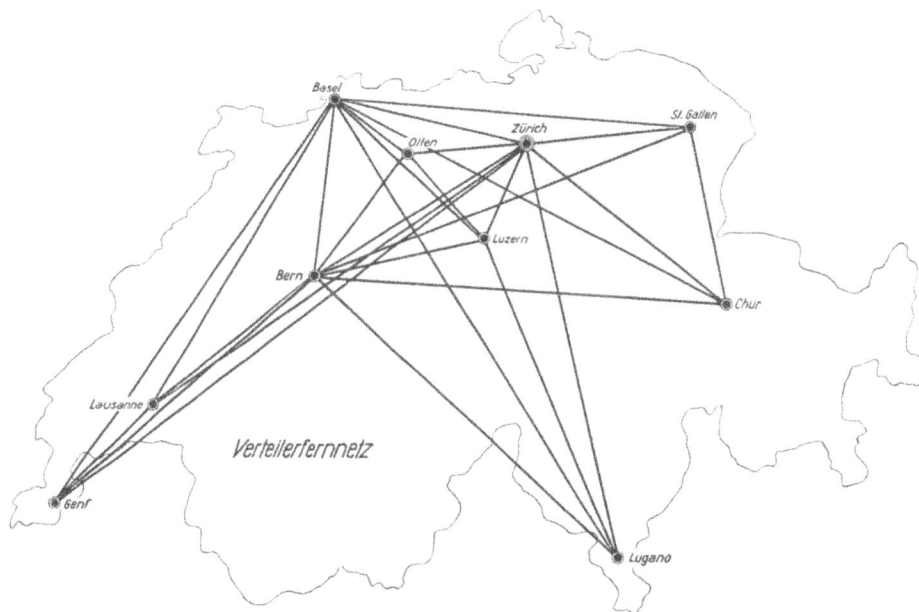

Abb. 27. Fernnetzgestaltung Schweiz.

43

sparnis oder der Mehrbedarf beim selbsttätigen Betrieb für jeden Abschnitt angegeben. Man ersieht, daß die Ersparnis den Mehrbedarf bei weitem überwiegt, so daß man tatsächlich sagen kann, bei zweckmäßiger Verteilung der Leitungen und Bildung großer Bündel ist die Einführung des Sofortverkehrs mit billigen Mitteln zu erreichen. Aus der Abb. 26 sind auch noch gesondert die Leitungen für das Verteilerfernnetz und für die Endfernnetze zu ersehen. Bei den Bündeln für selbsttätigen Verkehr war die Zeichnung der einzelnen Bündel möglich, bei Verkehr von Hand nicht, weil die vielen Bündel ein ganz unübersichtliches Bild ergeben hätten.

In welcher Weise in verschiedenen Ländern Vorschläge für die Umgestaltung des Fernleitungsnetzes gemäß dieser Grundlagen zur Prüfung stehen, soll nun gezeigt werden.

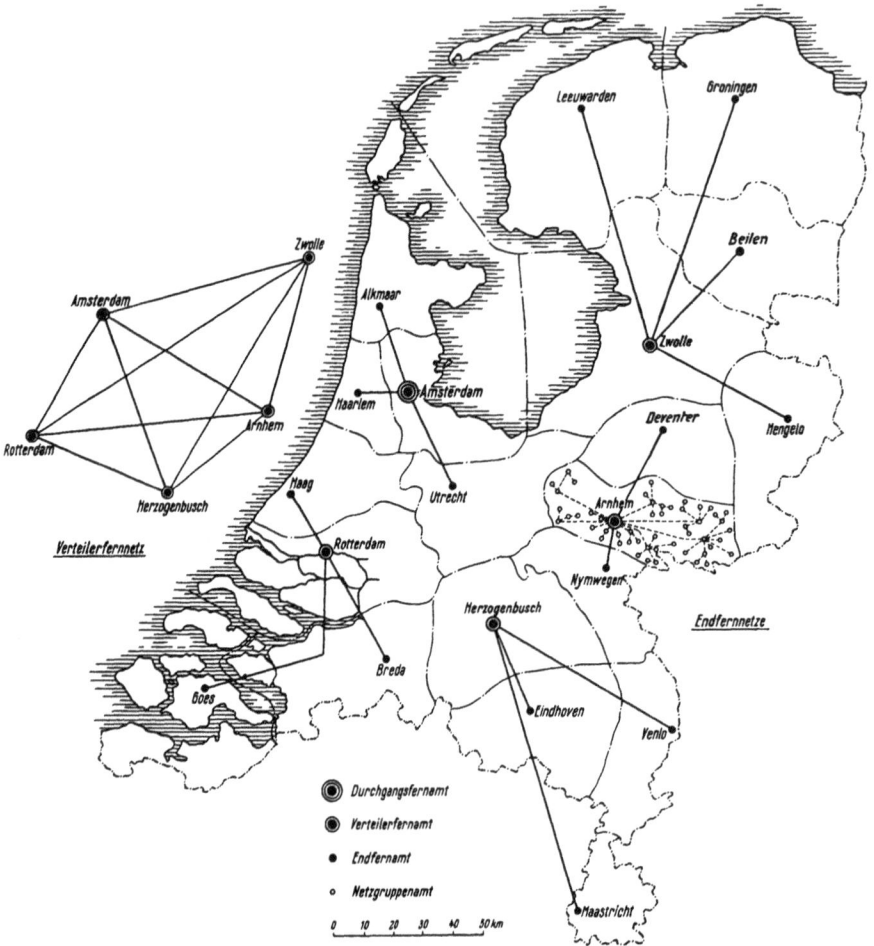

Abb. 28. Fernnetzgestaltung Holland.

Abb. 27 zeigt die Einteilung der Schweiz in 66 Netzgruppen, von denen nur die Endfernämter gezeigt sind. Die Netzgestaltung innerhalb der Netzgruppen ist sternförmig und entspricht den gezeigten Anordnungen. Der mittlere Radius der Netzgruppen beträgt etwa 14 km. Es sind 8 Verteilerfernämter vorgesehen, deren Bereich besonders angegeben ist. Man ersieht die sternförmige Gestaltung der 8 Endfernnetze. Das Verteilerfernnetz mit den 3 Durchgangsfernämtern Zürich, Lugano und Lausanne ist unten besonders herausgezeichnet und ist zum großen Teil maschenförmig. Für die ganze Schweiz ist Fernwahlverkehr vorgesehen.

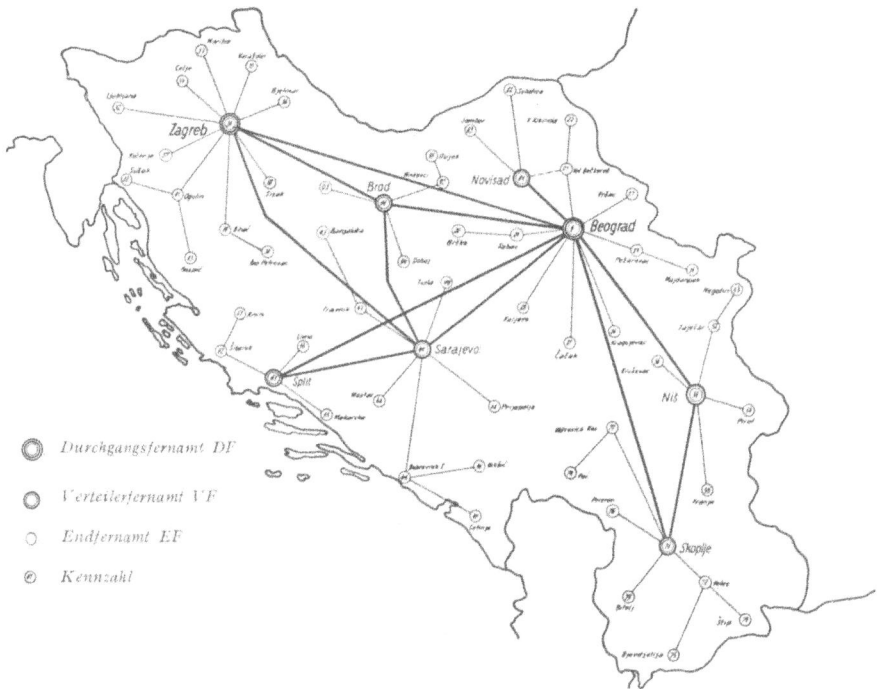

Abb. 29. Fernnetzgestaltung Jugoslawien.

Abb. 28 zeigt die 19 Netzgruppen in Holland mit ihren Endfernämtern. Die Netzgestaltung innerhalb der Netzgruppen ist wieder sternförmig, wie es aus der Netzgruppe Arnheim zu ersehen ist. Der mittlere Radius der Netzgruppen beträgt 25 km. Die Endfernämter sind zu 5 Verteilerfernämtern zusammengefaßt. Da in Holland Fernwahlverkehr durch das ganze holländische Netz vorgesehen ist, ist auch hier die Netzgestaltung der Endfernnetze sternförmig, wie aus der Abbildung zu ersehen ist. Das Verteilerfernnetz ist in Abb. 28 besonders herausgezeichnet und wird maschenförmig ausgeführt.

In Italien wird ebenfalls an der Bildung von Netzgruppen mit Endfernämtern und an dem Aufbau des Fernnetzes mit Verteiler- und Durchgangsfernämtern nach neuzeitlichen Grundsätzen eifrig gearbeitet. Es ist beabsichtigt, die Fernwahl, die schon mit Wechselstrom 50 Hertz und mit Tonfrequenz in ausgedehntem Maße in Betrieb ist, in noch größerem Umfang
als bisher einzuführen.

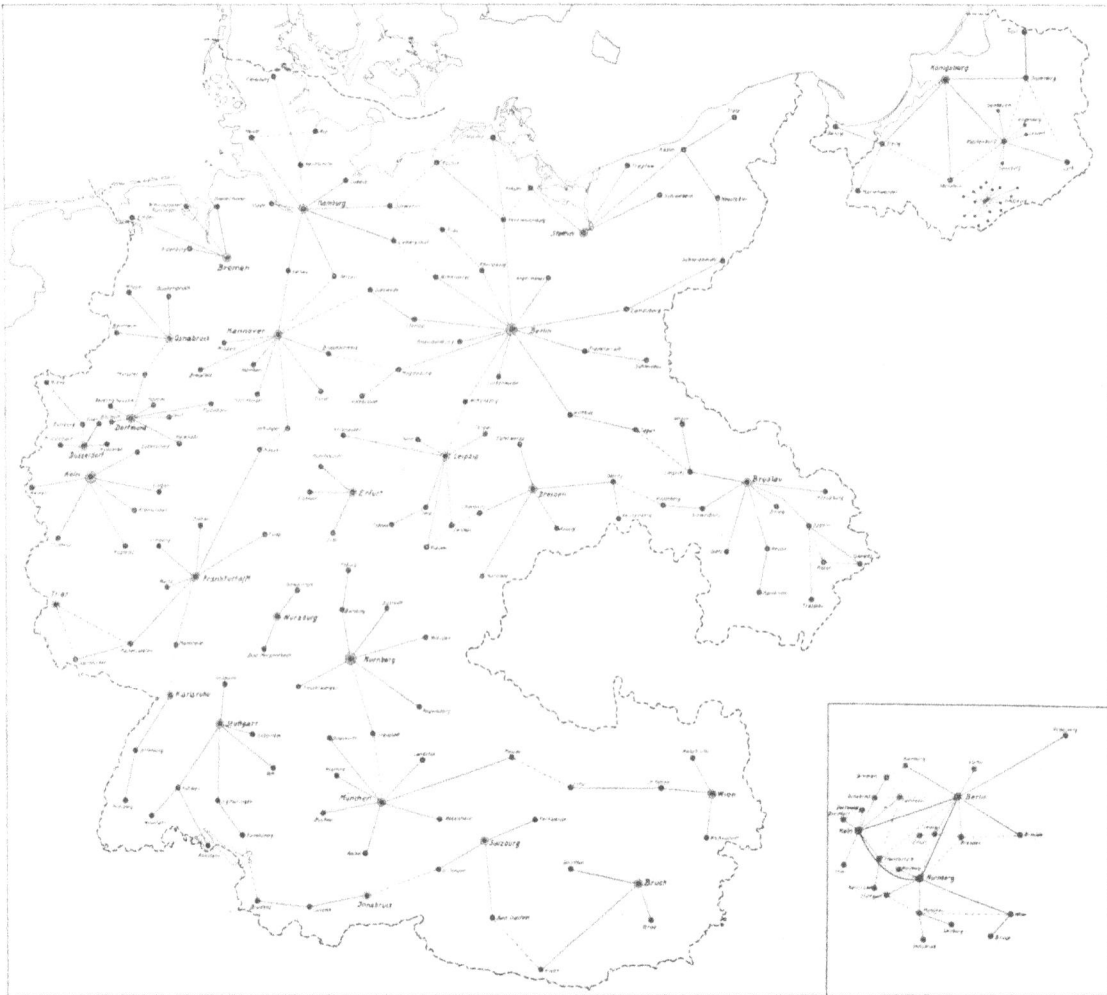

Abb. 30. Fernnetzgestaltung Deutschland.

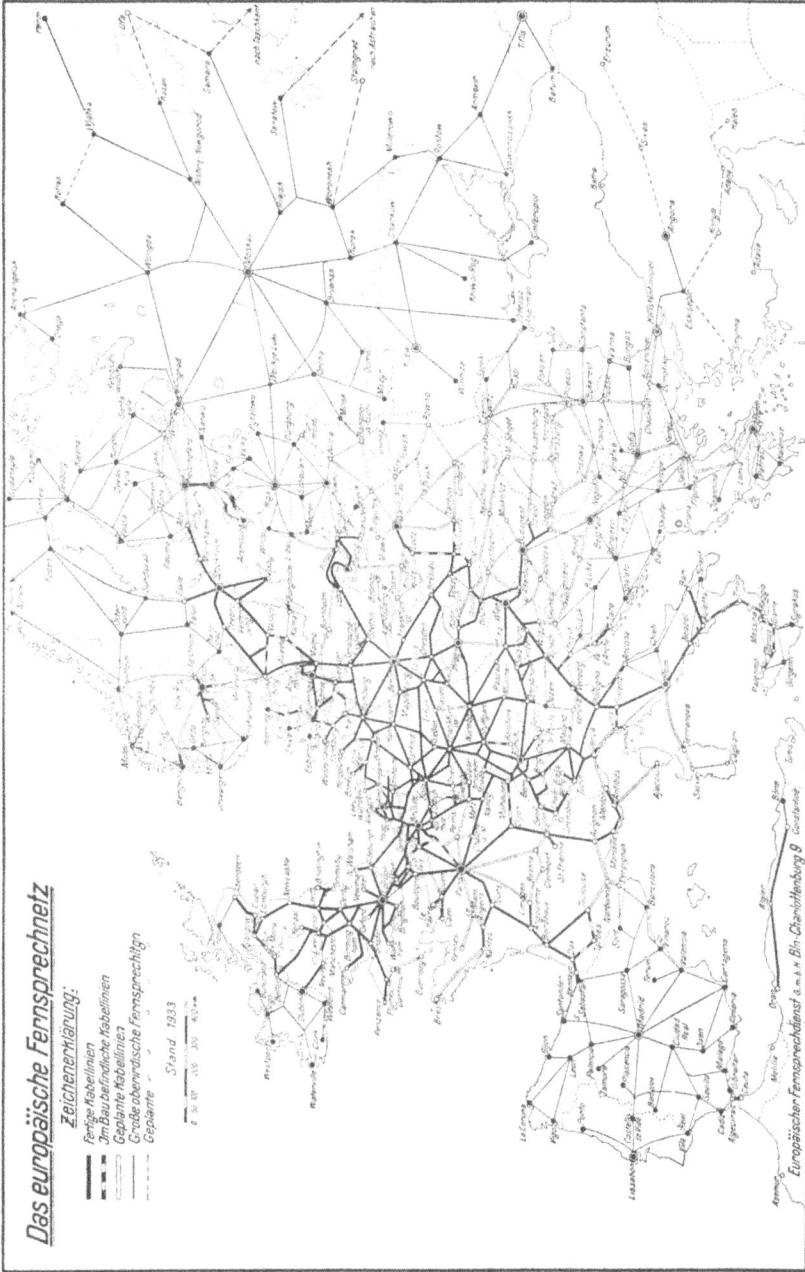

Abb. 31. Fernnetz Europa, September 1933 (aus „Europ. Fernsprechdienst").

Abb. 29 zeigt Jugoslawien, wo 60 Netzgruppen und Endfernämter mit mittlerem Radius von 35 km, 8 Verteilerfernämter und das Durchgangsfernamt Belgrad vorgeschlagen sind. Die vorgeschlagene Fernnetzgestaltung ist in den Grundzügen dieselbe, wie in den vorhergehenden Abbildungen gezeigt.

In Deutschland waren bisher 650 Netzgruppen und Endfernämter, die Flächen mit einem mittleren Radius von etwa 15 km umfassen, 55 Verteilerfernämter und 15 Durchgangsfernämter vorgesehen. Durch den später noch zu zeigenden Vorschlag der Einführung der vieradrigen Durchschaltung und die dadurch ermöglichte Dämpfungsvergrößerung der Fernvermittlungsleitungen in den Netzgruppen wäre eine erhebliche Vergrößerung der Netzgruppen und damit eine Verminderung der Zahl der Endfernämter möglich. Auf dieser Grundlage könnten in Deutschland 175 Netzgruppen und Endfernämter, 25 Verteilerfernämter und 3 Durchgangsfernämter vorgesehen werden. Der mittlere Radius der Netzgruppen würde dann etwa 32 km betragen. In der Abb. 30 sind diese Möglichkeiten dargestellt. Die sternförmigen Endfernnetze sind im großen Plan eingetragen, die Verteilerfernnetze mit dem Durchgangsfernnetz sind besonders herausgezeichnet. Als Durchgangsfernämter könnten in Betracht gezogen werden: Berlin, Nürnberg und Köln.

Das Fernnetz Europas wird durch die bekannte Abb. 31 dargestellt. Die Frage, wann später einmal Fernwahl in Aussicht genommen werden kann, ist noch offen. Einstweilen hat man Handbetrieb mit Wartezeiten in kleinen Bündeln mit möglichst unmittelbarer Verbindung der Weltfernämter untereinander. Man könnte auch hier bündeln und den Durchgangsverkehr steigern; da aber heute z. T. erhebliche Wartezeiten bestehen, wodurch eine hohe Leitungsausnutzung erreicht wird, ist es fraglich, ob in allen Fällen so große Bündel gebildet werden können, daß die erforderliche Ausnutzung im Sofortverkehr ohne Leitungsvermehrung erhalten werden kann. Außerdem bestehen Verwaltungsschwierigkeiten in der Verrechnung der Gebühren, die aber durch selbsttätige Überwachungseinrichtungen überwunden werden könnten. Im Weltverkehr wird daher wohl Handbetrieb für einige Zeit noch bestehen bleiben.

Aus diesen Netzen kann man den Schluß ziehen, daß in den Netzgruppen und im Endfernnetz die Sternform vorherrscht, daß aber im Verteiler- und Durchgangsfernnetz die Frage, Maschen- oder Sternform, von Fall zu Fall zu prüfen ist, weil die Art des Netzes von der Art der Verbindungsherstellung abhängt. Handbetrieb erfordert Maschennetz, Wählerbetrieb in den meisten Fällen Sternnetz.

3. Die Bündelung der Fernleitungen im europäischen Fernnetz.

Das bestehende europäische Fernnetz ist aufgebaut auf Grund von Handbetriebsmethoden, die eine möglichst unmittelbare Verbindung der Fernämter untereinander, unter Vermeidung des Verkehrs über Durchgangsämter, erfordern, weil dieser Verkehr den Betrieb verzögert, verteuert, unsicher gestaltet und die Leerlaufzeiten auf den Fernleitungen stark vergrößert. Demzufolge sind in Europa die großen Verkehrszentren unmittelbar durch Fernleitungen miteinander verbunden, deren Zahl sich nach der Größe des Verkehrs richtet. Die Zahl der Fernleitungen ist für die verschiedenen Verkehrsbeziehungen im allgemeinen klein; in sehr vielen Fällen ist zwischen den Verkehrszentren nur eine Leitung vorhanden, über die der Verkehr in beiden

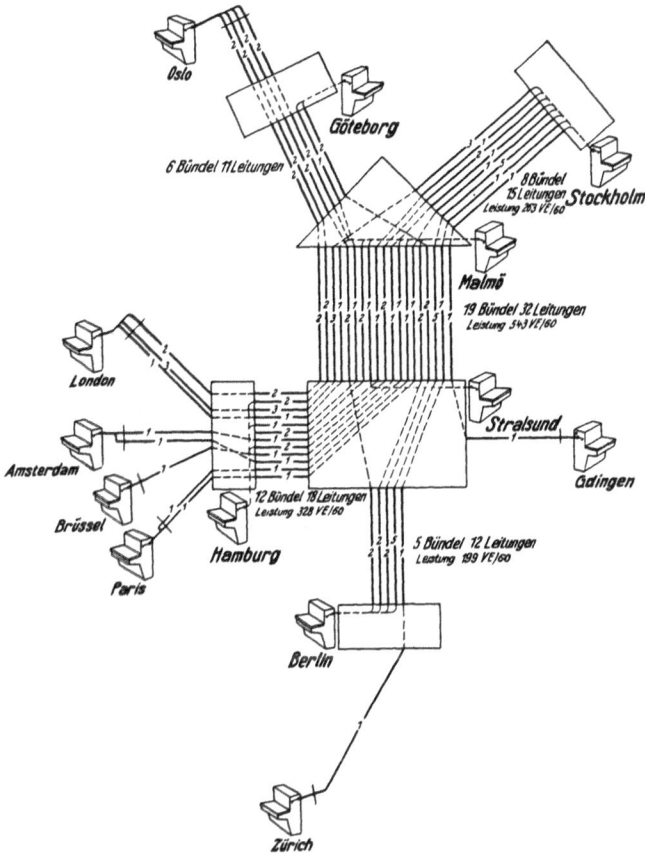

Abb. 32. Fernleitungen von Schweden und Norwegen nach Westeuropa.

Richtungen abzuwickeln ist. Damit die Ausnutzung der Fernleitungen sichergestellt ist, wird bekanntlich auf den Fernleitungen ein Ferngespräch an das andere gereiht, und die Teilnehmer müssen deshalb auf die angemeldeten Ferngespräche warten, bis sie an der Reihe sind. Bei starkem Verkehr, also großer Belastung, sind erhebliche Wartezeiten vorhanden, die für die Teilnehmer unangenehm und unwirtschaftlich sind und die sich bei Handbetriebsmethoden ohne Aufwand erheblicher Mittel nicht vermeiden lassen. Alle Verwaltungen sind aber bestrebt, die Wartezeiten möglichst klein zu

halten, was zur Folge hat, daß die Ausnutzung der Fernleitungen verhältnismäßig klein ist.

Untersucht man die Fernleitungsverteilung in Europa nach Richtung
und Bündelung der Fernleitungen, nach deren Belastung und Wartezeiten, so
erhält man bemerkenswerte Ergebnisse, aus denen Richtlinien für eine Verbesserung der Verkehrsabwicklung abgeleitet werden können. Als Unterlage
eines derartigen Studiums kann die „Statistique du Trafic téléphonique
international" des „Comité Consultatif International Téléphonique" genommen werden, die ein umfangreiches und ausführliches Material enthält und
die jährlich neu erscheint. Wenn man aus dieser Statistik sich irgendeinen
Teil des europäischen Fernnetzes herausgreift, untersucht und aufzeichnet, so
wird man die erwähnten vielen kleinen Fernleitungsbündel bestätigt finden.

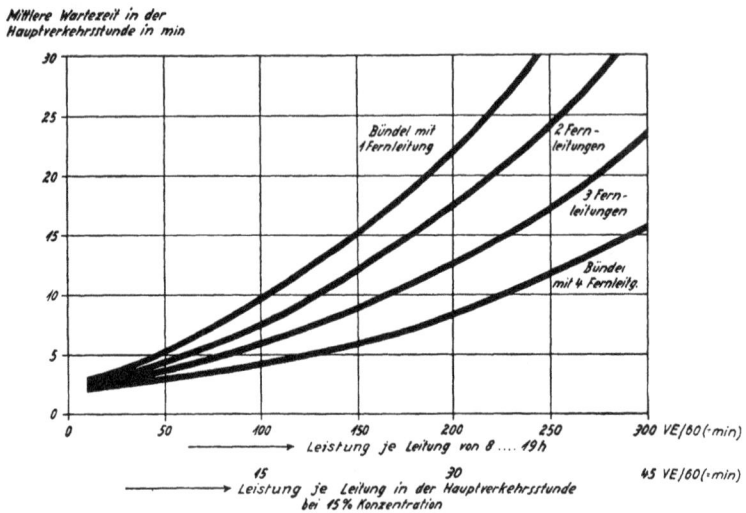

Abb. 33. Mittlere Wartezeiten auf Fernleitungen abhängig von der Belastung
und der Zahl der Leitungen.

Aus der Statistik ist zum Studium der vorliegenden Verhältnisse das
Fernnetz mit seinen Bündeln, das Schweden und Norwegen, besonders Stockholm und Oslo, mit Westeuropa verbindet, herausgezeichnet und in Abb. 32
dargestellt worden. Man ersieht sofort deutlich, daß das Fernnetz in sehr viele
kleine Bündel zersplittert ist, die sich bei Schwankungen des Verkehrs nicht
gegenseitig aushelfen können. Für den Fernverkehr sind in der Hauptsache
vorhanden zwischen Stockholm und Malmö 8 Bündel mit 15 Leitungen, zwischen Göteborg und Malmö 6 Bündel mit 11 Leitungen, zwischen Malmö
und Stralsund 19 Bündel mit 32 Leitungen, zwischen Stralsund und Berlin
5 Bündel mit 12 Leitungen, zwischen Stralsund und Hamburg 12 Bündel
mit 18 Leitungen und weiter zu anderen Großstädten sehr kleine Bündel.
Durch diese Zersplitterung in viele kleine Bündel werden auch bei Hand-

betriebsmethoden die Wartezeiten stark vergrößert, was ebenfalls aus der Statistik nachgewiesen werden kann.

Aus der Statistik des CCIF früherer Jahre sind die Wartezeiten von sehr vielen Fernleitungsbündeln mit 1 bis 4 Leitungen, abhängig vom Verkehr, zusammengestellt und es sind Mittelwerte abgeleitet worden, die in Abb. 33 eingetragen worden sind. Auf der Horizontalen ist der Verkehr als Belastung der Fernleitungen, auf der Vertikalen sind die Wartezeiten aufgetragen. Es sind 4 Kurven für verschieden große Fernleitungsbündel von 1 bis 4 Leitungen gezeichnet. Daraus ergibt sich, daß die Wartezeiten außer vom Verkehr unmittelbar von der Größe der Bündelung der Fernleitungen abhängig sind. Werden z. B. die Fernleitungen mit je 30/60 VE in der Hauptverkehrsstunde belastet, so ergibt sich eine mittlere Wartezeit bei Bündeln mit nur einer Fernleitung von 22 min, in Bündeln mit 2 Leitungen von 18 min, in Bündeln mit 3 Leitungen von 13 min und in Bündeln mit 4 Leitungen von 8 min. Bei einer anderen Belastung der Fernleitungen sind entsprechende andere Wartezeiten vorhanden. Man ersieht daraus, daß bei derselben Belastung die Wartezeiten mit zunehmender Bündelgröße ganz erheblich abnehmen. Man würde also die Wartezeiten erheblich herabsetzen und könnte u. U. kostenlos Sofortverkehr einführen, wenn man an Stelle der vielen kleinen Bündel wenige große Bündel mit genügender Fernleitungszahl bilden würde. Das bedeutet aber eine Zunahme von Schaltstellen und von Durchgangsverkehr, der bei Handbetriebsmethoden mit den eingangs erwähnten großen Nachteilen behaftet ist. Eine Verbesserung ist daher nur durch grundsätzliche Änderung der Betriebsmethoden möglich, wie sie sich z. B. durch die Einführung der Wählertechnik ergeben würde.

Denkt man sich die Wählertechnik auch im Fernverkehr eingeführt, stellt man also die Fernverbindungen nicht mehr durch die Hand von Beamtinnen, sondern mittels Fernwahl über Wähler her, ändert man also in dieser Art grundsätzlich die Betriebsmethoden, so würden die eingangs erwähnten Nachteile des Durchgangsverkehrs fortfallen, und der Aufbau der Fernverbindungen würde unverzögert, ohne Verteuerung, ohne Fehler bei bester Ausnutzung der Fernleitungen erfolgen können. Durch die Wählertechnik hat man die Möglichkeit, die Fernleitungen zu großen Bündeln mit Hilfe von Schaltstellen zusammenzufassen, die unangenehmen Wartezeiten zu beseitigen und dem Teilnehmer auch im Fernverkehr einen Sofortverkehr fast kostenlos zu bieten; denn in den weitaus meisten Fällen wird man durch die Zusammenfassung der Fernleitungen so viel an Leistung gewinnen, daß tatsächlich der Sofortverkehr ohne kostspielige Vermehrung der Fernleitungen ermöglicht wird. In manchen Fällen wird man sogar so viel an Leistung gewinnen, daß für die zukünftige Entwicklung des Verkehrs auf viele Jahre hinaus gesorgt ist. Die nachfolgenden Untersuchungen über die Wirkung der Einführung der Wählertechnik in den Verkehr Norwegens und Schwedens mit Westeuropa, wie er in Abb. 32 dargestellt ist, werden darüber Aufschluß geben.

Zunächst muß für die Untersuchung der Verkehr der verschiedenen Fernleitungsbündel in der Hauptverkehrsstunde aus der Statistik errechnet werden. Die Statistik umfaßt bezahlte Gesprächsminuten, enthält also nicht die Auf- und Abbauzeiten sowie die sonstigen Leerlaufzeiten auf den Fernleitungen. Andererseits ist die bezahlte Gesprächszeit größer als die tatsächliche Gesprächszeit, weil die Gespräche nie am bezahlten Ende, sondern immer vorher beendet werden. Die bezahlte Gesprächszeit wird etwa gleich der Belegungszeit der von nur einer Beamtin durch Fernwahl hergestellten Fernverbindungen sein, wie noch später gezeigt werden wird. Unter Berücksichtigung dieser Verhältnisse werden zunächst die Werte wie Belegungswerte behandelt. Später wird dann bei Betrachtung des Ergebnisses die Differenz zwischen bezahlter Gesprächszeit und Belegungszeit bei Herstellung der Fernverbindungen durch zwei Beamtinnen berücksichtigt.

Der Verkehr errechnet sich aus dem Tages- plus Nachtverkehr, multipliziert mit der Konzentration. Die Konzentration ist nicht angegeben und wird hier sehr vorsichtig zu 12% geschätzt, sie wird aber vielfach unter dem Einfluß der Wartezeiten geringer sein. In der folgenden Tabelle sind die Verkehrsbeziehungen, die Zahl der Sprechkreise, die beobachteten Wartezeiten, die errechnete Leistung je Leitung in VE/60 und die Gesamtleistung der Bündel zusammengestellt.

Verkehrsbeziehung	Sprechkreise	Mittlere Wartezeit in min	Leistung je Leitung in VE 60 (= min)	Gesamtleistung
Oslo—Berlin	2	14	18	36
Oslo—Hamburg	2	12	19	38
Oslo—London	2	10	23	46
Göteborg—Berlin . . .	2	6	12	24
Göteborg—Hamburg . .	1	6	17	17
Malmö—Berlin	2	8	19	38
Malmö—Hamburg . . .	2	10	10	20
Malmö—Stralsund . . .	1	5	6	6
Stockholm—Berlin . .	5	9	18	90
Stockholm—Hamburg .	2	4	17	34
Stockholm—Brüssel . .	1	13	10	10
Malmö—Paris	1	7	18	18
Stockholm—Paris . . .	1	10	25	25
Malmö—London	1	14	20	20
Stockholm—London . .	3	13	21	63
Malmö—Amsterdam . .	1	10	17	17
Stockholm—Amsterdam	1	6	20	20
Stockholm—Zürich . .	1	7	11	11
Stockholm—Gdingen .	1	10	10	10

| | 32 Sprechkreise | | | 543 VE 60 (= min) |

Aus der Tabelle ergibt sich, daß die untersuchten 19 Fernleitungsbündel mit zusammen 32 Fernleitungen, die alle zwischen Malmö und Stralsund verlaufen, in der Hauptverkehrsstunde eine verhältnismäßig kleine Leistung aufweisen. Die Leistung der Leitungen schwankt von 6/60 bis 25/60 VE und beträgt im Mittel bei einer Gesamtleistung von 543/60 VE also $\frac{543}{32} = 17/60$ VE.

Bei dieser verhältnismäßig kleinen Leistung sind noch Wartezeiten vorhanden, die von 4 bis 14 min schwanken. Die geringe Leistung der Fernleitungen kann beim jetzigen Handbetrieb aber nur auf Kosten der Wartezeiten vergrößert werden, was recht unerwünscht ist und von keiner Verwaltung empfohlen wird. Anders wird es aber, wenn selbsttätige Betriebsmethoden, d. h. Aufbau der Fernverbindungen über Wähler, eingeführt werden. Beim Wähler-

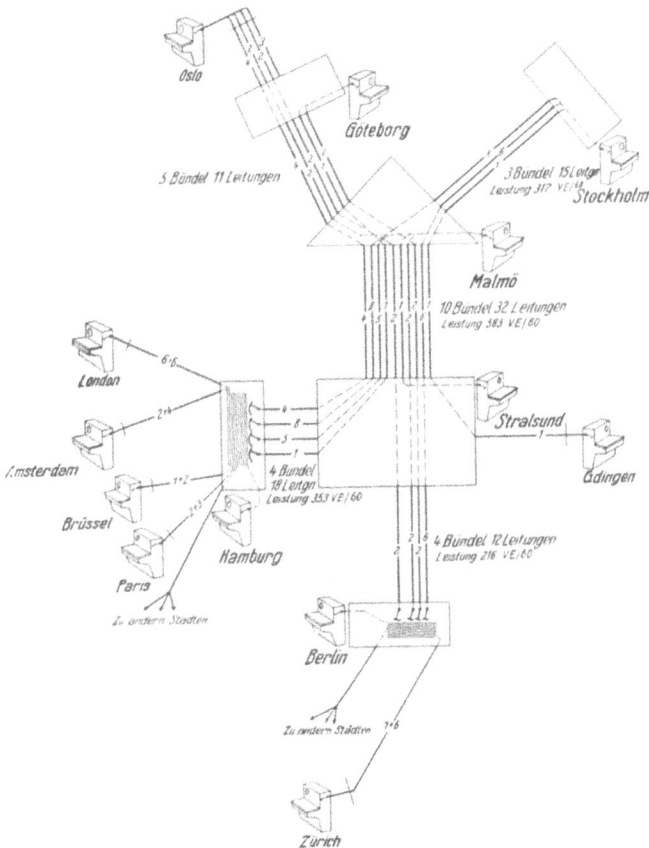

Abb. 34. Fernleitungen von Schweden und Norwegen nach Westeuropa unter Einfügung einer Schaltstelle in Hamburg bzw. Berlin.

betrieb kann man ohne Nachteile Schaltstellen mit selbsttätigem Durchgangsverkehr einführen, wodurch eine Bündelung der Fernleitungen ermöglicht wird. Um eine mittlere Leistung von 17/60 VE bei einer Betriebsgüte von $1^0/_0$ zu erreichen, genügt schon eine Zusammenfassung von 5 Fernleitungen zu einem Bündel, was, wie gezeigt werden wird, leicht zu erreichen ist.

Bei der Einfügung einer selbsttätigen Schaltstelle in Hamburg und u. U. in Berlin, wie es in Abb. 34 dargestellt ist, würde die Zahl der Bündel zwischen Malmö und Stralsund von 19 auf 10 sinken. Ebenso ist ein günstiger Einfluß auf die Bündel von Stockholm, die von 8 auf 3, und nach Hamburg, die von 12 auf 4 sinken würden, zu ersehen. Durch die Einfügung von wenigen, aber größeren Bündeln und einer Schaltstelle erhält man eine größere Leistung und beseitigt die Wartezeiten auf denjenigen Leitungen, die über Wähler geführt sind. Die anderen, handbedienten Leitungen bleiben natürlich mit Leistung und Wartezeit unverändert. Die 10 Fernleitungsbündel zwischen Malmö und Stralsund leisten in Abb. 34 bei einem der Rechnung zugrunde gelegten Verlust von 1% nach den bekannten Kurven, die im ersten Teil dieses Buches, Ortsverkehr, gezeigt sind (siehe auch Abb. 6), 583/60 VE, so daß durch die Einfügung der Schaltstelle nicht nur die Wartezeiten z. T. beseitigt sind, sondern man hat auch noch eine Steigerung der Gesamtleistung um 42/60 VE erhalten. Auch die anderen Bündel leisten mehr. Stockholm und Malmö leisteten früher, nach Abb. 32, 263/60 VE, jetzt 317/60 VE, Stralsund—Hamburg früher 328/60 VE, jetzt 353/60 VE, Stralsund—Berlin früher 199/60 VE, jetzt 216/60 VE. Daher auf allen Fernwahlleitungen Beseitigung der Wartezeit und noch ein Gewinn an Leistung. Die Bündel von Hamburg nach London, Amsterdam, Brüssel und Paris werden nun durch die von Hamburg zu diesen Städten unmittelbar führenden Fernleitungen vergrößert, wie es in Abb. 34 angegeben ist, so daß auch diese Fernleitungsteile in größeren Bündeln verlaufen und eine größere Leistung aufweisen.

Ein weiterer Vorteil wird dadurch erhalten, daß der noch bestehende Durchgangsverkehr von Hand mit seinen erwähnten Nachteilen in Hamburg und Berlin zu anderen, nicht unmittelbar mit Oslo und Stockholm verbundenen Orten fortfällt und durch einen selbsttätigen Durchgangsverkehr ersetzt wird, der die Nachteile nicht enthält. Z. B. können jetzt Norwegen und Schweden ohne Handbedienung in Berlin und Hamburg mit all den Städten Deutschlands und des anderen Auslandes verkehren, die durch Fernleitungen mit Berlin und Hamburg verbunden sind, wie es in Abb. 34 angedeutet ist.

Man könnte sich zum weiteren Studium der Frage: Leistungssteigerung der Fernleitungen und Verminderung der Wartezeiten, die Schaltstelle anstatt in Hamburg und Berlin in Stralsund eingeführt denken, wodurch eine Bündelung der Fernleitungen erreicht würde, wie sie in Abb. 35 dargestellt ist. Der Gewinn an Leistung ist z. T. erheblicher als nach dem Vorschlag in Abb. 34. Z. B. Malmö—Stralsund in Abb. 34 583/60 VE, jetzt 826/60 VE, Stockholm—Malmö 317/60 VE, jetzt 480/60 VE, Stralsund—Berlin 216/60 VE, jetzt 311/60 VE, und nur Stralsund—Hamburg statt 353/60 VE jetzt 333/60 VE. Bei der Einführung des Wählerbetriebes und damit der Schaltstelle in Stralsund werden aber Klemmungen und große Verluste des Verkehrs in der Richtung nach Zürich, Brüssel, Paris und Amsterdam eintreten, weil die kleinen Bündel von 1 bis 3 Leitungen durch andere Fernleitungen für den unmittelbaren Verkehr zwischen diesen Städten und Stralsund nicht vorhanden sind und deshalb die Bündel nicht vergrößert werden können. Außerdem würde der bestehende Durchgangsverkehr von

Hand in Hamburg und Berlin für die nicht unmittelbar erreichbaren Städte unbeeinflußt durch die Schaltstellen in Stralsund in alter Weise bestehen bleiben. Aus diesen Gründen ist die Schaltstelle in Hamburg bzw. Berlin nach Abb. 34 trotz des z. T. geringeren Leistungsgewinnes gegenüber der Schaltstelle in Stralsund vorzuziehen.

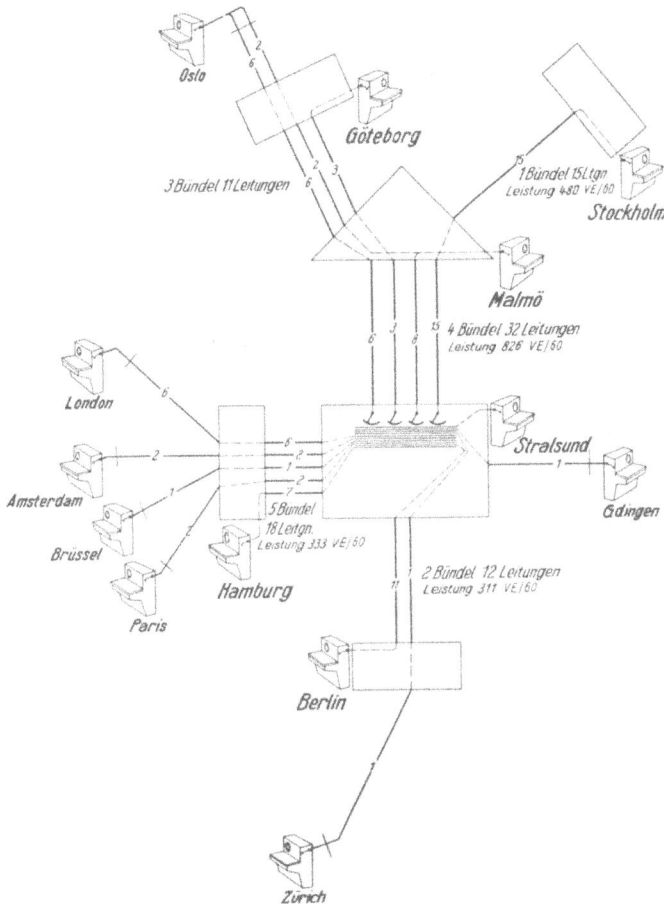

Abb. 35. Fernleitungen von Schweden und Norwegen nach Westeuropa unter Einfügung einer Schaltstelle in Stralsund.

Führt man aber zu den Schaltstellen in Hamburg und Berlin noch eine zweite selbsttätige Schaltstelle ein, die dann in Stralsund liegen könnte, so ist die in Abb. 35 gezeigte erhebliche Verminderung der Bündelzahl und eine noch weitergehende ohne die erwähnten Nachteile zu erreichen, wie es in Abb. 36 dargestellt ist. Während in den Abb. 34 und 35 bisher aus Gründen der besseren Übersichtlichkeit nur der von Skandinavien abgehende Verkehr dargestellt wurde, ist in Abb. 36 der Verkehr in beiden Richtungen gezeigt, um den erforderlichen Aufwand, der noch behandelt wird, besser erkennen zu lassen. Die Leistung der Bündel Malmö—Stralsund und Malmö—Stockholm ist dieselbe wie in Abb. 35, weil hier nichts verändert wurde. Die Leistung des Bündels Stralsund—Berlin dagegen ist auf 348/60 VE und die-

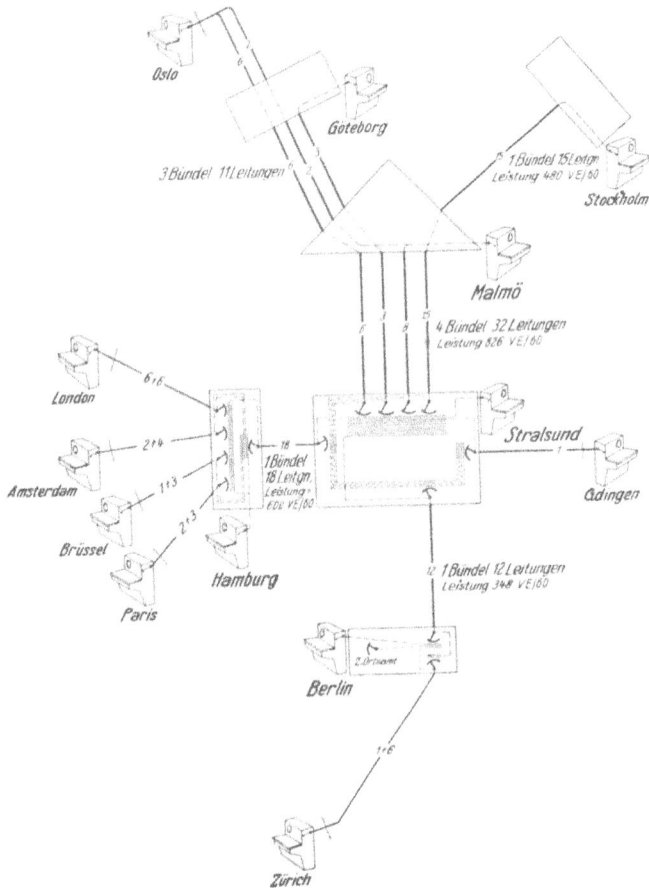

Oslo

Göteborg

3 Bündel 11 Leitungen

1 Bündel 15 Leitgn.
Leistung 480 VE/60

Stockholm

Malmö

4 Bündel 32 Leitungen
Leistung 826 VE/60

London

Stralsund

Amsterdam

Gdingen

Brüssel

1 Bündel
18 Leitgn.
Leistung
600 VE/60

Paris

Hamburg

1 Bündel 12 Leitungen
Leistung 348 VE/60

Berlin

Zürich

Abb. 36. Fernleitungen von Schweden und Norwegen nach Westeuropa unter Einfügung zweier Schaltstellen in Stralsund und in Hamburg bzw. Berlin.

jenige von Stralsund—Hamburg sogar auf 600/60 VE gestiegen. Die Bündel nach London, Amsterdam, Brüssel, Paris und Zürich sind aber, wie schon in Abb. 34, durch die örtlich hinzukommenden Leitungen stark vergrößert. Außerdem ist der frühere Durchgangsverkehr von Hand in Hamburg und Berlin in selbsttätigen Durchgangsverkehr verwandelt. Abb. 36 vereinigt daher die Vorteile der Abb. 34 und 35 ohne Nachteile.

Die Hintereinanderschaltung mehrerer Schaltstellen vergrößert zwar etwas die Verluste, doch hat dies dann keine besondere Bedeutung, wenn von vornherein kleine Verluste, also gute Betriebsgüte für die Rechnung gewählt wurden. Hier ist, wie allgemein bei der Berechnung von Fernleitungen im Sofortverkehr, eine Betriebsgüte von 1 auf 100 zugrunde gelegt, so daß bei mehreren hintereinandergeschalteten Schaltstellen die Verluste praktisch unbemerkbar klein bleiben, wie es sich im selbsttätigen Orts- und Nachbarortsverkehr gezeigt hat, wo mitunter mehr als 10 derartige Schaltstellen vorkommen.

Während in Abb. 32 zwischen Malmö und Stralsund eine mittlere Bündelgröße von $\frac{32}{19} = 1{,}7$ Leitungen vorhanden ist, bei der die Leitungen mit Wartezeit im Mittel 17/60 VE leisten, ist in Abb. 36 die mittlere Bündelgröße auf dieser Strecke auf $\frac{32}{4} = 8$ Leitungen gestiegen. Da, um eine Leistung von 17/60 VE ohne Wartezeit zu erreichen, nur eine Bündelgröße von 5 Leitungen nötig ist, so ist auch daraus der große Gewinn an Leistung zu ersehen, denn in Bündeln mit 8 Leitungen leistet jede Leitung ohne Wartezeit 24/60 VE. Die Gesamtleistung aller Leitungen zwischen Malmö und Stralsund würde demnach $32 \cdot 24/60 = 768/60$ VE betragen, sie beträgt aber nach Abb. 36: 826/60 VE. Der Unterschied erklärt sich durch die tatsächlich verschieden großen Bündel, die genau berechnet worden sind, denn die größeren Bündel bringen noch eine bedeutendere Steigerung der Leistung als die errechneten mittleren.

Damit ist der Beweis der Wirksamkeit des Wählerbetriebes und die dadurch ermöglichte Bildung größerer Bündel mit ihrer leistungssteigernden Wirkung unter Beseitigung der Wartezeiten als erbracht anzusehen.

Mit der Einführung der Wählertechnik tritt aber ein neues Problem in den Vordergrund, nämlich die Pfeifsicherheit der Fernleitungen auch bei einer vermehrten Anzahl von Schaltstellen zu gewährleisten. Unmittelbare Fernleitungen sind technisch einfach, beliebig zusammengeschaltete Fernleitungen müssen einander angepaßt sein. Im zwischenstaatlichen Fernnetz wird man künftig ausschließlich Vierdrahtleitungen oder Kanäle verwenden, deren Durchschaltung an den Schaltstellen und in den Durchgangsämtern vieradrig erfolgen wird, so daß irgendwelche Stoßstellen nicht zu befürchten sind. Die Durchgangsdämpfung aller Vierdrahtfernleitungen könnte man auf 0 Neper einstellen, so daß eine Addition von Dämpfungen beim Zusammenschalten von Fernleitungen nicht eintritt. Es werden dann künftig im Durchgangsverkehr nur die kleinen Pegeltoleranzen der Teilstücke einer zusammengeschalteten Fernleitung auszugleichen sein.

Es fragt sich, welche Kosten werden durch die Verwirklichung dieser Vorschläge erforderlich, im Verhältnis zu den Kosten, die etwa durch die Vermehrung der Fernleitungen bei alter Handbetriebsmethode aufzuwenden sind, um den durch die Selbstanschlußtechnik erzielten Leistungszuwachs zu erreichen.

Kosten entstehen durch die erforderlichen Wähler, durch die Tonfrequenz-wahleinrichtungen, durch die Fernleitungs-Endschaltungen und Echosperren in den Schaltstellen und durch die Nummernschalter an den verschiedenen Fernplätzen. Bei trägerfrequenten Stromkreisen, die in den Schaltstellen nieder-frequenzmäßig behandelt werden, kommen außerdem die Kosten für die End-geräte hinzu. Die Wähler sind den Fernleitungen unmittelbar zugeordnet, wie Abb. 36 zeigt. Es ist in der Abbildung der Verkehr von Skandinavien nach Westeuropa und der Verkehr in der anderen Richtung dargestellt. Man sieht, daß in jeder Richtung Wähler benötigt werden, so daß mit einer Wähler-zahl gleich der in den Schaltstellen einlaufenden Fernleitungen zu rechnen ist. Am Anfang und Ende jeder Fernleitung wird je eine Tonfrequenz-Fern-wahleinrichtung angeordnet, so daß daher mit der doppelten Zahl dieser Einrichtungen als Fernleitungen gerechnet werden muß. Anpassungsschal-tungen der Fernleitungen sind an jedem Ende derselben in den Schaltstellen, daher gleich der Zahl der Wähler erforderlich. Nummernschalter an den Fern-plätzen werden höchstens eine je Fernleitung benötigt. Die Größenordnung der Gesamtkosten könnte für die dieser Untersuchung zugrunde gelegten Verkehrsbeziehungen angenähert in der Gegend von 300 000 bis 400 000 RM liegen.

Wollte man demgegenüber neue Fernleitungen bauen, die dieselben Leistungen aufweisen, ohne die jetzt im Handbetrieb vorhandenen mittleren Wartezeiten zu verändern, also weder zu verkleinern noch zu vergrößern, so müßte man mehr als den 10- bis 15fachen Betrag obiger Summe auf-wenden. Die Einführung der Bündelung mit selbsttätigen Schaltstellen und des Fernwahlbetriebes auf Fernleitungen ist daher aus technischen und wirt-schaftlichen Gründen nicht nur sehr zu empfehlen, sondern eine neuzeitliche Forderung. Es werden dadurch die Ausnutzungen der Fernleitungen herauf- und die Leerlaufzeiten herabgesetzt, und außerdem werden kostenlos die unangenehmen Wartezeiten beseitigt.

Mit der Einführung der Bündelung und Schaltstellen und der Aus-rüstung der Fernämter mit Nummernschalter ist aber noch ein anderer Vor-teil verbunden. Die Fernbeamtin der Ausgangsämter hat die Möglichkeit, nicht nur das verlangte Fernamt, sondern auch den verlangten Teilnehmer selbst ohne Hilfe der zweiten Fernbeamtin zu erreichen. In den Schaltstellen Hamburg, Stralsund und Berlin ist dies ohne weiteres möglich, wie es in Ber-lin (Abb. 36) angedeutet ist. In den anderen Ämtern, London, Amsterdam, Brüssel und Paris, braucht die Fernleitung nur mit einem Wähler verbunden zu werden, der eine Verbindung zum Ortsnetz besitzt. Dadurch wird nicht nur eine Beamtin erspart, sondern auch der Fernverkehr weiter beschleunigt, und die Leerlaufzeiten werden noch weiter herabgesetzt.

Für diesen Verkehr gelten die errechneten Ersparnisse; denn die der Rechnung zugrunde gelegte bezahlte Gesprächzeit ist etwa der Belegungs-zeit beim Aufbau der Fernverbindungen durch nur eine Beamtin gleichzu-setzen. Die bezahlte Gesprächzeit wird im Mittel 30 s länger sein als die tatsächliche Gesprächzeit, weil die Ferngespräche nach 3 min je min verrechnet werden und die Teilnehmer innerhalb dieser Minute willkürlich ihr Gespräch beenden. Die Leerlaufzeiten auf den Fernleitungen bei Fernwahl bis zum Teilnehmer liegen in dieser Größenordnung; denn für die Auf- und Abbauzeiten der Fernverbindungen kann man 10 s und für das Warten bis zum Melden des Teilnehmers etwa 20 s rechnen, so daß also die errechneten Werte für Fernwahl bis zum Teilnehmer gelten. Für Fernwahl nur bis zur Beamtin des gewünschten Fernamtes kommt die Leerlaufzeit für die Herstellung der Verbindung an diesem Fernplatz hinzu. Rechnet man dafür mit $10^0/_0$ größerer Belegungszeit als bezahlter Gesprächszeit, so vermindern sich die errechneten Leistungen der Bündel um $10^0/_0$. Diese Verminderung spielt gegenüber dem großen Gewinn praktisch keine große Rolle, so daß auch die Fernwahl nur bis zur Beamtin reichliche Gewinne bringt.

Die Verrechnung der Gebühren im zwischenstaatlichen Verkehr kann durch selbsttätige Einrichtungen geschehen, die die Richtung und die Zeitdauer der Ferngespräche erfassen und aufzeichnen.

4. Die verschiedenen Arten der Fernleitungen und deren Mehrfach= ausnutzung durch Kanäle.

Für die gute Übertragung der Sprache ist ein Frequenzband von 300 bis 2400 Hertz ausreichend und bisher verwendet worden. Zur Verbesserung der Übertragungsgüte wird künftig ein Frequenzband von 150 bis 3400 Hertz angestrebt. Dieses Frequenzband soll einwandfrei möglichst ohne Verzerrung und ohne große Dämpfung über die Fernleitungen übertragen werden. Früher wurden die Fernleitungen in natürlicher Weise nur mit einem Gespräch ausgenutzt; später wurden zur besseren Ausnutzung durch besondere Mittel Sprechkanäle gebildet und mehrere Gespräche gleichzeitig über die Leitungen übertragen. Es soll zunächst die einfache, dann die mehrfache Ausnutzung der Fernleitungen gezeigt werden.

a) Einfache Ausnutzung der Fernleitungen.

Die ursprünglichste Art der Fernleitung war die Freileitung. Sie hat unter gewissen Bedingungen gute Übertragungseigenschaften, geringe Dämpfung und Verzerrung, geringe Kapazität und geringe gegenseitige Koppelung. Diese guten Eigenschaften sind aber abhängig von der jeweiligen Witterung und daher vollkommen unbeständig. Aus diesem Grunde und auch wegen der hohen Kosten verschwinden die Freileitungen immer mehr und werden durch Kabel ersetzt. Kabelleitungen haben aber zunächst weniger gute Übertragungseigenschaften, größere Dämpfung und Verzerrung, größere Kapazität und gegenseitige Koppelung. Die Übertragungseigenschaften sind jedoch unabhängig von der Witterung und damit beständig. Es müssen aber besondere Mittel aufgewendet werden, um die von Natur aus weniger guten Eigenschaften der Kabel zu verbessern.

Zu diesem Zweck werden zur Verminderung der Dämpfungen Belastungs-spulen, Verstärker mit Entzerrern, sowie zur Verminderung der gegenseitigen Koppelung sorgfältige Verdrallung mit besonderem Ausgleich verwendet.

Jede Leitung hat für die verschiedenen Frequenzen des Sprachbandes gewisse mit der Länge der Leitung zunehmende Dämpfungen, die für alle Frequenzen möglichst gleich sein sollen, um Verzerrungen der Sprache zu vermeiden. Zur Herabsetzung der Dämpfung und damit Vergrößerung der Reichweite sind Spulen in die Leitung eingeschaltet worden, die aber die Dämpfung nur bis zu einer gewissen Frequenz ermäßigen, worauf dann die Dämpfung für die höheren Frequenzen stark ansteigt. Man spricht dann von einer Grenzfrequenz der Leitung. Es gibt verschieden starke Belastungen und damit Dämpfungen und Grenzfrequenzen. Je stärker die Belastung, je kleiner die Dämpfung, desto niedriger die Grenzfrequenz. Abb. 37 zeigt die

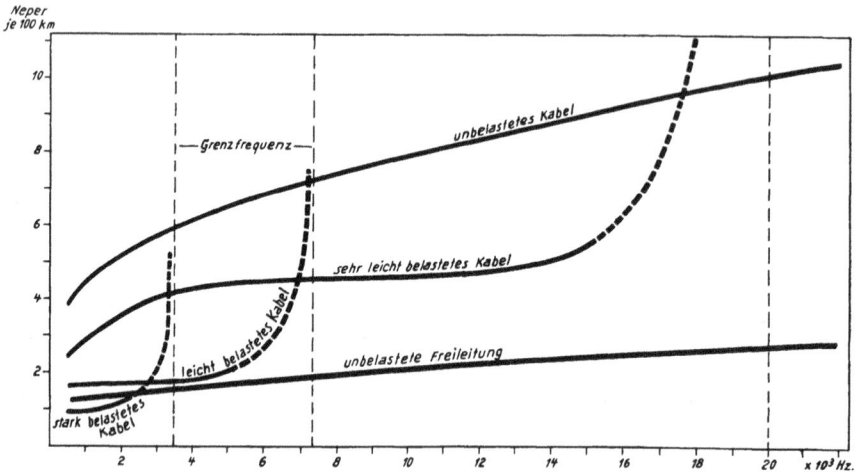

Abb. 37. Dämpfung der Frequenzen auf 100 km verschiedenartiger Leitungen, 1,4 mm ⌀.

Dämpfung der verschiedenen Sprachfrequenzen in den verschiedenen Lei-tungen, Freileitungen und Kabel mit verschiedener Belastung und damit zusammenhängenden Grenzfrequenzen, aber gleicher Leiterstärke. Die Däm-fung je km und die Reichweite derartiger Leitungen mit einem Durchmesser von 1,4 mm und einer Dämpfung von 1,2 Neper, wie sie für Fernleitungen zulässig ist, betragen:

	Dämpfung je km	Reichweite bei 1,2 Neper
bei der Freileitung . . .	0,014 bis 0,02 Neper	60 bis 80 km
bei unbelastetem Kabel .	0,042 ,,	30 ,,
bei sehr leichter Belastung	0,033 ,,	36 ,,
bei leichter Belastung . .	0,023 ,,	48 ,, 54 ,,
bei starker Belastung	0,010 ,,	120 ,,

Zur Beseitigung der gegenseitigen Koppelungen werden die Aderpaare bei Freileitungen an den Gestängen gekreuzt und bei Kabeln sorgfältig verdrallt. Beim Zusammenschalten der Kabelstücke in den Kabelkästen werden die zusammenzuschaltenden Kabelpaare außerdem passend zueinander ausgesucht und unter Umständen sogar mit angepaßten Zusatzkondensatoren ausgestattet.

Zur weiteren Herabsetzung der Dämpfungen in den Fernleitungen werden bekanntlich Röhrenverstärker eingeschaltet, deren ursprüngliche Anwendungsart der Zweidrahtverstärker ist. Bei seiner Verwendung müssen die beiden Sprechrichtungen einer Zweidrahtleitung durch Ausgleichsgabelschaltungen voneinander getrennt, einzeln verstärkt und wieder über Gabeln zusammengeführt werden. Bei der Zuführung des verstärkten Stromes zur Leitung muß eine Koppelung auf die andere Richtung unter allen Umständen verhindert werden, um eine Selbsterregung und damit Pfeifen zu vermeiden. Das geschieht durch den Ausgleichstransformator der Gabel. Der verstärkte Strom fließt über einen Teil des Transformators zur Leitung und über einen anderen Teil in anderer Richtung zur Nachbildung. Die Wirkung auf die Sekundärspule des Transformators, also auf die Gegenrichtung, muß für alle Frequenzen des Sprachbandes gleich Null sein, was von der Güte der Leitungsnachbildung abhängt. Ist die Nachbildung nicht gut, so tritt Selbsterregung und damit Pfeifen ein und zwar in der Frequenz, für die die Nachbildung mit der Leitung nicht übereinstimmt. Es muß daher sowohl der Ausgleichstransformator genau gewickelt als auch die Leitungsnachbildung genau der Leitung angepaßt sein. Damit keine zu hohen Anforderungen an die in jedem Zweidrahtverstärker erforderlichen Nachbildungen gestellt werden und eine genügende Pfeifsicherheit mit genügendem Abstand vom Pfeifpunkt vorhanden ist, sollen in einer Fernverbindung nicht mehr als 5 Zweidrahtverstärker eingeschaltet sein. Die Zahl 5 gilt für eine praktisch erreichbare Nachbildungsgüte der in Betrieb befindlichen Fernleitungen. Je mehr Nachbildungen mit ihren unvermeidlichen Fehlern im Zuge einer Fernverbindung vorhanden sind, desto geringer wird die Pfeifsicherheit. Aus diesem Grunde will man neuerdings nicht über 3 Zweidrahtverstärker hinausgehen.

Da die Zweidrahtleitung nur eine begrenzte Anzahl von Verstärkern zuläßt und damit nur eine beschränkte Reichweite hat, sind Vierdrahtleitungen eingeführt worden, die keine derartige Begrenzung besitzen. Eine Vierdrahtleitung enthält nur am Anfang und am Ende, wo sie mit Zweidrahtleitungen zusammengeschaltet wird, je eine Ausgleichsgabel mit Nachbildung. Auf der Vierdrahtstrecke selbst kann eine beliebige Anzahl von Verstärkern vorgesehen werden. Eine Vierdrahtleitung ist als ein auseinandergezogener Zweidrahtverstärker anzusehen, und es können Rückkoppelungen nur an seinen Enden eintreten. Daher gilt eine Vierdrahtleitung mit Rücksicht auf die Rückkoppelungen gewissermaßen nur als ein Zweidrahtverstärker. Große Entfernungen können daher nur mit Vierdrahtleitungen überbrückt werden. Das ist die Ursache, daß Vierdrahtleitungen immer weitere Verbreitung auf Kosten der Zweidrahtleitungen finden.

Auch drahtlose Verbindungen werden bekanntlich im Fernverkehr benutzt, die nach Art der Vierdrahtleitungen geschaltet sind und in den Fernämtern als solche behandelt werden.

In Abb. 38 sind die verschiedenen Arten von Fernleitungen grundsätzlich dargestellt. Es ist gezeigt unter a) eine unverstärkte Zweidrahtleitung, unter b) eine verstärkte Zweidrahtleitung, unter c) eine verstärkte Vierdrahtleitung und unter d) eine drahtlose Verbindung, die vierdrahtmäßig behandelt wird.

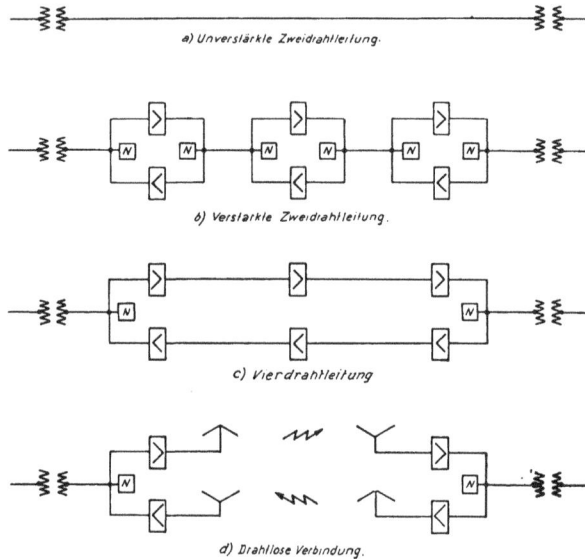

a) Unverstärkte Zweidrahtleitung.

b) Verstärkte Zweidrahtleitung.

c) Vierdrahtleitung

d) Drahtlose Verbindung.

Abb. 38. Verschiedenartige Fernleitungen.

b) Mehrfachausnutzung der Fernleitungen.

Fernleitungen können mehrfach ausgenutzt werden. Die älteste Art der Mehrfachausnutzung bestand in der Bildung von Phantomkreisen, indem der neue Sprechkreis im Mittelpunkt von Abriegelungstransformatoren angeschaltet wurde. Über zwei Stammleitungen wurde der neue Phantomsprechkreis gebildet. Derartige Phantomsprechkreise können in Zweidrahtschaltung, aber auch in Vierdrahtschaltung ausgeführt und entsprechend in den Fernämtern behandelt werden.

Die neuzeitliche Art der Mehrfachausnutzung wird erreicht durch Verlagerung des niederfrequenten Sprachfrequenzbandes in einen höheren Frequenzbereich und Modulation der Grundfrequenz durch die Sprache. Bedingung ist dabei natürlich, daß die Leitung die Übertragung höherer Frequenzen zuläßt. Die Grenzfrequenz muß daher entsprechend hoch liegen. Das ist die Ursache, daß man derartige Leitungen, die höhere Frequenzen übertragen sollen, nicht mehr mit Spulen hoher Induktivität, die die Ursache der niederen Grenzfrequenz sind, belasten kann. Aus diesem Grunde wurde die

Belastung der Leitungen mit zunehmender Zahl der überlagerten Trägerfrequenzkanäle immer kleiner, bis schließlich bei den Breitbandkabeln auf
jede Belastung verzichtet wurde. Breitbandkabel bestehen gewöhnlich aus
nur einem Aderpaar, bei dem durch Verlagerung viele Frequenzkanäle, bis
zu 200 und mehr, gebildet werden können. Durch die Entlastung der Leitungen
entsteht natürlich wieder eine höhere Dämpfung, was einen kürzeren Ver-
stärkerabstand zur Folge hat; denn die Sprachlautstärke — das ist der Pegel
— darf auf der Leitung nicht unter ein gewisses Maß sinken, damit nicht die
unvermeidlichen Nebengeräusche, die natürlich auch von den Verstärkern
verstärkt werden, einen zu großen Einfluß auf die gute Verständigung haben.
Das Verhältnis der Nutzspannung zur Störspannung darf nicht unter ein
bestimmtes Maß, etwa $\dfrac{200}{1}$ sinken.

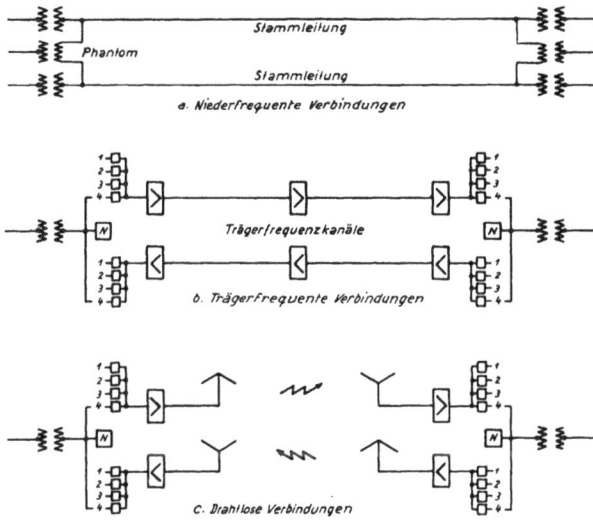

Abb. 39. Mehrfachausnutzung der Fernleitungen durch Kanäle.

Drahtlose Verbindungen werden heute ebenfalls schon durch Bildung
von Kanälen mehrfach ausgenutzt.

Trägerfrequenzkanäle der Fernleitungen, ebenso wie die Kanäle der
drahtlosen Verbindungen, sind nach der Art der Vierdrahtleitungen mit
Verstärkern ausgerüstet und werden in den Fernämtern niederfrequenzmäßig
wie Vierdrahtleitungen behandelt.

In Abb. 39 sind die verschiedenen Arten der Mehrfachausnutzung der
Fernleitungen grundsätzlich dargestellt. Zunächst ist unter a) ein Zwei-
draht-Phantomkreis gezeigt, dann unter b) Trägerfrequenzkanäle auf Vierdrahtleitungen und unter c) Trägerfrequenzkanäle auf drahtlosen Verbindungen. Die Zukunft der Weitverbindungen wird bei den Hochfrequenz-
kanälen irgendwelcher Art liegen.

5. Die Zusammenschaltung der Fernleitungen in den Fernämtern.

Bei der Verschiedenartigkeit der Fernleitungen ist die Aufgabe ihrer Zusammenschaltung miteinander und mit den Fernvermittlungsleitungen, d. s. die Leitungen zwischen Endfernamt und Ortsamt, sehr mannigfaltig. Es sollen zusammengeschaltet werden: Zweidraht- mit Zweidrahtleitungen, Vierdraht- mit Vierdrahtleitungen und Zweidraht- mit Vierdrahtleitungen mit und ohne Endverstärker, gegebenenfalls in zwei- und vieradriger Durchschaltung, wobei Zweidrahtleitungen aus Stamm- oder Phantomkreisen und Vierdrahtleitungen aus gewöhnlichen Stamm- oder Phantomkreisen, aus Trägerfrequenzkanälen oder aus drahtlosen Verbindungen bestehen können.

Die Abb. 40 zeigt die Zusammenschaltung von Zwei- und Vierdrahtleitungen in grundsätzlicher Darstellung ohne Rücksicht auf vorhandene Verstärker und die Art der verwendeten Schaltmittel. Hierbei sind folgende Bedingungen zu beachten:

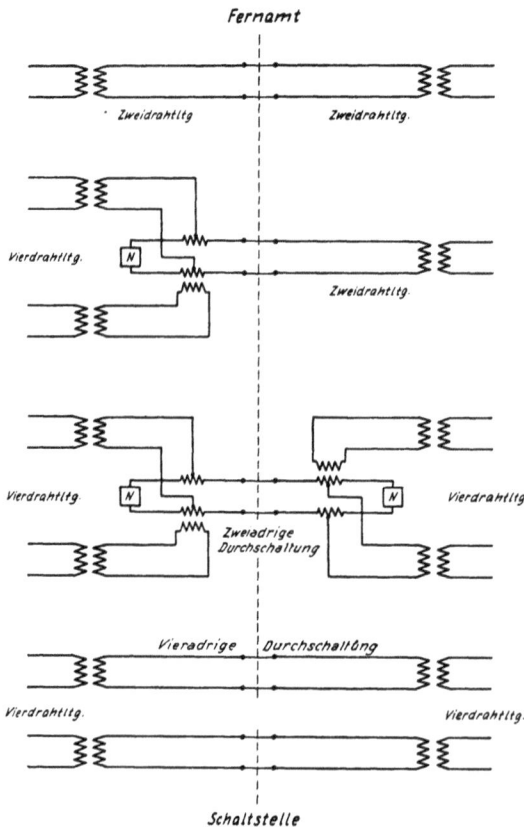

Abb. 40. Zusammenschaltung von Fernleitungen in den Fernämtern.

a) Die Endschaltungen der miteinander zu verbindenden Leitungen oder Kanäle müssen einander angepaßt sein.

b) Die Scheinwiderstände der Leitungen sollen möglichst miteinander übereinstimmen.

c) Mit Rücksicht auf die Restdämpfung der durch die Zusammenschaltung entstehenden Gesamtverbindung darf die Durchgangsdämpfung nicht zu hoch werden; gegebenenfalls muß eine Verstärkung ein- oder eine Zusatzdämpfung ausgeschaltet werden.

d) Es sollen stets nur Punkte gleichen Pegels miteinander verbunden werden.

e) Die Minderung der Pfeifsicherheit der Fernleitungen beim Zusammenschalten ist so klein zu halten, wie es aus wirtschaftlichen Gründen nur irgend möglich ist.

Fehlschaltungen, die diesen Bedingungen nicht entsprechen, müssen vermieden werden. Bei der Zusammenschaltung der Fernleitungen von Hand über Stöpsel und Klinken geschieht dies durch eine Unterteilung der

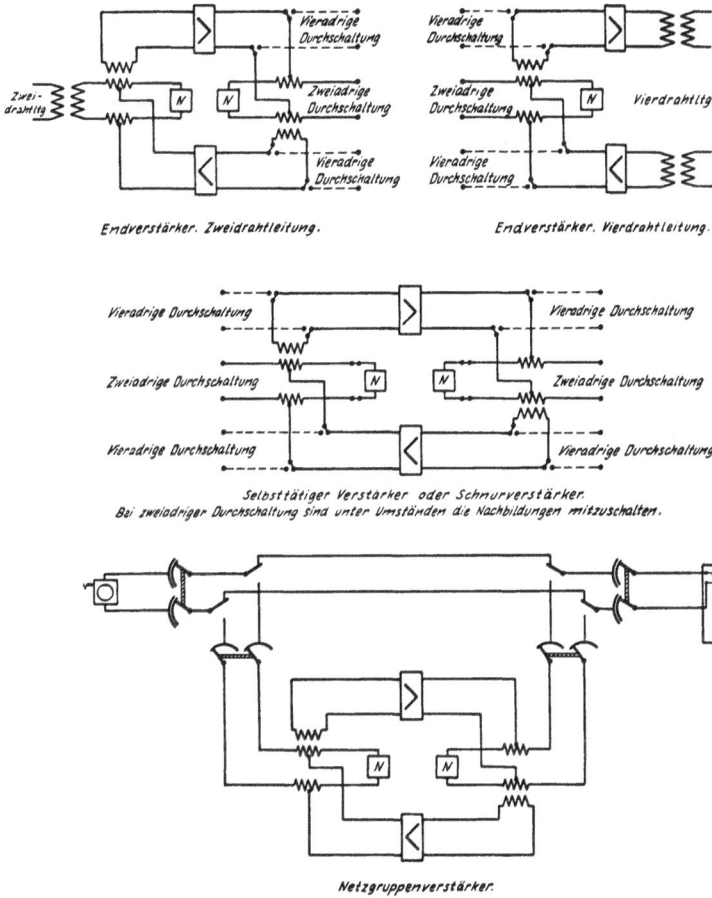

Abb. 41. Verschiedene Arten von Verstärkern.

Verbindungsplätze, wobei auf jeden Platz möglichst nur Leitungen gelegt werden, deren gegenseitige Verbindung möglich und zulässig ist. Bei einer Zusammenschaltung über Wähler beugt man entsprechend Fehlschaltungen dadurch vor, daß man auf die Vielfachfelder der Wähler jeweils nur solche Leitungen legt, deren Verbindung mit den auf den Dreharmen der Wähler endenden Leitungen zugelassen wird.

Es stehen ohne die üblichen Festverstärker im Zuge der Fernleitungen drei Arten von Verstärkern zur Verfügung, um die Dämpfung zusammengeschalteter Leitungen in den Fernämtern und in den Knotenämtern der Netzgruppen auf den zulässigen Wert herabzusetzen:

1. Endverstärker im Fernamt, die den Fernleitungen fest zugeordnet sind.
2. Selbsttätige Verstärker oder Schnurverstärker im Fernamt, die sich gegebenenfalls selbsttätig im Durchgangsverkehr einschalten.
3. Netzgruppenverstärker im Knotenamt, die sich, wenn erforderlich, ebenfalls selbsttätig in die Fernverbindungen einschalten.

Die grundsätzlichen Schaltmöglichkeiten all dieser Verstärker sind in Abb. 41 dargestellt. Die Abb. zeigt Endverstärker in Zwei- und Vierdrahtleitungen für zwei- und vieradrige Durchschaltung, selbsttätige Verstärker für zwei- und vieradrige Durchschaltung und Netzgruppen-Zweidrahtverstärker für die Knotenämter der Netzgruppen. Die Endverstärker sind ihrer Leitung fest zugeordnet, ihre Gabel mit der Nachbildung sowie die Verstärkung ist der Leitung angepaßt, und die Pfeifsicherheit ist gut. Sie haben deshalb technisch die besten Eigenschaften. Selbsttätige Verstärker und auch Netzgruppenverstärker sind dagegen Gruppen von Leitungen gemeinsam zugeordnet und können daher bei zweiadriger Durchschaltung nicht vollkommen anangepaßt werden. In ihren Übertragungseigenschaften stehen sie infolgedessen den Endverstärkern nach und werden auch wahrscheinlich im Laufe der Entwicklung von diesen verdrängt werden, da sie bei Anwendung der Endverstärker und Verminderung der Durchgangsdämpfung der Vierdrahtleitungen auf o Neper überflüssig werden.

Die Zusammenschaltung von einfachen Zweidrahtleitungen ohne Endverstärker ist verhältnismäßig einfach und mit den gewöhnlichen Schaltmitteln, nämlich Stöpseln und Klinken oder Wählern, ohne besondere Vorkehrungen möglich. Die Zusammenschaltung von Vierdrahtleitungen oder von Zweidrahtleitungen, die mit Endverstärkern ausgerüstet sind, ist schwieriger und kann in zwei- oder vieradriger Durchschaltung vorgenommen werden. Die gewöhnlichen Schaltmittel der Handamtstechnik reichen für die vieradrige Durchschaltung nicht aus. Mit der Wählertechnik ist die Aufgabe leichter zu lösen, weil die Wähler jede benötigte Aderzahl für die Durchschaltung zulassen.

Da die Zusammenschaltung der Fernleitungen in Zukunft wegen der vielen anderweitigen Vorzüge dieses Verfahrens mehr und mehr über Wähler erfolgen wird, soll diese Schaltungsart näher behandelt werden. In den Abb. 42a bis k sind zu diesem Zweck die wichtigsten Verbindungsmöglichkeiten zusammengestellt, wie sie sich für die verschiedenartigen Fernleitungen und Verstärker bei Verwendung von Wählern ergeben.

Abb. 42a zeigt den einfachsten Fall der Verbindung zweier Zweidrahtleitungen ohne jede Zusatzverstärkung. Eine ankommende Zweidrahtfern-

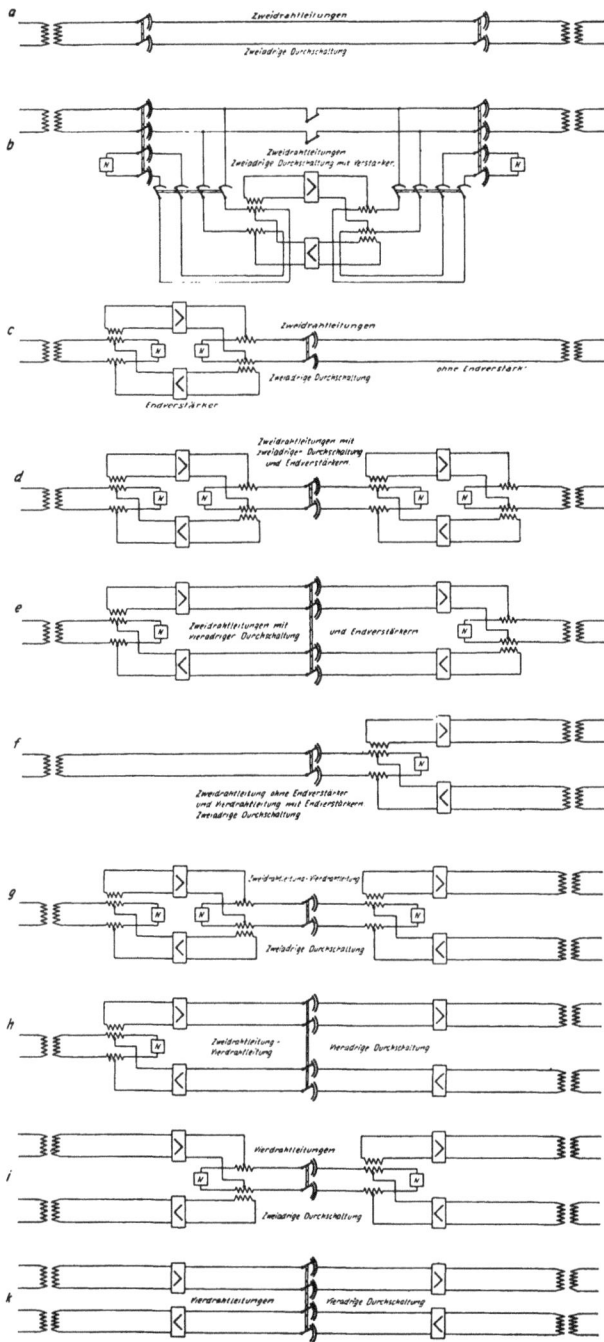

Abb. 42. Zusammenschaltung verschiedener Arten von Fernleitungen.

leitung wird auf eine andere Zweidrahtfernleitung oder auf eine Netzgruppen- oder Ortsleitung geschaltet.

Abb. 42 b stellt die Zusammenschaltung zweier Zweidrahtfernleitungen über einen selbsttätigen Verstärker dar. Die Nachbildungen der Fernleitungen sind über Wählerkontakte zu dem Verstärker geführt, der mit zwei Gabeln ausgerüstet ist.

Abb. 42 c gibt die Verbindung zwischen einer Zweidrahtleitung mit End- verstärker und einer anderen Zweidrahtleitung ohne Endverstärker wieder. Hierzu sind zwei Gabeln und zwei Nachbildungen erforderlich. Die Leitung ohne Endverstärker kann auch zur Netzgruppe oder zum Ortsamt führen. Im letzten Falle wird bei der Zusammenschaltung eine Zusatzdämpfung ein- geschaltet.

Abb. 42 d zeigt die Verbindung zweier Zweidrahtleitungen mit End- stärkern in zweiadriger Durchschaltung unter Verwendung von vier Gabeln und vier Nachbildungen.

Abb. 42 e stellt die Verbindung zweier Zweidrahtleitungen mit Endver- stärkern in vieradriger Durchschaltung über zwei Gabeln mit zwei Nach- bildungen dar.

Abb. 42 f gibt die Zusammenschaltung einer Zweidrahtleitung ohne End- verstärker mit einer Vierdrahtleitung mit Endverstärker über eine Gabel mit einer Nachbildung wieder.

Abb. 42 g zeigt die zweiadrige Verbindung einer Zweidrahtleitung und einer Vierdrahtleitung, die beide mit Endverstärkern ausgerüstet sind. Er- forderlich sind drei Gabeln mit drei Nachbildungen.

Abb. 42 h stellt die vieradrige Verbindung einer Zweidraht- mit einer Vierdrahtleitung bei beiderseitiger Ausrüstung mit einem Endverstärker dar. Im Gegensatz zu Abb. 42 g kommt man mit einer Gabel und einer Nachbil- dung aus.

Abb. 42 i zeigt die Verbindung zweier Vierdrahtleitungen mit Endver- stärkern in zweiadriger Durchschaltung mit zwei Gabeln und Nachbildungen.

Abb. 42 k gibt die vieradrige Zusammenschaltung zweier Vierdrahtlei- tungen mit Endverstärkern ohne jede Gabel wieder.

Aus dieser Aufstellung ersieht man, welche Fülle von verschiedenartigen Verbindungen in einem neuzeitlichen Fernamt vorkommen können, wobei noch nicht einmal alle vorhandenen Möglichkeiten gezeigt worden sind. An- dere noch wichtige Verbindungsmöglichkeiten werden später behandelt. Für den abgehenden und ankommenden Fernverkehr können die Schaltungen nach Abb. 42 a, c, f und für den Durchgangsverkehr alle in Abb. 42 a bis k dargestellten Schaltungen verwendet werden.

Wenn die Fernleitungsendschaltungen die Möglichkeit bieten sollen, so- wohl zweiadrig als auch vieradrig mit und ohne Zusatzdämpfung die Zu- sammenschaltung von Leitungen zu gestatten, so kann diese Aufgabe in ein- facher Weise durch Relaisumschaltungen gelöst werden. Abb. 43 zeigt der- artige allgemeine Schaltmöglichkeiten bei Zwei- und Vierdrahtfernleitungen mit Endverstärkern. Gewöhnlich liegt jede Leitung in vieradriger Durch-

schaltung auf den Schaltarmen ihres Wählers. Wird der Wähler durch Fernwahl auf eine Richtung eingestellt, für deren Leitungen die vieradrige Durchschaltung vorgesehen ist, so bleibt die Schaltung unverändert; wird er aber
auf eine Richtung mit Leitungen für zweiadrige Durchschaltung eingestellt,
so erfolgt selbsttätig durch Umlegen der Relaiskontakte 2 eine Umschaltung
auf die Gabel. Haben die Leitungen dieser Richtung nahezu gleichen Scheinwiderstand, so genügt für die Durchschaltung die auf ihn abgestimmte allgemeine Nachbildung der Gabel. Weichen die Scheinwiderstände der Leitungen voneinander ab, so wird an die Gabel eine der gewählten Leitung zu-

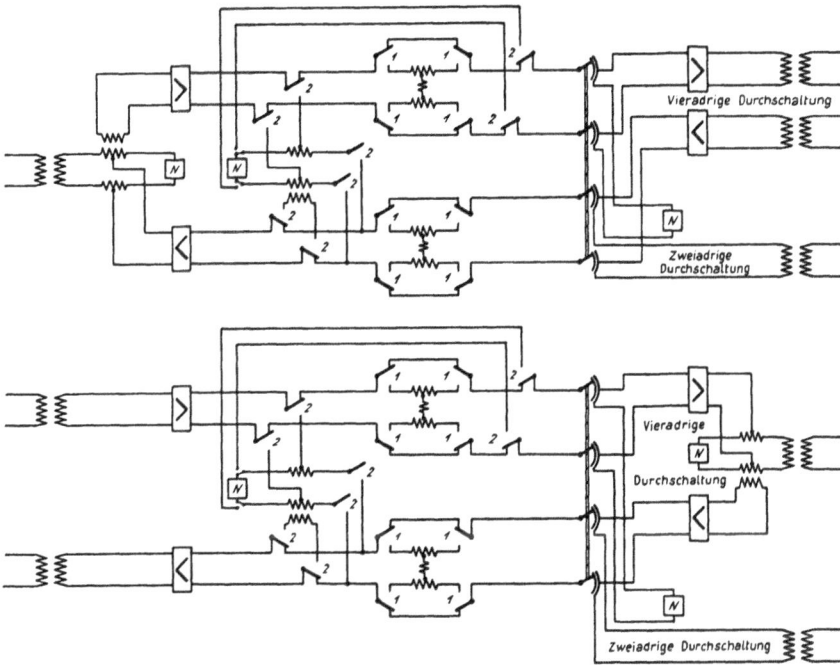

Abb. 43. Umschaltung der Fernleitungen für zwei- und vieradrige Durchschaltungen
und Einschaltung von Zusatzdämpfungen.

geordnete Nachbildung angeschaltet, und zwar über die Wählerarme, die für
die vieradrige Durchschaltung vorgesehen sind, bei zweiadriger Durchschaltung
aber nicht benötigt werden. Führt die belegte Leitung zu Ortsämtern, so wird
zur Erzielung einer genügenden Pfeifsicherheit durch Umlegen der Relaiskontakte 1 in die Verbindung eine Zusatzdämpfung eingeschaltet. Alle diese
Umschaltungen gehen in Abhängigkeit von der jeweiligen Einstellung des
Wählers vollkommen selbsttätig vor sich.

Der Einsatz selbsttätiger Verstärker in den Fernämtern kommt nur in
Frage, wenn zwei Fernleitungen ohne Endverstärker miteinander verbunden

werden sollen. Da man aber mehr und mehr zur Verwendung von Endverstärkern übergeht, wird dieser Fall immer seltener. Die Einschaltung eines selbsttätigen Verstärkers, wie sie in Abb. 42b dargestellt ist, geschieht durch einen besonderen Stromkreis, der geschlossen wird, wenn über die Wähler zwei Fernleitungen ohne Endverstärker miteinander verbunden werden. In diesem Falle wird der Durchgangsverstärker über Wähler an die Leitungen und an deren Nachbildungen angeschaltet und in die Verbindungsadern eingeschleift. Fällt ein Verstärker aus irgendeinem Grunde aus, so wird statt seiner selbsttätig ein anderer Verstärker eingeschaltet.

Vergleicht man nun die verschiedenen Durchschaltungsmöglichkeiten der Abb. 42a bis k, so sieht man, daß die Verbindung von Fernleitungen mit Endverstärkern bei vieradriger Durchschaltung weniger Gabeln mit Nachbildungen erfordert als bei zweiadriger Durchschaltung.

Werden z. B. nach Abb. 42d Zweidrahtleitungen mit Endverstärkern zweiadrig durchgeschaltet, so sind an der Schaltstelle vier Gabeln und vier Nachbildungen nötig. Da jede Gabel eine Rückkopplungsstelle darstellt, so bestehen demnach vier Rückkopplungsstellen. Werden aber die Leitungen nach Abb. 42e vieradrig durchgeschaltet, so erhält man nur zwei Gabeln mit Nachbildungen, also nur zwei Rückkopplungsstellen. Und zwar bleiben nur die den Leitungen fest zugeordneten Gabeln mit ihren auf die Leitung gut abgestimmten Nachbildungen im Zuge der Verbindung, während die vordem an der Schaltstelle liegenden Gabeln verschwinden, deren Nachbildungen dem Scheinwiderstandsverlauf der an dieser Stelle liegenden Amtsschaltung folgen müssen, was mitunter Schwierigkeiten macht. Diese beiden Gabeln fallen auch bei der vieradrigen Verbindung zwischen einer Zweidraht- und einer Vierdrahtleitung oder zwischen zwei Vierdrahtleitungen mit Endverstärkern fort. Die vieradrige Durchschaltung von Leitungen mit Endverstärkern erspart also auf jeden Fall zwei u. U. unangenehme Rückkopplungsstellen und ermöglicht infolgedessen den Aufbau von Durchgangsverbindungen größerer Pfeifsicherheit und kleinerer Rückkopplungsverzerrung als die zweiadrige Durchschaltung. Ihr ist deshalb vor der letzteren vom übertragungstechnischen Standpunkt stets der Vorzug zu geben.

Die Zahl der notwendigen Schaltadern scheint zunächst bei der vieradrigen Durchschaltung größer zu sein als bei der zweiadrigen. Aber auch bei zweiadriger Durchschaltung wird eine zunehmende Aderzahl benötigt, wenn die Güte der Schaltstelle groß sein soll. Z. B. werden mehr Adern erforderlich, wenn die Signalrelais aus den Sprechkreisen der Amtsschaltung entfernt und in örtliche Stromkreise gelegt werden, um die Nachbildfähigkeit der Amtsschaltung zu verbessern, oder wenn die genauen Nachbildungen der Leitungen zur Erzielung einer besseren Pfeifsicherheit mitgeschaltet werden. Die Zahl der Schaltadern wird dann kaum wesentlich niedriger als bei vieradriger Durchschaltung sein. Der für letztere u. U. noch verbleibende Mehraufwand wird aber auf jeden Fall durch die höhere Übertragungsgüte gerechtfertigt, die die vieradrige Zusammenschaltung den Durchgangsverbindungen gibt.

Da somit die vieradrige Durchschaltung bei Leitungen mit Endverstärkern von Vorteil ist, soll noch untersucht werden, was zu erreichen ist, wenn Zweidrahtleitungen ohne Endverstärker in vieradriger Durchschaltung miteinander verbunden werden. Die grundsätzliche Schaltung zeigt Abb. 44. Jede Zweidrahtleitung hat eine fest zugeordnete Gabel mit Nachbildung. In die Vierdrahtschaltung, die die beiden Gabeln der zusammenzuschaltenden Zweidrahtleitungen miteinander verbindet, kann ein selbsttätiger Verstärker eingeschleift werden, der äußerst einfach ist und weder Gabeln noch Nachbildungen besitzt. Gegenüber der zweiadrigen Verbindung nach Abb. 42 b werden zwar keine Ersparnisse an Gabeln und Nachbildungen erzielt, doch ist die Pfeifsicherheit der Verbindung bei vieradriger Schaltung größer, weil mit den Nachbildungen auch die Gabeln den Leitungen fest zugeordnet sind.

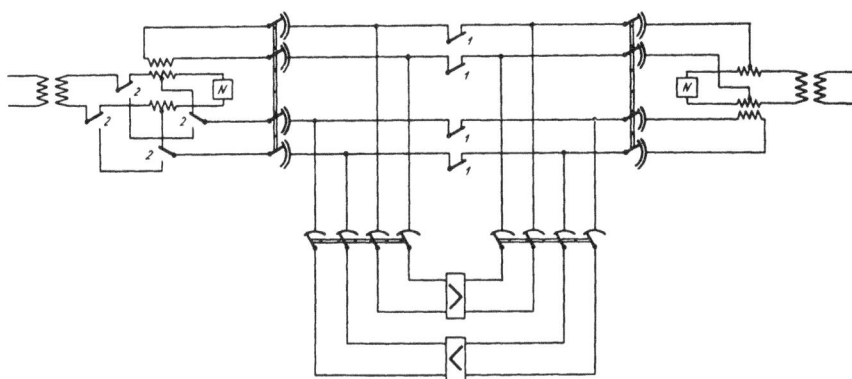

Abb. 44. Zweidrahtleitungen mit und ohne selbsttätigen Verstärker in zwei- und vieradriger Durchschaltung.

Bei Verbindungen zwischen diesen Zweidrahtleitungen ohne Endverstärker einerseits und Leitungen mit Endverstärkern andererseits ist die vieradrige Durchschaltung die gegebene, da hierbei ebenfalls die bestmögliche Pfeifsicherheit erzielt wird.

Wenn man auch die Durchschaltung zu den Fernvermittlungsleitungen, die zur Netzgruppe und zu den Ortsämtern führen, vieradrig gestaltet, so ist die in Abb. 44 in Gestalt der Relaiskontakte 2 noch vorgesehene Umschaltmöglichkeit von vier- auf zweiadrige Durchschaltung überflüssig. Es müssen zwar alle aus dem großen Fernnetz zur Netzgruppe und zu den Ortsämtern führenden Fernvermittlungsleitungen eine fest zugeordnete Gabel mit Nachbildung erhalten, dafür wird aber ihre Zusammenschaltung mit Zwei- und Vierdrahtleitungen erleichtert, insbesondere wird man der Notwendigkeit enthoben, die Amtsschaltungen nachbilden zu müssen, die bei zweiadriger Zusammenschaltung mit Leitungen mit Endverstärkern bestehen würde. Der Dämpfungszuwachs, der sich bei vieradriger, unverstärkter Zusammenschaltung zweier Zweidrahtleitungen ohne Endverstärker durch die beiden Gabeln ergibt, ist anderseits überraschend klein; er beträgt nur etwa 0,1 Neper. Der Verkehr innerhalb der Netzgruppen verläuft wie bisher über Zweidrahtleitungen ohne jede Gabel.

Zusammenfassend läßt sich sagen, daß allgemein die vieradrige Zusammenschaltung von Fernleitungen eine höhere Pfeifsicherheit ergibt als die zweiadrige. Da die Zahl der Schaltstellen in einer Fernverbindung groß sein kann und wahrscheinlich mit zunehmender Verwendung von Wählern im Fernverkehr infolge der Bündelung der Fernleitungen wächst, wird in Zukunft der vieradrigen Durchschaltung immer mehr der Vorzug zu geben sein. Wie die Betrachtungen gezeigt haben, läßt sich die Zusammenschaltung der verschiedenartigen Fernleitungen mit den Mitteln der Wählertechnik in einfacher und zwangloser Weise durchführen. Die fünf Bedingungen, die am Anfang dieses Abschnittes unter a bis e hierbei zu beachten sind, werden in folgender Weise erfüllt:

Zu a: Die Endschaltungen aller miteinander zusammenschaltbaren Leitungen werden für die Durchschaltung in der geschilderten Weise angepaßt, und zwar entweder für die zweiadrige oder für die vieradrige Durchschaltung oder auch für beide Arten, am besten aber ausschließlich für die vieradrige Durchschaltung. Den Wählern sind in ihren Vielfachfeldern nur solche Leitungen zugänglich, die diejenigen Arten der Durchschaltung zulassen, die für die auf den Schaltarmen der Wähler endenden Leitungen in Frage kommen.

Zu b: Die Vielfachfelder der Wähler werden so mit Fernleitungen beschaltet, daß nur Leitungen mit gleichen Scheinwiderständen zusammengeschaltet werden können.

Zu c: Die Einschaltung von Verstärkern oder die Ein- und Ausschaltung von Zusatzdämpfungen geschieht selbsttätig, abhängig von der Wählereinstellung und der Art der miteinander verbundenen Leitungen.

Zu d: Alle miteinander verbindbaren Fernleitungen werden stets auf gleichem Pegel gehalten.

Zu e: Die bestmögliche Pfeifsicherheit wird durch die vieradrige Durchschaltung der Leitungen gewährleistet.

Bei der Zusammenschaltung der verschiedenartigen Fernleitungen in den Fernämtern wird künftig zweckmäßig die vieradrige Durchschaltung für alle Arten von Verbindungen bevorzugt, weil sie einen Teil der sonst nötigen Gabeln mit Nachbildungen überflüssig macht und so Durchgangsverbindungen von bestmöglicher Pfeifsicherheit schafft. Als Schaltmittel werden Wähler empfohlen, weil sich mit diesen alle bei der Zusammenschaltung zu beachtenden Bedingungen in der einfachsten Weise erfüllen lassen und ein weiterer Vorteil der Wählertechnik darin liegt, daß sie die Bündelung und Ausnutzungssteigerung der Fernleitungen und damit fast kostenlos die Einführung des Sofortverkehrs auch auf größte Entfernungen ermöglicht.

Im Welt-, Durchgangs- und Verteilerfernnetz werden künftig nur Vierdrahtleitungen, Trägerfrequenzkanäle oder drahtlose Verbindungen verwendet werden, für deren Durchgangsdämpfung möglichst ein Wert von 0 Neper anzustreben ist. Im Endfernnetz kann man weiterhin Zweidrahtleitungen zulassen, wenn man nicht vorzieht, auch hier Vierdrahtleitungen einzuführen, wie es schon von einigen Verwaltungen vorgesehen ist.

6. Die Zusammenschaltung der Leitungen in den Netzgruppenämtern.

Die Zusammenschaltung der verschiedenen Leitungen innerhalb der Netzgruppe ist übertragungstechnisch meistens nicht gut, weil diese Leitungen nicht besonders aneinander angepaßt sind und verschiedene Scheinwiderstände besitzen. Die Fernleitungen im Endfernamt werden durch den Abschlußübertrager allgemein auf den Scheinwiderstand von 800 Ω gebracht, weil die unpupinisierten Verbindungs- und Teilnehmerleitungen sowohl als auch der Teilnehmerfernsprecher selber bei 800 Hz einen Scheinwiderstand in dieser Größenordnung haben. In dieses Netz, das eine gewisse Anpassung wenigstens für die Frequenz 800 Hz zeigt, sind durch die Vergrößerung des Versorgungsbereiches der Endfernämter infolge der Bildung von Netzgruppen pupinisierte Verbindungsleitungen eingefügt worden, die meistens einen Scheinwiderstand von 1600 Ω besitzen. Dadurch entsteht ein Leitungszug vom Endfernamt bis zum Teilnehmer, dessen Leitungsstücke aus pupinisierten und nichtpupinisierten Leitungen bestehen, die nicht zusammen passen. Um übertragungstechnisch die Verhältnisse zu bessern, müßten die pupinisierten Leitungen wie die Fernleitungen durch Abschlußübertrager abgeriegelt werden, die wieder den Scheinwiderstand der Leitungen auf 800 Ω herabsetzen. Da diese Abriegelung aber Schwierigkeiten bei der Stromstoß- und Zeichengabe macht, kann die Abriegelung durch Autoübertrager erfolgen, wodurch die pupinisierten Leitungen in ihrem Scheinwiderstand den anderen Gebilden angepaßt werden, ohne die Stromstoß- und Zeichengabe zu erschweren.

Die unpupinisierten Leitungen haben im Gegensatz zu den pupinisierten Leitungen einen für die verschiedenen Sprechfrequenzen verschiedenen Scheinwiderstand. Das heutige Sprachfrequenzband, bestimmt durch die Fernleitungen, umfaßt Frequenzen zwischen 300 und 2400 Hz. Der Scheinwiderstand von unpupinisierten Verbindungsleitungen von 0,8 mm Durchmesser schwankt zwischen 950 Ω für 300 Hz und 370 Ω für 2400 Hz, und der Scheinwiderstand von 0,6-mm-Teilnehmerleitungen zwischen 1200 Ω für 300 Hz und 480 Ω für 2400 Hz. Diese Scheinwiderstandsänderungen können durch eine Nachpupinisierung erheblich gemildert werden.

Die Anpassung unpupinisierter Leitungen läßt sich dadurch erreichen, daß man am Anfang und Ende jeder dieser Leitungen am Hauptverteiler oder an anderen geeigneten Stellen kleine Netzwerke, bestehend aus Spulen und Kondensatoren, einschaltet, wodurch sich eine erhebliche Verbesserung ergibt.

Abb. 45 zeigt oben den Netzgruppenaufbau mit nicht angepaßten Leitungen und unten den Aufbau mit angepaßten Leitungen, wobei die jeweiligen Scheinwiderstände angegeben sind. Der Einfluß der unpupinisierten Teilnehmerleitungen auf die Güte der Übertragung ist kleiner als der der Ver-

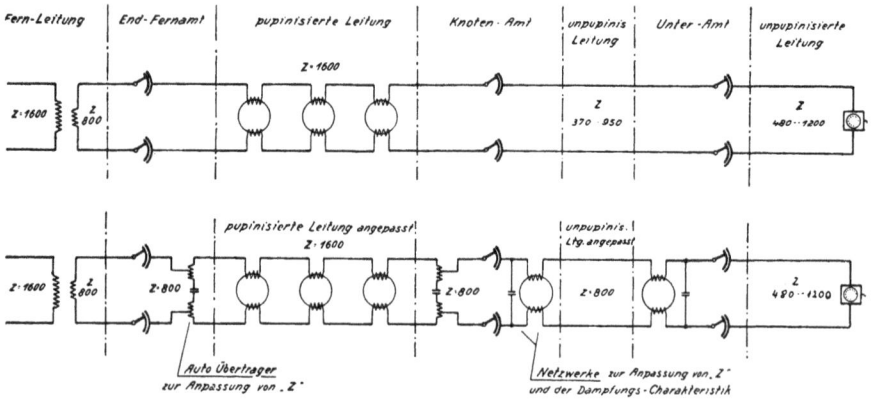

Abb. 45. Anpassung der Netzgruppenleitungen.

bindungsleitungen. Die Teilnehmerleitungen werden deshalb und weil die Kosten der Anpassung erheblich sein würden, nicht verbessert. Durch diese Anpassung der Verbindungsleitungen erreicht man eine bessere Nachbildbarkeit, bessere Stabilität und damit bessere Übertragungsgüte der Gesamtleitung.

Wie groß der verbessernde Einfluß dieser Mittel ist, geht aus Abb. 46 hervor, aus der die Leitungsdämpfung und die Echodämpfung für angepaßte und nicht angepaßte Leitungen innerhalb der Sprechfrequenzen von 300 bis 2400 Hz zu ersehen ist. Die Kurven sind durch Messungen vom Endfernamt aus ermittelt worden. Angepaßte Leitungen haben eine geringere Änderung der Leitungsdämpfung und eine erheblich höhere Echodämpfung für die verschiedenen Sprechfrequenzen als nicht angepaßte Leitungen.

Die Verbindungsleitungen innerhalb der Netzgruppe mit dem

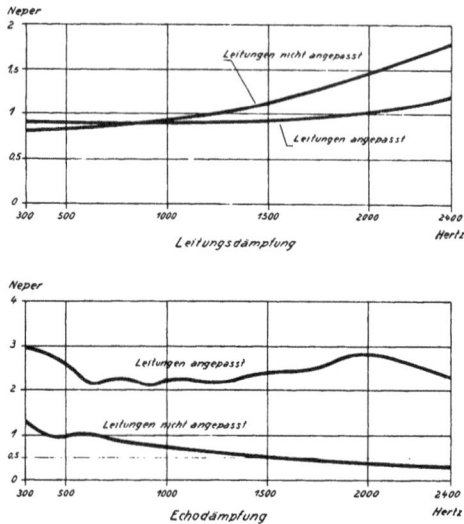

Abb. 46. Dämpfungen angepaßter und nicht angepaßter Leitungen in Netzgruppen.

74

Hauptamt nennt man auch Fernvermittlungsleitungen, weil neben dem Netz-
gruppenverkehr auch der Weitfernverkehr darüber fließt und es nur eine
Gruppe von Leitungen gibt. Die mit der Größe der Netzgruppen zunehmende
Dämpfung der Fernvermittlungsleitungen, die in vielen Fällen den zulässigen
Wert übersteigt, machte bisher erhebliche Schwierigkeiten. Im nächsten Abschnitt wird eine Lösung angegeben, wie diese Schwierigkeiten beseitigt
werden können.

7. Dämpfung und Verstärkung.

Im großen Fernnetz für den Weitfernverkehr, worunter das Fernnetz
außerhalb der Netzgruppen verstanden werden soll, werden heute noch möglichst unmittelbare Fernleitungen im Maschennetz in kleinen Bündeln verwendet. Im Durchgangsverkehr werden in den Fernämtern die Fernleitungen,
selbst Vierdrahtleitungen, zweiadrig durchgeschaltet und entweder zur Verminderung der Dämpfung Leitungsverlängerungen aus- oder Schnurverstärker
eingeschaltet. In den Netzgruppen werden wegen der großen Dämpfung der
Fernvermittlungsleitungen zum Teil Netzgruppenverstärker verwendet. Die
zweiadrige Durchschaltung der Fernleitungen im Durchgangsverkehr, die Verwendung von Schnurverstärkern, die besondere Anforderungen an die Nachbildungen stellen, setzen die Pfeifsicherheit der Fernleitungen herab. Wenn
die Wartezeiten beseitigt und die Ausnutzung der Fernleitungen durch
Bündelung gesteigert werden soll, so nimmt der Durchgangsverkehr zu,
wodurch die Schwierigkeiten auf diesen Grundlagen wachsen werden. Es
wäre anzustreben, eine beliebige Zusammenschaltung der zueinander passenden Fernleitungen zu ermöglichen, ohne irgendwelche Ein- oder Ausschaltung
von Leitungsverlängerungen oder Verstärkern. Eine allgemeine vieradrige
Durchschaltung aller Fernleitungen, wie sie im Abschnitt 5 behandelt
worden ist, gibt dafür die Lösung, wobei noch die größtmögliche Pfeifsicherheit erreicht wird. Die Durchgangsdämpfung aller Vierdraht-Fern-
leitungen und Kanäle wird man künftig zweckmäßig auf 0 Neper einstellen, so daß beliebig viele Leitungen zusammengeschaltet werden können,
ohne die Restdämpfung zu erhöhen. Es werden dann nur noch im Durchgangsverkehr die kleinen Pegeltoleranzen der Teilstücke einer zusammengeschalteten Fernleitung auszugleichen sein, wenn ein Ausgleich überhaupt
erforderlich sein sollte. Bei der vieradrigen Durchschaltung der Fernleitungen
enthalten zweckmäßig die Sprechleitungen keinerlei Relais, sondern alle
Schaltkennzeichen werden innerhalb der Fernämter mit Gleichstrom über
besondere Leitungen übertragen. Eine allgemeine vieradrige Durchschaltung
selbst der noch bestehenden Zweidrahtleitungen ermöglicht durch ihre geringe
Durchgangsdämpfung eine beträchtliche Dämpfungserhöhung der Fern-
mittlungsleitungen in den Netzgruppen, die bisher stets erhebliche Schwierigkeiten bereitet hat. Nachfolgend wird diese Möglichkeit unter Zugrundelegung
der im Abschnitt 5 beschriebenen Art der Zusammenstellung gezeigt.

Die Dämpfungsverteilung einer Fernverbindung von Teilnehmer zu Teilnehmer über zusammengeschaltete Fernleitungen ist eine der wichtigsten

Fragen der Übertragungstechnik. Alle Verwaltungen und daher auch das CCIF beschäftigt diese Frage seit Jahren. Ihre Lösung hängt ab von der Art der Fernleitungen und Fernleitungskanäle, von der Anordnung der Verstärker, von der Verbindungstechnik, von den Fernvermittlungs- und Teilnehmerleitungen und damit auch von der Größe der Netzgruppen. Da aber auf diesen Gebieten die Entwicklung z. T. noch stark im Fluß ist, so ist eine endgültige Entscheidung über die Dämpfungsverteilung bisher noch von keiner Seite erfolgt. Das CCIF hat zunächst unter Berücksichtigung der vorhandenen Fernleitungen, die zum großen Teil noch aus Zweidrahtleitungen bestehen, eine Dämpfungsverteilung vorgeschlagen, bei der für eine vollständige Fernsprechverbindung eine Bezugsdämpfung von 4,6 Neper empfohlen wird, wobei für die zwischenstaatlichen Leitungen eine Durchgangsdämpfung früher von 0,3 bis 0,5 Neper und heute von 0 bis $\pm$ 0,4 Neper, für den innerstaatlichen Teil der Fernsprechverbindung eine Sendebezugsdämpfung von 2,35 Neper und eine Empfangsbezugsdämpfung von 1,85 Neper festgelegt ist. Die Dämpfungsaufteilung der Deutschen Reichspost geht darüber hinaus und teilt unter Aufrechterhaltung der vom CCIF empfohlenen Gesamtwerte auch die Dämpfung der innerstaatlichen Leitungen auf. So sind die Dämpfungen der Fernvermittlungsleitungen sowie die Bezugsdämpfungen der Sprechstellen mit den Teilnehmerleitungen festgelegt.

Schwierigkeiten bei dieser Aufteilung machen nun die Dämpfungen der Fernvermittlungsleitungen, wenn mehrere Orte zu Netzgruppen zusammengefaßt werden. Durch die Zusammenlegung mehrerer Fernämter zu einem Endfernamt innerhalb einer Netzgruppe wird die Leitungslänge und damit die Dämpfung vom Endfernamt bis zum Teilnehmer größer, als es die vorgesehene Dämpfungsaufteilung zuläßt. Um deren Grenzwerte einzuhalten, muß man innerhalb der Netzgruppen entweder Leitungen mit geringerer kilometrischer Dämpfung oder aber Verstärker verwenden. Es läßt sich aber auch eine andere Dämpfungsaufteilung vorsehen, wenn die Durchgangsdämpfung der Fernleitungen gesenkt wird.

Durch die zunehmende Verwendung von gewöhnlichen Vierdrahtleitungen, Trägerfrequenzkanälen und drahtlosen Verbindungen und durch die Einführung der vieradrigen Durchschaltung der Fernleitungen, die die Verwendung von Verstärkern in den Endfernämtern zuläßt, besteht nun die Möglichkeit, die Dämpfungen der zwischenstaatlichen und der innerstaatlichen Fernleitungen erheblich zu senken, so daß die zulässige Dämpfung der Fernvermittlungsleitungen in den Netzgruppen vergrößert werden kann. Es ist auch wirtschaftlich günstiger, die Aufwendungen für die verhältnismäßig wenigen Fernleitungen zu erhöhen und dafür Mittel bei den wesentlich zahlreicheren Fernvermittlungsleitungen einzusparen.

Unter Berücksichtigung dieser Möglichkeit könnte künftig eine Dämpfungsverteilung vorgesehen werden, wie sie etwa in Abb. 47 dargestellt ist. Die Durchgangsdämpfung der zwischenstaatlichen und innerstaatlichen Vierdrahtleitungen kann auf etwa 0 Neper gesenkt werden, dagegen kann die Dämpfung der Fernvermittlungsleitungen vom Endfernamt zu den Ortsämtern der

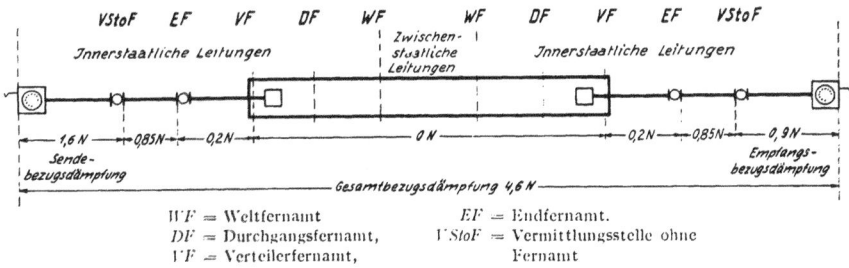

| VStoF | EF | VF | DF | WF | | WF | DF | VF | EF | VStoF |

Innerstaatliche Leitungen   Zwischen-staatliche Leitungen   *Innerstaatliche Leitungen*

1,6 N   0,85N   0,2N   0 N   0,2N   0,85N   0,9 N
Sende-bezugsdämpfung   *Empfangs-bezugsdämpfung*

Gesamtbezugsdämpfung 4,6 N

WF = Weltfernamt   EF = Endfernamt.
DF = Durchgangsfernamt,   VStoF = Vermittlungsstelle ohne
VF = Verteilerfernamt,   Fernamt

Abb. 47. Dämpfungsverteilung bei vieradriger Durchschaltung der Zwei-
und Vierdrahtleitungen in den Fernämtern.

Netzgruppen erheblich — von 0,3 auf 0,8 Neper und mehr — erhöht werden,
wodurch an dieser Stelle teure Leitungen oder Netzgruppenverstärker überflüssig werden. Der gesamte in den Fernleitungen erzielbare Dämpfungs-
gewinn wird jedenfalls zweckmäßig zur Erweiterung der Dämpfungsgrenze
der Fernvermittlungsleitungen verwendet.

Die Abb. 48 zeigt einen diesen Grundsatz berücksichtigenden Fernleitungsplan, aus dem die Durchgangsdämpfungen, die Anwendung der vieradrigen Durchschaltung und die Anordnung der Verstärker zu ersehen sind.
Die Durchgangsdämpfungen der vieradrigen Leitungen betragen 0 Neper,

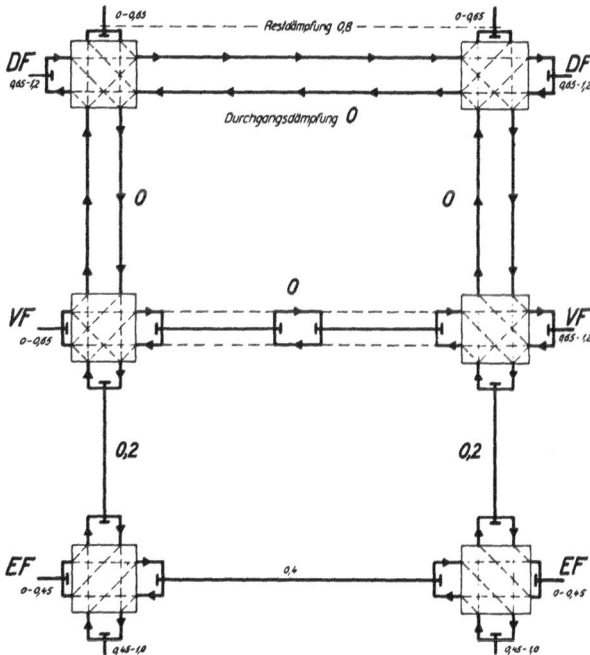

Abb. 48. Fernleitungsplan bei vieradriger Durchschaltung der Fernleitungen.
Die eingetragenen Zahlen geben die Dämpfungsverteilung in Neper an.

die Restdämpfungen 0,8 Neper. Die Dämpfungen der Fernvermittlungsleitungen können im DF und VF bis zu 0,65 Neper, im EF wegen der Restdämpfung der Zweidrahtleitungen von 0,2 Neper im Höchstfall 0,45 Neper betragen. Wenn in einigen Fernvermittlungsleitungen noch größere Dämpfungen vorkommen, so erhalten diese wenigen Leitungen besondere Verstärker, die eine weitere Vergrößerung der Dämpfung der Fernvermittlungsleitungen von 1 bis 1,2 Neper zulassen. Diese zusätzlichen Verstärker sind bei vieradriger Durchschaltung der Fernverbindungen ohne weiteres tragbar. In dieser Weise kann durch andere Dämpfungsaufteilung der Bildung großer Netzgruppen und damit einer Verminderung der Zahl der Endfernämter der Weg geebnet werden.

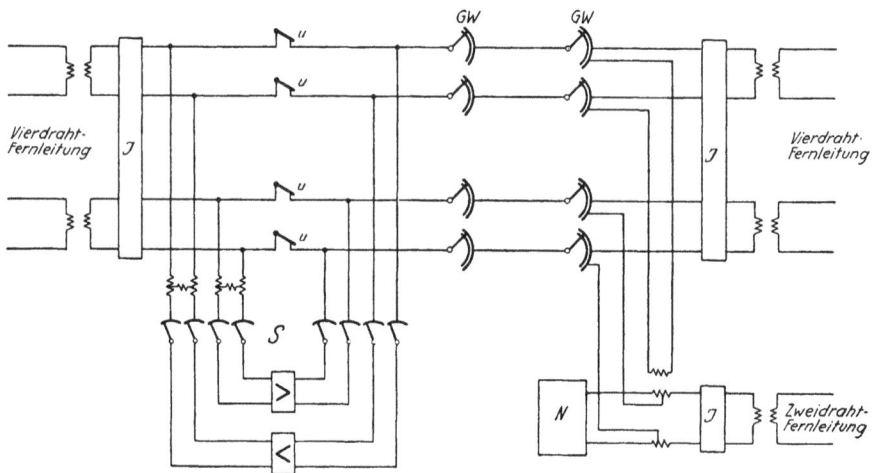

Abb. 49. Durchschaltung über die Nummernempfänger.

In Abb. 49 ist nochmals die vieradrige Durchschaltung der Fernleitungen über die Nummernempfänger gezeigt, aus der auch die unter Umständen während des Übergangszustandes geforderte selbsttätige Einschaltung der Verstärker zu ersehen ist. In Abb. 50 ist die vieradrige Durchschaltung nicht über die Nummernempfänger, sondern über besondere Anschaltewähler dargestellt, in deren Durchschaltkreis ebenfalls Verstärker eingeschaltet werden können. Weiter ist dabei die Ein- und Ausschaltung der Leitungsverlängerungen gezeigt. Die vieradrige Durchschaltung der Fernleitungen kann in beiden Arten erfolgen, wobei aber auf die Ein- und Ausschaltung der selbsttätigen Verstärker und Leitungsverlängerungen, wie schon besprochen, in Zukunft grundsätzlich verzichtet werden sollte, wie es aus dem Fernleitungsplan in Abb. 48 zu ersehen ist. Ob die empfohlene allgemeine vieradrige Durchschaltung der Vierdrahtleitungen im großen Fernnetz und auch der Zweidrahtleitungen, wenn solche im Endfernnetz noch vorhanden sind, mit den Fernvermittlungsleitungen im Endfernamt wirtschaftlich ist, wird noch geprüft, wobei die da-

durch ermöglichte Verminderung der Zahl der Endfernämter durch Vergrößerung der Netzgruppen, Bündelung der Fernleitungen und Ersparung der
Gabeln im großen Fernnetz, aber Aufwendung derselben für einen Teil der
Fernleitungen im Endfernamt zu berücksichtigen ist. Innerhalb der Netzgruppen werden die Fernleitungen zweiadrig durchgeschaltet. Erst wenn eine
Fernverbindung über die Netzgruppe hinaus in das große Fernnetz verläuft,
kommt die vieradrige Durchschaltung zur Anwendung. In großen Netzgruppen
mit einem Radius von 30 bis 40 km, wie sie die vieradrige Durchschaltung
ermöglicht, verlaufen 70 bis 80% der gesamten Fernleitungen, wie in Abschnitt 16 gezeigt wird, innerhalb der Netzgruppen, wofür die vieradrige
Durchschaltung mit Gabeln nicht erforderlich ist. Nur für die restlichen
20 bis 30% der Fernleitungen, die über die Netzgruppen hinaus in das Fern-

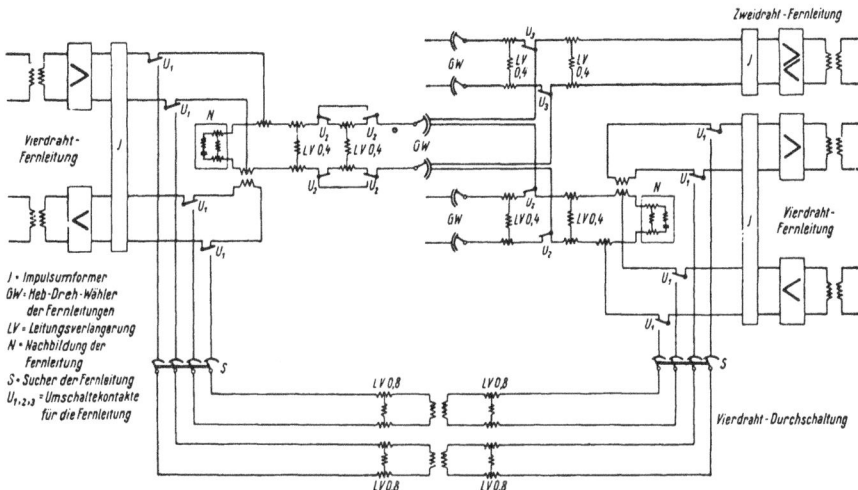

Abb. 50. Durchschaltung über besondere Wähler.

netz verlaufen, ist die vieradrige Durchschaltung mit den erforderlichen Gabeln
aufzuwenden, wovon aber noch der Hundertsatz der Vierdrahtleitungen ab-
geht, die in diesem Amt endigen und die sowieso mit Gabeln ausgerüstet
werden müssen.

In Abb. 83 ist die vieradrige Durchschaltung in den Fernämtern, wenn
Zweidrahtleitungen noch im Endfernnetz verwendet werden, mit der Anord-
nung der Gabeln mit und ohne Verstärker gezeigt, ebenso ist die vieradrige
Durchschaltung der Vierdrahtleitungen im VF und DF zu ersehen. In den
Netzgruppen bleibt die bisherige zweiadrige Durchschaltung bestehen.

In Abb. 127 ist die zwei- und vieradrige Durchschaltung der Fernleitungen
für die verschiedenen Fernverbindungen innerhalb der Netzgruppe und über
die verschiedenen Fernämter nochmals in etwas anderer Darstellung gezeigt.

Durch die vieradrige Durchschaltung der Fernleitungen im großen Fernnetz wird folgendes erreicht: Gute Pfeifsicherheit auch mit zunehmender

Zahl der Schaltstellen. Möglichkeit weitgehender Bündelung der Fernleitungen. Verminderung der Zahl der Endfernämter durch Bildung großer Netzgruppen. Ersparung der Gabeln im großen Fernnetz, dafür Aufwendung von Gabeln in 20 bis 30% der Fernleitungen in den Endfernämtern. Alle diese Einflüsse müssen bei der erwähnten Wirtschaftsrechnung, die nicht einfach ist, berücksichtigt werden, wobei sich wahrscheinlich die Wirtschaftlichkeit der allgemeinen vieradrigen Durchschaltung der Fernleitungen im großen Fernnetz ergeben wird.

Wählersysteme.

8. Wirtschaftlichste Betriebsform der Landanlagen.

Der Fernsprechverkehr des flachen Landes macht allen Verwaltungen in der ganzen Welt die größten Schwierigkeiten, weil derartige Anlagen wohl in allen Fällen unwirtschaftlich arbeiten. Für die Einrichtung dieser Anlagen wird einerseits verhältnismäßig sehr viel Kapital erforderlich, so daß die durch Tilgung und Verzinsung entstehenden jährlichen Kosten, wozu noch erhebliche Personalkosten infolge von nicht günstiger Ausnutzung des Personals hinzukommen, recht groß werden, andererseits ist die Einnahmequelle, der Verkehr selbst, sehr klein. Um eine Landanlage wirklich wirtschaftlich zu betreiben, müßten die Gebühren so hoch gewählt werden, daß selbst der geringe Verkehr nahezu vollkommen erdrosselt, die Anlage dadurch gewissermaßen beseitigt würde. Aus volkswirtschaftlichen Gründen unterhalten aber die Verwaltungen derartige Anlagen bei zu geringen Gebühren, was jedoch ein ungesunder und daher verbesserungsbedürftiger Zustand ist. In früheren Zeiten errichtete man für den Fernsprechverkehr in den Landorten kleine Handämter von 5 bis 10 Teilnehmern, die nebenamtlich einem Privatmann, gewöhnlich einem Gastwirt, als sog. Poststelle anvertraut waren. Am Tage wurden Orts- und Fernverbindungen hergestellt, während in der Nacht der Betrieb ruhte. Diese Einrichtungen konnten infolge ihres mangelhaften Betriebes und wegen ihrer Unwirtschaftlichkeit nicht als endgültige Lösung, sondern gewissermaßen nur als Notbehelf angesehen werden. Es besteht also für die Technik die sehr wichtige Aufgabe, den Fernsprechverkehr des Landes so zu gestalten, daß er wirtschaftlich wird und trotzdem den Teilnehmern bei mäßigen Gebühren einen guten Dienst bietet. Das Mittel zur Lösung dieser Aufgabe könnte zunächst in der Einführung des selbsttätigen Betriebes gesucht werden. Da aber die Wirtschaftlichkeit dieser Betriebsform mit abnehmendem Verkehr ebenfalls abnimmt und auf dem Lande ganz allgemein ein sehr schwacher Verkehr vorhanden ist, so scheint dadurch die Wirtschaftlichkeit noch nicht gegeben zu sein. Im Gegenteil kann durch die Wählertechnik die Wirtschaftlichkeit sogar sinken, weil der Verbindungsverkehr zwischen den Orten bei selbsttätigem Betrieb unter Umständen mehr Leitungen als bei Handvermittlung erfordert, wenn es nicht gelingt, durch Bildung größerer Bündel die Leistung der Leitungen genügend zu steigern.

Durch die Einführung des Wählerbetriebes in den ländlichen Fernsprechanlagen ist daher die Aufgabe noch nicht gelöst. Es muß vielmehr, um eine wirtschaftliche Betriebsform auf dem Lande zu finden, nicht nur der Ortsverkehr untersucht, sondern auch der Nachbarorts- und der Fernverkehr, die beide einen beträchtlichen Teil des Gesamtverkehrs ausmachen, zu gleicher Zeit mit in Rechnung gesetzt werden.

Zunächst soll in diesem Abschnitt die zweckmäßigste Betriebsform für die verschiedenen Betriebsfälle ermittelt werden, dann sollen in einem weiteren Abschnitt 9, „Halb- und vollselbsttätige Systeme", die verschiedenen Wählersysteme dafür angegeben werden, wobei die Möglichkeit gezeigt wird, diese Wählersysteme zu einem Universalsystem zu vereinigen, worauf in einem anderen Abschnitt 10, „Wirtschaftlicher Aufbau ländlicher Fernsprechämter", auf die Notwendigkeit und die Art des sparsamen Aufbaues der Landämter hingewiesen wird.

Man kann im großen und ganzen die in Betrieb befindlichen ländlichen Fernsprechanlagen etwa in fünf Betriebsarten (Abb. 51) einteilen:

1. In Anlagen mit dem alten Handbetrieb, bei dem in der einfachsten Form in jeder Ortschaft eine kleine Zentrale mit Handbedienung steht, an der die Verbindungen sowohl im eigenen Ort als auch zu den Nachbarorten und zu den Orten des Weitfernverkehrs hergestellt werden.

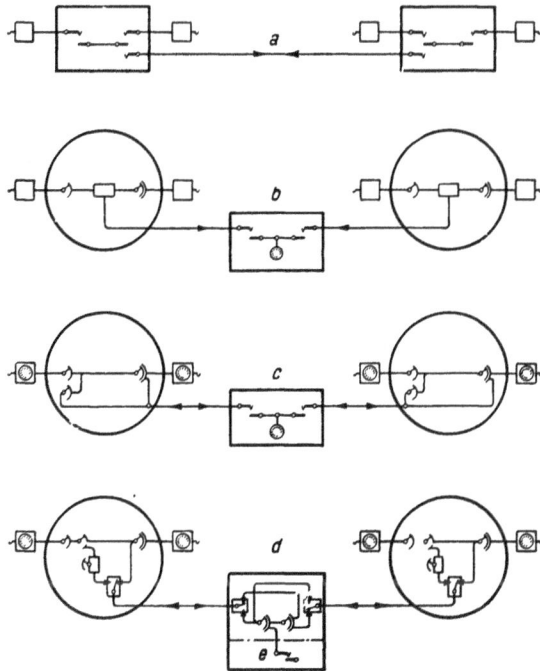

Abb. 51. Ländliche Fernsprechbetriebsarten.

a = Hand-Orts- und -Nachbarortsverkehr,
b = Halbselbsttätiger Orts- und Hand-Nachbarortsverkehr,
c = Selbsttätiger Orts- und Hand-Nachbarortsverkehr und sofortverkehrsmäßiger Fernbetrieb,
d = Selbsttätiger Orts- und Nachbarortsverkehr,
e = Fernamt.

Obwohl aus wirtschaftlichen Gründen, nämlich um die Betriebskosten nicht allzu hoch anwachsen zu lassen, die Benutzung des Fernsprechers an eine recht beschränkte Betriebszeit gebunden ist, ist der Betrieb besonders wegen des unregelmäßigen Verkehrszuflusses und der sich dadurch ergebenden schlechten Ausnutzung des Personals recht kostspielig (Abb. 51a). In ganz kleinen Anlagen wurde der Betrieb, wie erwähnt, einem Privatmanne, ge-

wöhnlich einem Gastwirt, anvertraut, der die verlangten Orts- und Fernverbindungen nebenamtlich herstellte.

2. In Anlagen mit halbselbsttätigem Betrieb, bei denen die Verbindungen
durch Beamtinnen über Wähler hergestellt werden und die Beamtinnen einer
ganzen Reihe von Orten in einem Ort zentralisiert sind. Von der Zentral-
stelle aus werden alle gewünschten Verbindungen sowohl im eigenen Ort als
auch in Nachbarorten und Orten des Weitfernverkehrs hergestellt; die Teilnehmer benötigen keinen Nummernschalter, sondern arbeiten mit ihrem normalen alten Gerät. Der Amtsanruf geschieht durch Drehen des Induktors. Ist
die Verbindungsleitung zum Beamtinnenplatz frei, so wird der Anruf sofort
zur Beamtin durchverbunden. Ist die Leitung besetzt, so wird der Anruf
aufgespeichert und später, wenn die Leitung frei wird, selbsttätig durchgeschaltet. Der Teilnehmer braucht nicht einmal am Gerät zu warten, sondern er meldet ohne Abnehmen des Hörers seinen Anruf an. Tritt die Beamtin nach Durchschaltung der Verbindung ein, so läutet sie zunächst den
Teilnehmer an, worauf sich dieser meldet und seine gewünschte Verbindung
mitteilt. Die Verrechnung der Gebühren geschieht in bekannter Weise auf
Grund des Meldezettels. Durch die Zentralisation werden die Beamtinnen,
auch weil der Verkehrszufluß regelmäßiger als vorher ist, besser ausgenutzt;
es wird also erheblich an Beamtinnen gespart. Man kann infolgedessen den
Teilnehmern einen unbeschränkten Betrieb bieten (Abb. 51b).

3. In Anlagen mit selbsttätigem Betrieb, so daß die Teilnehmer mittels
Nummernschalter ihre Verbindungen im eigenen Ort herstellen können, während für Nachbarorte und für Weitfernverbindungen durch die Wahl einer
bestimmten Nummer wieder ein zentral gelegener Beamtinnenplatz angerufen
wird. Die Beamtin nimmt die Anmeldung derartiger Verbindungen ent-
gegen und füllt einen Meldezettel aus. Ist die Fernleitung frei, so stellt die
Beamtin, wie unter 2 angegeben, die Verbindung her und ruft den Teilnehmer
wieder an. Die Gebühr wird auf Grund des Meldezettels verrechnet (Abb. 51c).

4. In Anlagen mit selbsttätigem Ortsverkehr wie unter 3, bei denen
jedoch die Nachbarortsverbindungen durch die Beamtin sofort im sog. Sofortverkehr hergestellt werden, so daß der Teilnehmer nicht mehr seinen
Fernhörer einzuhängen und auf seine Verbindung zu warten hat. Unter
Sofortverkehr soll hier eine sofortige Herstellung von Nahfernverbindungen
ohne jede Wartezeit verstanden werden, wobei Weitfernverbindungen über
dieselben Verbindungsleitungen wie die Nahfernverbindungen geführt werden. Ein Gesprächszettel wird aber für die Gebührenverrechnung trotz der
sofortigen Verbindungsherstellung ausgestellt. Im Weitfernverkehr dagegen
stellt man die Verbindungen wie gewöhnlich her, nämlich nach Anmeldung
mit Wartezeit, bis die Fernleitung frei ist, wie unter 2 und 3. Die Gebührenverrechnung ist dieselbe (Abb. 51c).

5. In selbsttätige Anlagen wie unter 4, bei denen aber auch die Verbindungen zu Nachbarorten unmittelbar mit Hilfe des Nummernschalters
durch Wahl der betreffenden Nummer des gewünschten Teilnehmers hergestellt werden können. Die Gesprächsgebühr wird auf Grund der Entfer-

nnng zwischen den Ämtern und der Gesprächszeit durch einen Zeit- und Zonenzähler festgestellt. Die Gebühren werden selbsttätig verrechnet durch mehrmalige der Gebühr entsprechende Betätigung des Gesprächszählers. Für den Weitfernverkehr wird das Gespräch angemeldet und die Verbindung wie unter 2, 3 und 4 hergestellt und verrechnet (Abb. 51d).

Es fragt sich, welche von den angegebenen Verkehrsarten für gewisse Anlagen die wirtschaftlichsten sind und für welche Verkehrsfälle sich die eine oder die andere Art am besten eignet. Kann man vielleicht noch wirtschaftlichere Verfahren dadurch finden, daß man mehrere der vorstehend angegebenen Betriebsarten in derselben Anlage vereint? Zweifellos werden sich für bestimmte Verkehrsfälle bestimmte Verfahren am besten eignen; da aber in einem Bezirk bei einer Gruppe von Ämtern sicher ganz verschiedene Verkehrsfälle auftreten werden, so ist eine gewisse Wahrscheinlichkeit vorhanden, daß sich die eine Art für eine Gruppe von Ämtern, eine andere Art für eine andere Gruppe von Ämtern eignet und angewendet werden kann. Es fragt sich, ob eine solche Verknüpfung zweckmäßig und empfehlenswert ist.

In der nachfolgenden Untersuchung soll eine gewisse Klarstellung der vielen Fragen über die zweckmäßige Ausgestaltung der einfachen ländlichen Fernsprechnetze an Hand von Kurven angestrebt werden, die auf Wirtschaftlichkeitsberechnungen und bestimmten Annahmen beruhen und die Richtung der Entwicklung deutlich erkennen lassen. Es soll hier nicht die vollkommene Ertragsfähigkeit, die auf einem Vergleich der Einnahmen mit den Ausgaben beruht, sondern eine relative Ertragsfähigkeit ermittelt werden durch angenäherte Errechnung der geringsten jährlichen Betriebskosten unter mehreren Betriebsformen. Dr. Schreiber hat einen großen Teil dieser Fragen in anderer Weise in „Die Wirtschaftlichkeit des geplanten Netzgruppensystems in den Ortsfernsprechanlagen Bayerns", Verlag Oldenbourg, ausführlich unter Verwendung sehr reicher statistischer Angaben behandelt.

Von den bisher gekennzeichneten fünf Arten von Anlagen erfordern die Anlagen unter 1 das geringste Anlagekapital für die Amtseinrichtungen, aber die größten Ausgaben für die Bedienung, obwohl diese durch Einschränkung der Dienstzeit möglichst herabgesetzt wird. Für die Teilnehmer entsteht durch diese Einschränkung natürlich ein wenig befriedigender Betrieb. Die Verbindungsleitungen zwischen verschiedenen Orten können dann allerdings gut ausgenutzt werden, wenn ein genügender Verkehrszufluß vorliegt, meistens ist das aber nicht der Fall. Die Teilnehmer müssen ihre Ferngespräche anmelden und dann warten, bis die Leitung frei ist, worauf die Beamtin die Verbindung herstellt und sie wieder anruft.

Bei den Anlagen unter 2 sind die Anlagekosten für die selbsttätigen Einrichtungen größer als bei den Anlagen unter 1; es wird aber durch die Zentralisierung der Beamtinnen erheblich an Beamtinnenkosten gespart, so daß bei dieser Einrichtung die Betriebszeit bis zur unbeschränkten Dienstzeit verlängert und dadurch den Teilnehmern ein guter Betrieb geboten werden kann. Die Ausnutzung der Verbindungsleitungen kann gut, gleich der der

Anlagen unter 1, teilweise sogar besser sein, besonders wenn eine Aufspeicherung der Anrufe vorgesehen wird; es müssen die Leitungen aber auch für die Anmeldung der Gespräche und für die Herstellung der Verbindungen im eigenen Amt verwendet werden. Danach werden die Verbindungsleitungen aber frei. Die Teilnehmer haben keine Nummernschalter, sondern es werden alle, auch die Ortsverbindungen, von der Beamtin hergestellt. Ist die Zahl der Ortsverbindungen sehr klein, so wird wahrscheinlich der Betrieb in dieser Form gerechtfertigt sein, ist der Ortsverkehr erheblich, so wird wohl die Ausführung nach der unter 3 angegebenen Form zweckmäßiger sein, wo die Teilnehmer Nummernschalter für den eigenen Ortsverkehr erhalten.

Den erhöhten Anlagekosten für die Nummernschalter stehen die verminderten Personalkosten der für diesen Verkehr im Hauptamt ersparten Beamtinnen und der ersparten Verbindungsleitungen gegenüber. Wenn Tilgung, Verzinsung und Unterhaltung der Nummernschalter und der ersparten Verbindungsleitungen kleiner sind als die jährliche Einsparung an Beamtinnenkosten, so ist die Einführung der Nummernschalter gerechtfertigt. Der Verbindungsverkehr zwischen verschiedenen Nachbarorten ist derselbe wie in den unter 2 beschriebenen Anlagen. Ist er sehr lebhaft, so kann er in Form des Sofortverkehrs erfolgen, wodurch die Anlagen nach 4 entstehen. Der Sofortverkehr erfordert aber, weil die Wartezeiten der Teilnehmer wegfallen, besonders bei kleinen Bündeln, wenn eine Vergrößerung der Bündel durch Zusammenfassung von Leitungen nicht möglich ist, mehr Leitungen, so daß auch hier Rechnungen vorgenommen werden müssen, um die Zweckmäßigkeit der Einführung des Sofortverkehrs zu ermitteln. Dem Mehraufwand an Leitungen stehen also Ersparungen an Beamtinnen gegenüber, weil im Sofortverkehr die Beamtinnen mehr leisten als im einfachen Fernverkehr.

Gestaltet man den Sofortverkehr zu Nachbarorten vollkommen selbsttätig mit selbsttätiger Gebührenverrechnung, so kommt man zu Anlagen wie unter 5. Die Zahl der erforderlichen Leitungen für diesen Fall ist etwa dieselbe wie bei Anlagen unter 4, es sind aber für die Gesprächszählung, die in allen bisherigen Fällen durch Gesprächszettel geschah, jetzt selbsttätige Einrichtungen erforderlich. Auch hierfür müssen Wirtschaftlichkeitsberechnungen aufgestellt werden. Es stehen sich gegenüber: Abschreibung und Verzinsung des Mehraufwandes an Einrichtungen, dazu die erforderliche Unterhaltung und Ersparnisse an Beamtinnenkosten im Hauptamt. Die Netzgestaltung der Betriebsarten 2 bis 5 entspricht Abb. 13.

Zusammenfassend kann man auf Grund des kurzen Überblicks wohl folgendes sagen: Ist der Verkehr innerhalb der Orte und zwischen den benachbarten Orten schwach, so sind wahrscheinlich halbselbsttätige Anlagen nach 2 empfehlenswert. Für starken Ortsverkehr und schwachen Nachbarortsverkehr sind Anlagen nach 3 wahrscheinlich zu empfehlen. Für Anlagen mit starkem Ortsverkehr und starkem Nachbarortsverkehr können die Anlagen unter 4 bis 5 verwendet werden, die beide etwa den gleichen Leitungsaufwand bedürfen. Während die Anlagen unter 4 höhere Personalkosten verursachen, haben die Anlagen unter 5 wegen ihres höheren Anlagekapitals größere jährliche Kapitalkosten, also Tilgung und Verzinsung des Anlagekapitals. Der günstigste Fall für jede Anlage muß durch eine Wirtschaftlichkeitsberechnung, die alle wesentlichen Umstände umfaßt, ermittelt werden. Ausschlaggebend für die Rechnung sind einerseits die jährlichen Personalkosten, andererseits die jährlichen Kapitalkosten, die durch die selbsttätigen Einrichtungen und den Mehrbedarf an Leitungen verursacht werden. Die anderen Posten der Wirtschaftlichkeitsberechnung, Energiebedarf, Raumkosten, Kosten der Ersatzteile usw., treten gegenüber diesen Kosten vollkommen zurück, so daß sie für generelle Übersichten, die durch diese Untersuchung geschaffen werden sollen, vernachlässigt werden können.

Aus den bisherigen Betrachtungen ergeben sich daher zunächst folgende ganz allgemeine Fragen:

1. Wann lohnt sich die Zentralisierung der Beamtinnen und die Einführung des halbselbsttätigen Verkehrs?
2. Von welcher Größe des Ortsverkehrs an sind Nummernschalter bei den Teilnehmern wirtschaftlich?
3. Von welcher Größe des Nachbarortsverkehrs an ist Sofortverkehr zu empfehlen?
4. Unter welchen Bedingungen eignet sich selbsttätiger Nachbarortsverkehr?

Die zur Beantwortung dieser Fragen erforderlichen Berechnungen, die, wie schon angegeben, nur ganz allgemein durchgeführt werden, um Richtlinien in Kurven für die Gestaltung derartiger Anlagen zu ermitteln, und die nur solche Punkte berücksichtigen, die bestimmenden Einfluß auf das Ergebnis haben, sollen an einer Anlage mit 15 verschieden großen Ämtern durchgeführt werden, die sich etwa auf eine Kreisfläche mit 50 km Durchmesser verteilen. Von diesen 15 Ämtern sollen fünf Ämter je 20 Teilnehmer, fünf je 50 und fünf je 100 Teilnehmer, die ganze Anlage also 850 Teilnehmer enthalten. Die Netzgestaltung soll so gut wie möglich für Betriebsart 1 nach Abb. 8 und für die Betriebsarten 2 bis 5 nach Abb. 13 zugrunde gelegt werden.

Als Verkehr, wie er z. T. in derartigen Landnetzen vorhanden ist, seien im Durchschnitt für die ganze Anlage 2 Rufe je Tag und Teilnehmer für Orts-, Nachbarorts- und Fernverkehr angenommen. Davon sollen 0,7 Rufe als Ortsverbindungen und 1,3 Rufe als Nah- und Weitfernverbindungen, für die Gesprächszettel auszustellen sind, verlangt werden.

Zur Beantwortung der ersten Frage: „Wann lohnt sich die Zentralisierung der Beamtinnen und die Einführung des halbselbsttätigen Verkehrs?" soll bei den Ämtern mit 20 Teilnehmern für einen beschränkten Dienst von einigen Stunden mit etwa 0,75 Beamtin einschließlich Urlaub, Krankheit usw. gerechnet werden. Die Beamtin ist nicht ständig am Schrank tätig, sondern erledigt z. B. noch Schalterdienst; für außergewöhnliche Fälle muß aber stets Ersatz vorhanden sein, so daß etwa 0,75 Beamtin für den Schrankdienst in die Rechnung einzusetzen ist. Weiter sollen bei 50 Teilnehmern und beschränkter Dienstzeit 1,25 Beamtinnen und bei 100 Teilnehmern 2,5 Beamtinnen vorgesehen werden. Bei diesen kleinen zerstreut liegenden Ämtern ist wegen der geringen Personenzahl, bei der ein gegenseitiger Ausgleich bei Ereignissen schwer möglich ist, und wegen des unregelmäßigen Verkehrsflusses infolge der kleinen Teilnehmergruppen verhältnismäßig viel Personal für die Bedienung notwendig, auch wenn zur Aushilfe Personal mit stundenweiser Bezahlung mitherangezogen wird. Es würden in der ganzen Anlage bei dezentralisiertem Betrieb demnach $5 \cdot 0,75 + 5 \cdot 1,25 + 5 \cdot 2,5 = 22,5$ Beamtinnen tätig sein.

Um die Zahl der erforderlichen Beamtinnen bei zentralisiertem Betrieb und bei unbeschränkter Betriebszeit errechnen zu können, muß man bestimmte Leistungen der einzelnen Beamtinnen zugrunde legen. Rechnet man die Leistung einer Fernbeamtin mit Nachbarortsverbindungen mit 30 Verbindungen und die Leistung einer Meldebeamtin mit 60 Verbindungen in der Stunde, so ergibt sich, daß eine Anmeldung $^1/_{60}$ und die Herstellung einer Nachbarortsverbindung $^1/_{30}$ Beamtinnenstunde kostet. Die Gesamtkosten für die Herstellung einer Nachbarorts- und Fernverbindung sind demnach $^1/_{60} + ^1/_{30} = ^1/_{20}$ Beamtinnenstunde. Rechnet man weiter, daß für Ortsverbindungen die Beamtin 180 Verbindungen in der Stunde leistet, so würden für den Ortsverkehr, da in der Hauptstunde bei einer Konzentration von $12^0/_0$ $850 \cdot 0,7 \cdot 0,12 = 72$ Verbindungen zu erledigen sind, $^{72}/_{180} \approx ^1/_2$, für den Nah- und Fernverkehr, da $850 \cdot 1,3 \cdot 0,12 = 132$ Verbindungen in der Hauptstunde zu erledigen sind, $^{132}/_{20} = 6,6$ Beamtinnenplätze erforderlich sein. Rechnet man mit einem Personalfaktor von 2, der wahrscheinlich abhängig von der Größe der Anlage ist und mit der Größe der Anlage sinkt, und unter dem man die Zahl der Beamtinnen je Arbeitsplatz versteht, die vorgesehen werden müssen, um 24stündige Betriebszeit, Urlaub, Krankheit und sonstige Ereignisse bewältigen zu können, so ergibt sich die Zahl der erforderlichen Beamtinnen zu 14, so daß also im ganzen 14 zentralisierte Beamtinnen für die Anlage genügen würden. Man spart daher 8,5 Beamtinnen, die bei 2500 RM Einkommen im Jahr einschl. Pension 21250 RM jährliche Kosten verursachen würden. Rechnet man für die Unterhaltung der Selbstanschlußeinrichtungen gegenüber dem alten Zustand zwei Mechaniker mit einem Einkommen von je 3600 RM einschl. Pension mehr, so macht das jährlich 7200 RM aus, so daß ein Mehraufwand für Personal von 14050 RM übrig bleibt. Dieser Betrag, mit $10^0/_0$ kapitalisiert, würde 140500 RM Kapital ergeben, so daß für die Mehraufwendung an Amtseinrichtungen je Teilnehmer, wenn halbselbsttätiger Betrieb ausgeführt würde, etwa 165 RM zur Verfügung ständen. Da das erforderliche Anlagekapital bei zweckmäßigem Ausbau der Zentralen mit einfachem System und genügender aber nicht übergroßer Kraftanlage nur einen Bruchteil dieses Betrages ausmacht, so ist die Zentralisierung der Beamtinnen wohl in allen Fällen, wo ähnliche Verhältnisse, wie bisher zugrunde gelegt, vorliegen, als wirtschaftlich zu betrachten. Die Kosten des zentralen Fernamtes seien hier sogar etwa gleich der Summe der Kosten aller kleinen Handzentralen gesetzt, also zuungunsten des halbselbsttätigen Verkehrs gerechnet.

Die größere Belastung der Leitungen durch das erforderliche Anmelden und Herstellen von Ortsverbindungen wird durch die zweckmäßigere Netzgestaltung gegenüber Betriebsfall 1 mehr als aufgewogen. Durch die bessere Netzanlage Abb. 13 gegenüber Abb. 8 kann bis zu $25^0/_0$ an Verbindungsleitungslänge und bis zu $60^0/_0$ an Leitungsführung gespart werden, was nicht in Rechnung gezogen worden ist, weil ein Teil davon durch die erwähnten Anmeldungen und Ortsverbindungs-Herstellungen wieder aufgewogen wird. Verwendet man Ortsbatteriegeräte mit Induktorbetrieb und Aufspeicherung der Anrufe, so kann man durch die Einführung der Wartezeiten für die Teilnehmer an Leitungen sparen. Weiter brauchen an die Teilnehmerleitungen nicht die hohen Anforderungen gestellt zu werden, wie bei Verwendung von Zentralbatteriegeräten, weil Speise- und Überwachungsströme nicht über die Teilnehmerleitung fließen. Die Ansprüche an derartige Teilnehmerleitungen sind nicht größer als bei gewöhnlichen Ortsbatterieanlagen. Da aber bei diesen Anlagen die selbsttätige Schlußzeichengabe fehlt und das Schlußzeichen durch Abläuten mit dem Induktor gegeben werden soll, dies aber häufig vergessen wird, so muß eine selbsttätige Trennung aller Verbindungen nach einer gewissen Zeit, z. B. nach 3, 6 oder 9 min erfolgen.

Zur Beantwortung der zweiten Frage: „Von welcher Größe des Ortsverkehrs an sind Nummernschalter bei den Teilnehmern wirtschaftlich?" ergibt die Überlegung, daß die jährlichen Ausgaben für die Nummernschalter Abschreibung, Verzinsung und Unterhaltung einen gewissen Betrag ausmachen, der nahezu unabhängig vom Verkehr ist. Die Ersparnis an Beamtinnenkosten durch Einführung der Nummernschalter ist aber um so größer, je größer der Ortsverkehr ist, je mehr Verbindungen also mit dem Nummernschalter durch die Teilnehmer hergestellt werden. Führt man die Rechnung für verschiedenen Ortsverkehr durch und trägt die gefundenen Werte in ein Kurvenblatt ein, so kommt man zu einem Kurvenbild, das in Abb. 52 dargestellt ist. Auf der Abszisse sind die Ortsverbindungen je Tag und Teilnehmer aufgetragen, auf der Ordinate die jährlichen Kosten. In dem Kurvenbild gibt die Kurve a die jährlichen Kosten für die erforderlichen Nummernschalter, die Kurven b und c die entstehenden jährlichen Beamtinnenkosten an,

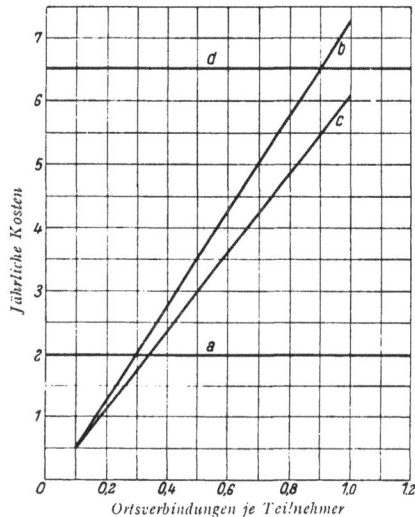

Abb. 52. Jährliche Kosten für die Herstellung der Ortsverbindungen, für Nummernschalter und neue Fernsprecher.

a = Jährliche Kosten der Nummernschalter,
b = Beamtinnenleistung 150 Ortsverbindungen,
b und c = Beamtinnenkosten im Jahr für Herstellung der Ortsverbindungen,
c = Beamtinnenleistung 180 Ortsverbindungen,
d = Jährliche Kosten neuer Fernsprecher.

die bei halbselbsttägigem Betrieb zur Herstellung der Ortsverbindungen erforderlich werden. Kurve b beruht auf einer Beamtinnenleistung von 150, Kurve c auf einer solchen von 180 Ortsverbindungen je Stunde. Der Schnittpunkt der Kurven liegt bei etwa 0,3 Ortsverbindungen je Tag und Teilnehmer, so daß also von diesem Ortsverkehr an sich die Einführung der Nummernschalter bezahlt macht. Rechnet man aber vollkommen neue Teilnehmergeräte, ohne den Wert der alten Geräte in Abrechnung zu bringen, so gibt Kurve d die dann jährlich entstehenden Betriebskosten an. Der Schnittpunkt liegt hier bei etwa 0,9 bis 1,1 Ortsverbindungen, so daß sich von diesem Verkehr ab sogar neue Geräte bezahlt machen würden. Rechnet man aber den Wert der alten Geräte z. B. zu 10 RM, so liegt der Schnittpunkt etwa bei 0,7 Ortsverbindungen. Die Kurven geben einen Anhalt, unter welchen Bedingungen Nummernschalter bei den Teilnehmern eingeführt werden können und welchen Einfluß die Beamtinnenleistung auf das Ergebnis hat. Die Kurven berücksichtigen noch nicht den Einfluß des Leitungsnetzes, der wegen der vielen veränderlichen Faktoren schwierig zu erfassen ist. Wenn Nummernschalter eingeführt werden, also selbsttätiger Verkehr, so muß die Zahl der Verbindungsleitungen vergrößert werden, denn der halbselbsttätige Verkehr bedeutet Wartezeiten, der vollselbsttätige Sofortverkehr. Halbselbsttätige kleine Ämter können über nur eine Leitung betrieben werden, vollselbsttätige nicht, weil eine Leitung im Sofortverkehr praktisch nichts leistet. Rechnet man nur mit einer Vermehrung um eine Leitung, so verschieben sich die Linien a und d in Abb. 52 um 5 bis 10 Einheiten nach oben, abhängig von den Kosten der neuen Verbindungsleitung und der Zahl der Teilnehmer je Amt. Bei einer größeren Zahl von zusätzlichen Leitungen wird das Ergebnis noch ungünstiger. Man wird aber daraus schließen können, daß unter etwa 1 Ortsverbindung je Tag ein vollselbsttätiger Verkehr nicht gerechtfertigt ist. Nach Dr. Steidle*) nimmt mit zunehmender Teilnehmerzahl der Ortsverkehr zu, der Fernverkehr ab, und zwar führen nach Statistiken die Teilnehmer verschieden großer Ämter folgenden Orts- und Fernverkehr je Tag:

Amtsgröße	50	100	1000 Teilnehmer
Ortsverkehr	0,6	1,1	3,6 Verbindungen
Fernverkehr	1,02	1	0,8 „

Danach würde ein vollselbsttätiger Verkehr für Ämter unter 80 Teilnehmer für Gebiete, die eine geringe zukünftige Entwicklung zeigen, nicht gerechtfertigt sein.

Um die dritte Frage, „Von welcher Größe des Nachbarortsverkehrs an ist Sofortverkehr zu empfehlen?" zu beantworten, sind folgende Überlegungen anzustellen:

Wenn zwischen zwei Orten eine Gruppe von Verbindungsleitungen verläuft und fernamtsmäßig betrieben wird, so schwankt die Ausnutzung der Lei-

---

*) Dr. Steidle: „Der Selbstanschluß-Landverkehr", Zeitschr. f. Fernmeldetechnik, Jahrg. 29, Heft 2.

tungen in dieser Gruppe von 35/60 bis 50/60 VE in der Hauptverkehrsstunde; es kommen sogar Leistungen bis 54/60 VE vor, allerdings nur dann, wenn sehr reger Verkehr vorhanden ist, so daß keine Leerzeiten auf den Leitungen auftreten. Die hohe Ausnutzung wird erzielt durch Einfügung von Wartezeiten bei den Teilnehmern; sie dürfen aber nicht allzu groß werden, so daß praktisch die Beamtinnen in jeder Leitung ein Gespräch an das andere reihen können.

Wenn eine Gruppe von Leitungen dagegen im Sofortverkehr betrieben wird, so daß keine Wartezeiten für die Teilnehmer entstehen dürfen, dann müssen so viele Leitungen vorhanden sein, wie Verbindungen gleichzeitig gemäß dem reinen Zufall bestehen können. Da die Verkehrsschwankungen um so größer sind, je kleiner das Bündel ist, so hängt die Leitungsausnutzung allein von der Größe des Bündels ab. Die Ausnutzung schwankt bei einem Bündel mit nur einer Leitung, von 1/60 VE, bis zu einem 100er-Bündel, in welchem die Ausnutzung jeder Leitung 45/60 VE beträgt. Rechnet man bei fernamtsmäßig betriebenen Leitungen mit einer Ausnutzung von 35/60 VE, so könnte nur dann Sofortverkehr ohne Vermehrung der Leitungen eingeführt werden, wenn mindestens 35 Leitungen je Bündel vorhanden sind, weil in einem Bündel mit 35 Leitungen die Ausnutzung jeder Leitung 35/60 VE beträgt (Abb. 6). Rechnet man mit 45/60 VE, so müßten mindestens 100 Verbindungsleitungen je Bündel vorhanden sein. Eine Ausnutzung von mehr als 45/60 VE ist im Sofortverkehr praktisch nicht möglich.

Wie groß der Einfluß besonders für kleine Bündel ist, geht aus Abb. 53 hervor, worin angegeben wird, welche Leitungszahl für Sofortverkehr gegenüber einfachem Fernverkehr erforderlich wird. Auf der Abszisse ist die Zahl der Fernleitungen, auf der Ordinate die Zahl der notwendigen Leitungen angegeben, wenn diese denselben Verkehr im Sofortverkehr bewältigen sollen. Kurve *a* gibt die für Sofortverkehr erforderliche Leitungszahl an, wenn eine Ausnutzung der Fernleitung von 45/60 VE zugrunde gelegt wird, Kurve *b* eine solche, wenn 35/60 VE angenommen werden. Für z. B. zwei Leitungen bei einfachem Fernverkehr sind vier bis fünf Leitungen im Sofortverkehr erforderlich. Bemerkenswert ist, daß von 3 bis etwa 18 Fernleitungen, wenn ihre Ausnutzung zu 35/60 VE angenommen wird, stets drei Leitungen mehr für Sofortverkehr erforderlich werden. Die eingetragene Hilfslinie *c*, die die

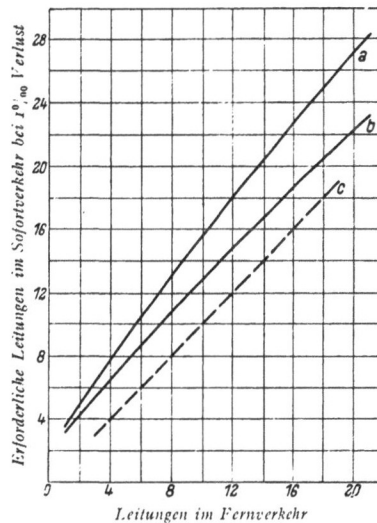

Abb. 53. Mehrbedarf an Leitungen bei Einführung des Sofortverkehrs.

a = Ausnutzung der Fernleitung 45/60 VE
b = Ausnutzung der Fernleitung 35/60 VE
c = Leitungszahl für Fern- und Sofortverkehr.

Gleichheit der Leitungszahl für Fern- und Sofortverkehr angibt, läßt den Mehrbedarf an Leitungen deutlich erkennen. Daraus ergibt sich, daß in Landnetzen bei Einführung des Sofortverkehrs immer mit einer Vermehrung der Leitungen zu rechnen sein wird, wenn es nicht gelingt, durch bessere Bündelung der Leitungen eine genügende Leistungssteigerung zu erreichen. Nun treten aber gewisse Ersparnisse an Beamtinnen ein, weil diese im Sofortverkehr mehr als im gewöhnlichen Fernverkehr leisten können, wodurch das Bild verändert wird. Rechnet man neben den früher zugrunde gelegten Werten die Leistung einer Sofortverkehrsbeamtin mit Ausstellung von Meldezetteln zu 55 Verbindungen, so ergibt sich ganz allgemein für ein Leitungsbündel zwischen zwei Ämtern, unabhängig von dem bisher zugrunde gelegten Beispiel, folgendes:

Die Beamtinnenkosten für ein Ferngespräch betragen nach der früher angegebenen Rechnung $^1/_{20}$ Beamtinnenstunde. Die Beamtinnenkosten für eine Sofortverkehrsverbindung betragen $^1/_{55}$ Beamtinnenstunde. Im Sofortverkehr werden demnach für die Verbindung $^1/_{20} - ^1/_{55} = ^7/_{220}$ Beamtinnenstunden erspart, oder bei 31 Sofortverkehrsverbindungen eine Beamtinnenstunde. Wenn nun die Ersparnisse an Beamtinnen die jährlichen Mehrkosten für die Leitungen übersteigen, so ist die Einführung des Sofortverkehrs gerechtfertigt. Angenommen sei eine mittlere Verbindungsdauer von 3 min, wieder ein Personalfaktor von 2 und die Leistung einer Sofortverkehrsleitung in der Hauptstunde zu 2 Verbindungen,

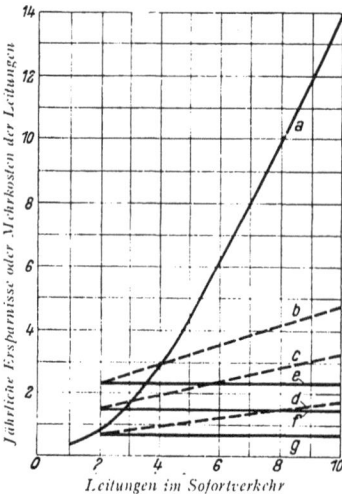

Abb. 54. Jährliche Ersparnisse im Sofortverkehr (a) und Kosten der hierfür mehr erforderlichen Leitungen (b bis g).

a = Ersparnisse im Sofortverkehr
b = 30 km ⎤ Ausnutzung
c = 20 km ⎪ der Fernleitungen
d = 10 km ⎦ 45/60 VE
e = 30 km ⎤ Ausnutzung
f = 20 km ⎪ der Fernleitungen
g = 10 km ⎦ 35/60 VE

von 2 Leitungen zu   5 Verbindungen
  ,, 3   ,,   ,, 10   ,,
  ,, 4   ,,   ,, 20   ,,
  ,, 6   ,,   ,, 40   ,,
  ,, 8   ,,   ,, 70   ,,

In Abb. 54 sind die jährlichen Ersparnisse abhängig von der Zahl der Sofortverkehrsleitungen aufgetragen. In derselben Abb. sind die jährlichen Kosten für die Leitungen, die gegenüber einfachem Fernverkehr erforderlich werden, ebenfalls eingetragen, wenn die Länge der Leitungen 10, 20 oder 30 km beträgt und eine Ausnutzung der Fernleitung von 35/60 VE und 45/60 VE zugrunde gelegt würde. Angenommen sind hierbei die Kosten eines Kilometers Doppelleitung mit 250 RM. Für einen anderen Wert ist das Ergebnis etwas anders. Die Kurven für die Leitungskosten verlaufen bei 35/60 VE Fernleitungsausnutzung geradlinig waagerecht, weil stets nur drei Leitungen für Sofortverkehr hinzukommen, während bei 45/60 VE Fernleitungsausnutzung diese Kosten zunehmen. Daraus ergibt sich, daß unter den zugrunde gelegten Bedingungen und bei einer Entfernung von z. B. 20 km die Einführung des Sofortverkehrs schon von drei bis vier Leitungen ab wirtschaftlich ist. Die Kurven gelten nur für ein einziges Bündel. Demnach eignet sich die Einführung von Sofortverkehr auch für schwache Verkehrsbeziehungen, wenn die angenommene Beamtinnenersparnis zutrifft.

Hierbei kann darauf hingewiesen werden, daß die Gebührenverrechnung im Sofortverkehr und unter Umständen auch im Fernverkehr, wenn Vorsorge dafür getroffen wird, mittels Tasten, Zahlengeber oder dem gewöhnlichen Nummernschalter vom Beamtinnenplatz aus erfolgen kann. Die Beamtin betätigt die Tasten oder ihren Nummernschalter entsprechend der fälligen Gebühr, wodurch der Teilnehmerzähler weitergeschaltet wird.

Die Ausstellung eines Gesprächszettels ist dann überflüssig, und die Kosten für die Verrechnung des Zettels werden erspart, die etwa einen Betrag von 0,05 RM je Zettel ausmachen. Eine Rückprüfung, ob der Teilnehmer seine Nummer im Sofortverkehr richtig angegeben hat, ist bei Zählung mittels Zahlengeber oder Nummernschalter nicht mehr nötig.

Weiter kann hingewiesen werden, daß im Sofortverkehr und im selbsttätigen Sofortverkehr, wenn die Orte zu einer Netzgruppe zusammengefaßt sind, weitere Ersparnisse gemacht werden können durch Zusammenfassung des Fernverkehrs mehrerer derartiger Netzgruppen in einem gemeinsamen Fernamt. Diese Zusammenfassung kann ständig, kann aber auch nur zu schwachen Verkehrszeiten erfolgen.

Um die vierte Frage zu beantworten: „Unter welchen Bedingungen eignet sich selbsttätiger Nachbarortsverkehr?" sind wieder die Ersparnisse den Aufwendungen gegenüberzustellen.

Erspart werden zunächst die für Sofortverkehrsverbindungen erforderlichen Beamtinnen, während die Kosten für die Einrichtungen des selbsttätigen Verkehrs, für die Zeitzonenzähler und die Übertragungen für doppeltgerichteten Verkehr sowie die Personalkosten für die Unterhaltung dieser Einrichtungen hinzukommen. Um Mehrkosten an Leitungen zu vermeiden, muß doppeltgerichteter Verkehr wie bei den anderen Betriebsarten vorgesehen werden. Leitungsersparnisse durch Verknüpfung zweier Stamm-

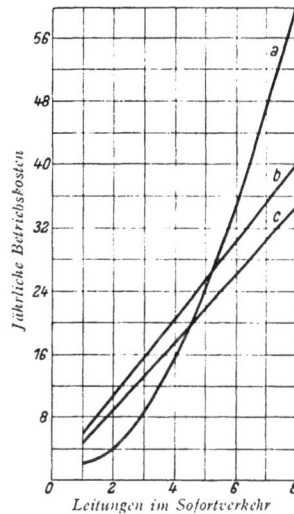

Abb. 55. Unterschiedliche Betriebskosten im Sofortverkehr von Hand und im selbsttätigen Sofortverkehr.

a = Betriebskosten für die Herstellung der Sofortverkehrsverbindung von Hand,

b = Betriebskosten für zusätzliche Einrichtung des selbsttätigen Sofortverkehrs, ein Mechaniker für 15 Verbindungsleitungen,

c = Betriebskosten für zusätzliche Einrichtung des selbsttätigen Sofortverkehrs, ein Mechaniker für 20 Verbindungsleitungen.

leitungen bleiben hierbei unberücksichtigt, weil diese bei jeder Betriebsart verwendet werden und auf Grund einer besonderen Wirtschaftsberechnung jederzeit eingeführt werden können. Da die für den selbsttätigen Sofortverkehr erforderlichen Einrichtungen größtenteils den Leitungen zugeordnet sind und proportional mit diesen wachsen, so richtet sich der Kostenaufwand hierfür größtenteils nach der Zahl der Verbindungsleitungen, so daß, wenn man die Kosten in Kurven darstellen will, diese abhängig von der Zahl der Leitungen gezeichnet werden können. In Abb. 55 sind Kurven gezeichnet, die die Betriebskosten abhängig von der Zahl der Sofortverkehrsleitungen sowohl für den Handsofortverkehr als auch für selbsttätigen Sofortverkehr angeben. Eine Kurve (a) gibt die Betriebskosten für die Herstellung der Sofortverkehrsverbindungen von Hand, zwei andere (b und c) geben die Betriebskosten für selbsttätigen Sofortverkehr an, wenn ein Mechaniker die Einrichtungen für 15 Leitungen und ein Mechaniker die Einrichtungen für 20 Leitungen pflegen kann. Daraus ergibt sich, daß bei den zugrunde gelegten Daten der selbsttätige Sofortverkehr von vier Leitungen ab wirtschaftlich ist. Dieser Wert sinkt natürlich, wenn durch Ermäßigung der zu erfüllenden Bedingungen die für den selbsttätigen Sofortverkehr erforderlichen Einrichtungen einfacher werden, z. B. durch Einführung von Zonengruppen an Stelle der genauen durch die Luftlinie gegebenen Zonen, der Dreiminuten- statt Sechs- oder Zwölfminuten-Trennung usw.

Überblickt man die gesamten Ergebnisse, so findet man, daß in den Landnetzen sich eine Zentralisierung der Beamtinnen wohl immer empfiehlt, wenn ein einfaches System in zweckmäßiger Anordnung vorgesehen wird. Es steht nicht viel Kapital zur Verfügung, so daß sehr vorsichtig unter Wahrung der größten Sparsamkeit vorgegangen werden muß. Eine Ausrüstung der Teilnehmer mit Nummernschalter ist zweckmäßig von 1 Ortsruf an. Die Einführung von Handsofortverkehr zwischen zwei Orten ist unter den zugrunde gelegten Bedingungen schon wirtschaftlich begründet, wenn zwei Sofortverkehrsleitungen erforderlich sind bei 10 km Amtsentfernung und von drei Leitungen bei 20 km Entfernung oder wenn im Tag etwa 80 Verbindungen hergestellt werden müssen. Selbsttätiger Sofortverkehr ist zweckmäßig, wenn mehr als vier Sofortverkehrsleitungen zwischen zwei Orten vorhanden sind.

Wenn in einem Bezirk eine Reihe von Ämtern vorhanden ist, für die der eine oder der andere Verkehr paßt, so müßten strenggenommen, weil die Verkehrsbeziehungen verschieden sind, verschiedene Arten des Verkehrs zwischen den Ämtern eines Bezirkes vorgesehen werden. Wie weit man hierin gehen will, hängt von den örtlichen Verhältnissen und von der Gestaltung des Betriebes ab. Wenn aus einer Gruppe von Ämtern nur einzelne den Verkehrsbedingungen nicht entsprechen, so kann man aus Betriebsrücksichten natürlich trotzdem gleichmäßige Betriebsart für alle Ämter vorsehen.

Es ist wohl möglich, zwischen Ämtern mit großen Verkehrsbeziehungen Sofortverkehr von Hand oder selbsttätigen Sofortverkehr vorzusehen, während für kleine Ämter mit geringen Beziehungen gewöhnlicher Fernverkehr auch für die Nachbarorte bestehen bleibt.

Es soll hier nicht behauptet werden, daß unter allen Umständen die ermittelten Kurven gelten. Für andere zugrunde gelegte Leistungen von Beamtinnen oder Kosten der Leitungen und Einrichtungen werden natürlich die Kurven eine etwas andere Lage zueinander einnehmen. Z. T. ist der Einfluß verschiedener Beamtinnenleistung aus den bekanntgegebenen Kurven schon zu ersehen. Ebenso werden gewisse örtliche Eigenarten einen bestimmenden Einfluß auf das Ergebnis haben. Die gezeigte Berechnungsart läßt aber erkennen, in wie verhältnismäßig einfacher Weise Kurven und grundsätzliche Übersichten über das vielumstrittene Gebiet, die sich ohne weiteres den jeweiligen Verhältnissen anpassen lassen, erhalten werden können. Weiter kann man ersehen, welchen Einfluß Beamtinnenleistung, Leitungsvermehrung, Kapitalbedarf für selbsttätige Einrichtungen auf die Tendenz der Kurven haben, so daß daraus die Art und Richtung des Aufbaues von derartigen Landanlagen ersehen werden kann.

9. Halb= und vollselbsttätige Wählersysteme.

Die Aufgabe, das flache Land mit zweckmäßigen Fernsprecheinrichtungen zu versorgen, ist bekanntlich aus wirtschaftlichen Gründen schwierig. Der bisherige Handbetrieb ist technisch und wirtschaftlich nicht befriedigend; der neuzeitliche Selbstanschlußbetrieb ist wirtschaftlich auch nicht ohne weiteres zufriedenstellend, weil es die verschiedensten Betriebsfälle in der Praxis gibt, die nicht gleichartig behandelt werden können. Man wird für verschiedene Fälle anscheinend verschiedene Lösungen verwenden müssen, um zu dem technisch und wirtschaftlich günstigsten Ergebnis zu kommen. Es wird aber zweckmäßig sein, anzustreben, die verschiedenen Lösungen zu einem organischen Ganzen zusammenzufassen.

Zwischen dem alten Handbetrieb und dem neuzeitlichen selbsttätigen liegen eine ganze Reihe von Möglichkeiten, die Systeme den verschiedenartigen Bedürfnissen der Praxis anzupassen. Als Hauptforderungen zur Erfüllung dieser Aufgaben könnte man grundsätzlich folgende aufstellen:

1. 24 stündiger Betrieb.
2. Verbesserung und Verbilligung des Betriebes, insbesondere der Bedienung.
3. Möglichst kleine Kapitalaufwendungen, besonders keine Verteuerung des Netzes.
4. Verwendung von sehr einfachen und äußerst betriebssicheren Systemen, die auch mit wenig Pflege noch gut arbeiten.
5. Leichte Anpassung der Systeme an alle vorkommenden Betriebsfälle und Anpassung an deren Änderung.

Um diese Forderungen für alle möglichen Betriebsfälle zu erfüllen, gibt es zunächst mehrere Lösungen, weil die jeweilige Art der Lösung abhängig ist von dem jeweiligen Betriebsfall, der durch die örtlichen Verhältnisse gegeben ist. Dabei sind von Einfluß die Größe und Ausdehnung der Anlage, die Teilnehmerdichte, das ist die Teilnehmerzahl je Flächeneinheit, die Stärke und die Art des Verkehrs, die Verkehrsbeziehungen, die Unterhaltungsmöglichkeit der Einrichtungen und besonders auch die der Leitungen. Da mit Handbetriebsmethoden die Aufgaben nicht befriedigend gelöst werden können, müssen selbsttätige Methoden zur Lösung herangezogen werden. Es gibt für diese Zwecke halb- und vollselbsttätige Wählersysteme, die mit Ortsbatteriegeräten (OB) und mit Zentralbatteriegeräten (ZB) arbeiten.

Es sollen zunächst die verschiedenen Arten der Wählersysteme für die Lösung dieser Aufgaben an Hand eines allgemeinen Planes besprochen werden.

In Abb. 56 sind die für die gekennzeichneten Aufgaben möglichen halb- und vollselbsttätigen Systeme mit ihren grundsätzlichen Bedingungen, ihrer Eignung für bestimmte Betriebsfälle, mit Verwendung von OB- und

	OB-Geräte *Einfacher Zustand der Teilnehmerleitungen* *Geeignet für lange Teilnehmerleitungen*	*ZB-Geräte* *Guter Zustand der Teilnehmerleitungen* *Geeignet für kurze Teilnehmerleitungen*	
Halbselbsttätige Systeme *Wenig Verbindungsleitungen mit Wartezeit* *Zentrale Beamtenbedienung* *Geeignet für schwachen Verkehr*	*System 1*	*System 2*	*Verschiedenartige Ämter, aber zusammengefaßt in denselben Netzgruppen mit gemeinsamer Benutzung der Verbindungsleitungen*
Vollselbsttätige Systeme *Viele Verbindungsleitungen mit Sofortverkehr* *Nummernschalter a.d.Teiln.-Gerät.* *Geeignet für starken Verkehr*	*System 3*	*System 4*	
	Verschiedenartige Teilnehmergeräte, aber zusammengefaßt in gleichen Ämtern		

Abb. 56. Plan der verschiedenartigen Wählersysteme in ihren Grundbedingungen und der möglichen Zusammenfassung zu einem Universalsystem in Netzgruppen.

ZB-Geräten angegeben. Die wünschenswerte Zusammenfassung der verschiedenen Arten von Geräten in gemeinsamen Ämtern und die der verschiedenen Ämter zu sog. Netzgruppen ist ebenfalls gezeigt. Es ergeben sich zunächst 4 Wählersysteme, die sich folgendermaßen unterscheiden:

System 1 ist ein halbselbsttätiges OB-System, das einfachen Zustand der Teilnehmerleitungen, also geringe Pflege der Leitungen zuläßt, mit Wartezeiten beim Einleiten einer Verbindung und Speicherung des Anrufes und daher geringer Verbindungsleitungszahl arbeitet und bei dem die Verbindungsherstellung an zentralen, im Hauptamt angeordneten Beamtinnenplätzen erfolgt.

System 2 ist ein halbselbsttätiges ZB-System, das guten Zustand der Teilnehmerleitungen, also gute Pflege voraussetzt, mit Wartezeiten, Anrufspeicherung und wenigen Verbindungsleitungen arbeitet und bei dem ebenfalls die Verbindungsherstellung an zentralen Beamtinnenplätzen erfolgt.

System 3 ist ein vollselbsttätiges OB-System, das einfachen Zustand der Teilnehmerleitungen, also geringe Pflege zuläßt, aber mit Sofortverkehr und daher vielen Verbindungsleitungen und mit Nummernschaltern bei den Teilnehmern arbeitet.

System 4 ist das gewöhnliche vollselbsttätige ZB-System, das guten Zustand der Teilnehmerleitungen voraussetzt, Sofortverkehr und viele Verbindungsleitungen und Nummernschalter bei den Teilnehmern umfaßt.

Mit diesen 4 Systemen lassen sich alle Betriebsfälle des flachen Landes, wie noch näher ausgeführt werden wird, erfassen. Zu den charakteristischen Eigenarten der Systeme ist noch folgendes zu sagen:

Die halbselbsttätigen Systeme 1 und 2 haben gegenüber den vollselbsttätigen 3 und 4 den Vorteil, daß sie eine geringere Anzahl von Verbindungsleitungen benötigen, weil sie Wartezeiten mit Speicherung des Anrufes besitzen, während die vollselbsttätigen Systeme Sofortverkehr voraussetzen, der bei demselben Verkehr mehr Verbindungsleitungen beansprucht. Bei den halbselbsttätigen Systemen werden die Verbindungsleitungen durch die Wartezeit unabhängig von ihrer Zahl gut ausgenutzt, während bei den vollselbsttätigen Systemen die Ausnutzung der Leitungen nur von der Bündelgröße abhängt. Je größer bekanntlich die Zahl der Leitungen je Bündel ist, desto größer ist die Ausnutzung. Bei einem Verlust von $1^0/_0$ leistet in der Hauptverkehrsstunde:

$$
\begin{array}{lll}
1 \text{ Leitung} & 2,5/60 \text{ VE} \\
2 \text{ Leitungen je} & 7,5/60 & ,, \\
3 \quad ,, \quad ,, & 12/60 & ,, \\
20 \quad ,, \quad ,, & 35/60 & ,, \\
100 \quad ,, \quad ,, & 50/60 & ,,
\end{array}
$$

Da auf dem Lande im allgemeinen die Leitungszahl klein ist, so ist auch deren Ausnutzung klein, wie aus der Zahlentafel zu ersehen ist.

Bei der Verwendung von OB-Geräten bei den Teilnehmern hat man gegenüber den ZB-Geräten den Vorteil, daß an den Isolationszustand der Teilnehmerleitungen geringere Anforderungen gestellt werden können, weil keine Gleichspannung an den Leitungen liegt und dadurch keine Stromverluste auftreten können. Dafür sind aber besondere Mikrophonbatterien bei den Teilnehmern zu unterhalten, und die Teilnehmergeräte müssen mit einer besonderen Anrufeinrichtung, z. B. einem Induktor, ausgerüstet sein.

Die vier Wählersysteme eignen sich nun für folgende Betriebsfälle:

Hat man in den kleinen Ämtern einen sehr schwachen Verkehr, bei geringer Teilnehmerdichte, und lange, schlecht zu pflegende Teilnehmerleitungen, haben die Ämter keine große Bedeutung und keine besondere Entwicklungsmöglichkeit, so verwendet man das halbselbsttätige System 1, mit OB-Geräten mit Wartezeiten, mit geringen Verbindungsleitungszahlen und mit Beamtinnenbedienung in einem zentralen Hauptamt. Die Teilnehmer rufen das Hauptamt durch Kurbeln des Induktors an, ohne zunächst den Handapparat abzunehmen. Der Anruf wird im Amt gespeichert und zum Beamtinnenplatz im Hauptamt selbsttätig, gegebenenfalls auch über andere Knotenämter durchgeschaltet, wenn die Verbindungsleitungen frei sind. Die Beamtin tritt ein, ruft den Teilnehmer an, der Teilnehmer meldet sich, verlangt seine Verbindung und die Beamtin stellt die Verbindung durch gewöhnliche Nummernwahl über die Verbindungsleitungen her. Die Gesprächszählung kann entweder mit Hilfe der bekannten Gesprächszettel erfolgen, wobei eine Rückprüfung der Teilnehmernummer stattfinden muß, oder aber, sie erfolgt, wenn der Teilnehmer Gesprächszähler hat, über die Verbindungsleitungen durch die Beamtin.

Liegen etwa dieselben Betriebsfälle vor, wie soeben behandelt, sind aber bei größerer Teilnehmerdichte die Teilnehmerleitungen nur verhältnismäßig kurz und lassen sie sich in einfacher Weise gut instand halten, so verwendet man das halbselbsttätige System 2 mit ZB-Geräten. Man erspart dadurch die Mikrophonbatterien und den Induktor bei den Teilnehmergeräten, muß aber dafür mehr Pflege für die Teilnehmerleitungen aufwenden. Der Amtsanruf erfolgt entweder durch Abnahme des Handapparates oder durch Druck auf eine besondere Anruftaste. Die weitere Verbindungsherstellung und Zählung erfolgt wie in System 1.

Hat man starken Verkehr bei geringer Teilnehmerdichte und lange, schlecht zu pflegende Teilnehmerleitungen, so wird das vollselbsttätige System 3 mit OB-Geräten zweckmäßig verwendet. Die Geräte enthalten Mikrophonbatterien und für die Wahl besondere Einrichtungen, die die Wahl- und Kennzeichenstromstöße über die Leitungen in besonderer Art übertragen; dadurch wird aber die Pflege der Teilnehmerleitungen erspart. Die Gesprächszählung erfolgt gegebenenfalls selbsttätig.

Liegt starker Verkehr bei großer Teilnehmerdichte und verhältnismäßig kurzen, leicht pflegbaren Teilnehmerleitungen vor, haben die Ämter eine gewisse Bedeutung und sind sie entwicklungsfähig, so verwendet man das bekannte vollselbsttätige System 4 mit ZB-Geräten.

Mit den besprochenen verschiedenartigen vier Wählersystemen beherrscht man vier bestimmte Betriebsfälle. In der Praxis gibt es aber nicht nur vier sich scharf voneinander unterscheidende Betriebsfälle, sondern viel mehr Fälle, die sich gewöhnlich nicht scharf voneinander unterscheiden lassen, sondern deren Grenzen verwischt sind, so daß eine klare Scheidung gar nicht möglich ist. Z. B. wird man überall Ämter mit kurzen, leicht zu pflegenden und langen, schlecht zu pflegenden Teilnehmerleitungen vereinigt finden. Ebenso wird man in einer großen Anlage Orte finden, für die sich besonders halbselbsttätige, andere wieder, für die sich vollselbsttätige Systeme eignen. Das günstigste Ergebnis wird daher durch eine Mischung aller Systeme zu einem allgemeinen Universalsystem zu erreichen sein, das für alle nur möglichen Fälle auf gemeinsamer Grundlage aufgebaut ist.

Ein derartiges Universalsystem, das gewissermaßen die angegebenen vier Systeme umfaßt, hat viele Vorzüge, weil bei Änderung des Charakters einer Gegend und bei Änderung des Verkehrs sich ohne weiteres die eine an Stelle der anderen Betriebsform bei den Teilnehmergeräten einführen läßt,

96

ohne daß die Art des Systems geändert zu werden braucht. Nur die Änderung des Betriebes von halb- in vollselbsttätige Form würde naturgemäß einen gewissen Eingriff bedeuten, der aber bei guter Projektierung der Anlage wohl selten vorkommen wird und gegebenenfalls auch durchgeführt werden kann. Dafür ist aber das Zusammenarbeiten halb- und vollselbsttätiger Ämter über dasselbe Netz und über die gleichen Verbindungsleitungen anzustreben. Das neuzeitliche, anpassungsfähige Schrittwählersystem mit Einzelantrieb und unmittelbarer Steuerung erfüllt alle diese Bedingungen und läßt jede Anpassung an alle Betriebsfälle in einfacher Weise, wie gezeigt werden wird, zu. Es kann daher als ein alles umfassendes Universalsystem angesehen werden.

Die halbselbsttätigen Systeme 1 und 2 lassen sich zunächst zu einem System zusammenfassen, das sowohl die Verwendung von OB- als auch ZB-Geräten ohne weiteres gestattet. Die Unterscheidung zwischen diesen beiden Arten von Geräten im Amt erfolgt durch sehr einfache Umschaltung an den in Betracht kommenden Teilnehmeranschlüssen, wobei weiter unterschieden werden kann, ob die Teilnehmer mit ZB-Geräten durch Tastendruck oder durch einfaches Abnehmen des Handapparates das Amt anrufen.

Die vollselbsttätigen Systeme 3 und 4 lassen sich ebenfalls zu einem System zusammenfassen, bei dem wahlweise die Verwendung von OB- oder ZB-Geräten durch Anpassung des Teilnehmeranschlusses und Zuordnung eines Wählerzusatzes ermöglicht wird.

Man wird aber das vollselbsttätige System etwas verschieden ausgestalten, je nach dem Prozentsatz der Teilnehmer, die mit OB- oder ZB-Geräten auszurüsten sind. Überwiegt der Prozentsatz der OB-Geräte, so wird man das System so ausgestalten, daß bei den ZB-Geräten ein Zusatz im Amt erforderlich wird. Überwiegen die ZB-Geräte, so werden im gewöhnlichen vollselbsttätigen System die Teilnehmer mit OB-Geräten mit einem Wählzusatz ausgerüstet. In der Praxis wird man größtenteils das gewöhnliche System 4 verwenden, weil im allgemeinen bei guter Dezentralisation die meisten Teilnehmer verhältnismäßig kurze Leitungen haben und weil das System den erstrebenswerten Endzustand verkörpert, während das System 3 nur in besonderen Fällen verwendet werden wird.

Bei der Projektierung der Einrichtungen für den Fernsprechverkehr eines Landes wird man folgendermaßen vorgehen:

Wie schon behandelt, faßt man auf dem Lande eine Gruppe von wirtschaftlich zusammengehörenden Ämtern zu Netzgruppen zusammen und errichtet im wirtschaftlichen Mittelpunkt das Hauptamt der Gruppe, in dem auch das Endfernamt für den Weitfernverkehr aller Netzgruppenteilnehmer sich befindet. Die Netzgestaltung innerhalb der Gruppe ist entsprechend den wirtschaftlichen Beziehungen sternförmig und ist unabhängig von der Art des zukünftigen halb- oder vollselbsttätigen Betriebes. Das ganze Land wird in derartige Netzgruppen eingeteilt. Je richtiger dabei die wirtschaftlichen Beziehungen berücksichtigt werden, mit um so geringeren Mitteln für das Netz wird man auskommen.

Nachdem die Netzgruppen eines Landes mit sämtlichen Ämtern und ihre Netzgestaltung nach streng wirtschaftlichen Gesichtspunkten bestimmt sind, wird man die Art des Betriebes in den einzelnen Ämtern und für die verschiedenen Teilnehmer festlegen. Als allgemeine Richtlinie kann dabei folgende gelten:

Ämter mit starkem Verkehr, großer Teilnehmerdichte, großer Bedeutung und Entwicklungsmöglichkeit wird man von vornherein mit vollselbsttätigem Betrieb ausführen, wobei gegebenenfalls, wenn es sich lohnt, einzelne Teilnehmer mit besonders langen, schwierig zu unterhaltenden Leitungen mit OB-Geräten und Wählzusatz im Amt ausgerüstet werden können. Ämter mit sehr schwachem Verkehr und geringer Bedeutung und Entwicklung wird man von vornherein mit halbselbsttätigem Betrieb ausrüsten, wobei im Hauptamt der Netzgruppe die Bedienung der Teilnehmer mit halbselbsttätigem Betrieb erfolgt. Dabei wird man Teilnehmer mit kurzen Leitungen mit ZB-Geräten, Teilnehmer mit langen, schlecht zu pflegenden Leitungen mit OB-Geräten ausrüsten und die Teilnehmeranschlüsse im Amt entsprechend schalten. In Zweifelsfällen empfiehlt sich das vollselbsttätige System, weil dieses den erstrebenswerten Endzustand verkörpert.

Gewöhnlich werden im Zentrum der Netzgruppe und in der Nähe desselben sich vollselbsttätige Ämter empfehlen, weil diese Ämter im allgemeinen starken Verkehr und große Teilnehmerdichte besitzen und auch eine gewisse Bedeutung und Entwicklungsfähigkeit haben, während nach der Peripherie zu der Verkehr, die Teilnehmerdichte und auch die Bedeutung und Entwicklungsfähigkeit der Ämter abnehmen, so daß für diese Gegend halbselbsttätige Ämter mehr und mehr an Wichtigkeit gewinnen.

In derartigen Netzgruppen sollten deshalb halb- und vollselbsttätige Ämter beliebig gemischt werden können, wobei sich der Verkehr für alle Teilnehmer mit halb- und vollselbsttätigem Betrieb über dasselbe Verbindungsleitungsnetz, also ohne Bündeltrennung abwickelt. Die Teilnehmer mit vollselbsttätigem Betrieb rufen alle Teilnehmer der ganzen Netzgruppe, auch die halbselbsttätigen unmittelbar an, als wenn die ganze Gruppe vollselbsttätig wäre. Die Teilnehmer mit halbselbsttätigem Betrieb erhalten Tag und Nacht ihre Verbindungen durch die im Hauptamt zentralisierten Beamtinnen.

Es soll nun ein solches Universalsystem in seinem grundsätzlichen Aufbau an Hand eines Planes beschrieben werden.

In Abb. 57 ist eine Netzgruppe mit Universalsystem für halb- und vollselbsttätigen Betrieb und beliebiger Verwendung von OB- und ZB-Geräten bei den Teilnehmern in grundsätzlicher Darstellung gezeigt. Die Netzgruppe besteht aus dem Hauptamt, 4 Knotenämtern und 4 Unterämtern; sie kann in der dargestellten Weise beliebig vergrößert gedacht werden, ohne daß neue Aufgaben entstehen. Das Hauptamt und 2 Knotenämter haben vollselbsttätigen, 2 Knoten- und 4 Unterämter halbselbsttätigen Betrieb. Im Hauptamt sind die Plätze für die Bedienung der Teilnehmer mit halbselbsttätigem Betrieb und die Plätze des Endfernamtes für den Weitfernverkehr zu ersehen.

Die Erläuterung der gesamten Netzgruppe läßt sich am besten durch Beschreibung des Aufbaues der verschiedenartigsten Verbindungen durchführen.

Ein Teilnehmer des Hauptamtes wünscht einen Teilnehmer des Haupt-amtes:

Der Teilnehmer nimmt seinen Handapparat ab. I. und II. VW stellen sich auf einen freien I. GW ein, der I. GW, II. GW und LW werden nach-einander in bekannter Weise durch die Wählstromstöße des Teilnehmers ein-gestellt, wodurch der gewünschte Teilnehmer erreicht wird. Die eigentliche Einstellung der Wähler, das Rufen, die spätere Auslösung usw. sind als be-kannt vorauszusetzen.

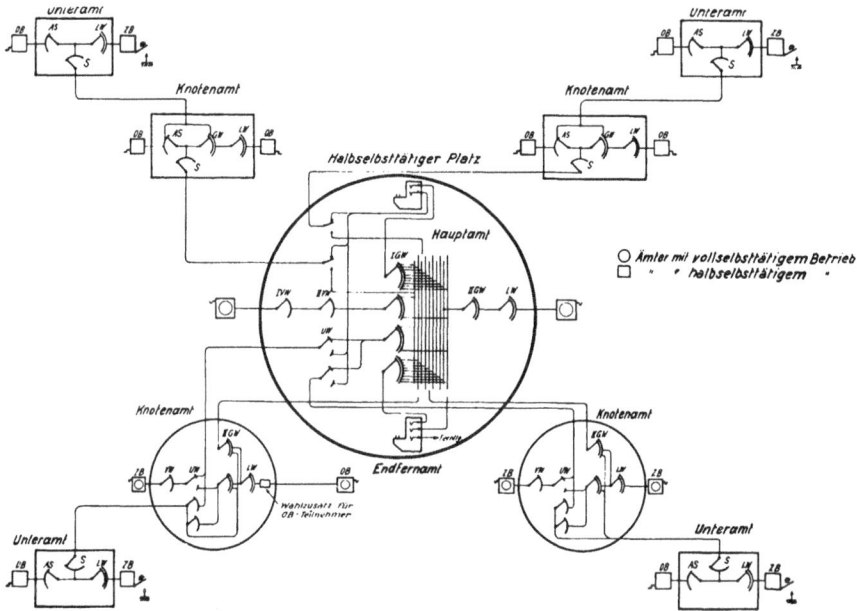

Abb. 57. Netzgruppe mit Universalsystem für halb- und vollselbsttätigen Betrieb und beliebiger Verwendung von OB- und ZB-Teilnehmergeräten.

Ein Teilnehmer eines vollselbsttätigen Knotenamtes wünscht einen Teilnehmer des Hauptamtes:

Der Teilnehmer nimmt seinen Handapparat ab. Die I. VW und der Um-steuerwähler des Knotenamtes stellen sich auf eine freie Verbindungsleitung zum Hauptamt ein, der Umsteuerwähler dieser Leitung im Hauptamt belegt einen freien I. GW. Der Teilnehmer stellt darauf durch Nummernwahl die I. GW, II. GW und LW nacheinander auf den gewünschten Teilnehmer ein.

Ein Teilnehmer eines vollselbsttätigen Knotenamtes wünscht einen Teilnehmer des eigenen Knotenamtes:

Der Teilnehmer nimmt ab; ein I. GW des Hauptamtes wird, wie vorher beschrieben, belegt. Der Teilnehmer wählt mit der ersten Ziffer die Nummer des eigenen Knotenamtes, darauf steuert der Umsteuerwähler im Knotenamt um und belegt einen II. GW des eigenen Knotenamtes, der durch die weiteren Nummernstromstöße seitens des Teilnehmers eingestellt wird, ebenfalls der nachfolgende LW, bis zum gewünschten Teilnehmer. Die Umsteuervorgänge erfolgen in bekannter Weise ohne jede Verzögerung zwischen den Stromstoßreihen, die Verbindungsleitung zum Hauptamt wird nach der Umsteuerung sofort frei.

Ein Teilnehmer eines vollselbsttätigen Knotenamtes wünscht einen Teilnehmer eines anderen vollselbsttätigen Knotenamtes:

Der Teilnehmer nimmt ab; der I. GW im Hauptamt wird belegt, durch Nummernstromstöße eingestellt und sucht eine freie Leitung zu dem gewünschten Knotenamt; dort wird der II. GW und dann der LW durch die Wählstromstöße bis zum gewünschten Teilnehmer eingestellt.

Der Teilnehmer eines halbselbsttätigen Unteramtes wünscht über ein vollselbsttätiges Knotenamt eine Verbindung mit einem Teilnehmer des Hauptamtes:

Der Teilnehmer leitet seine Verbindung durch Kurbeln des Induktors oder durch Tastendruck ein. Der Ruf wird zunächst im eigenen Amt gespeichert und, wenn die Verbindungsleitungen frei sind, zum Hauptamt durchgeschaltet. Es stellt sich der Anrufsucher (AS) auf den Teilnehmer im Unteramt ein. Ein Sucher (S) der Verbindungsleitung zwischen Unteramt und Knotenamt belegt den AS; die Verbindungsleitung führt im Knotenamt zu einem kleinen Drehwähler, der eine freie Verbindungsleitung zum Hauptamt aussucht; im Hauptamt steuert der der Verbindungsleitung zugeordnete Umsteuerwähler infolge einer besonderen Beeinflussung zu den halbselbsttätigen Plätzen, worauf dort eine Anruflampe aufleuchtet. Die Beamtin tritt in die Leitung ein, ruft den Teilnehmer an, hört seinen Wunsch, belegt einen I. GW des Hauptamtes und stellt durch gewöhnliche Nummernwahl I. GW, II. GW und LW auf den gewünschten Teilnehmer ein und schaltet die Verbindung durch. Die Auslösung erfolgt später durch Stöpselziehen.

Ein Teilnehmer eines halbselbsttätigen Unteramtes wünscht eine Verbindung mit einem Teilnehmer des vollselbsttätigen Knotenamtes, über das seine Verbindung geführt ist.

Der Teilnehmer leitet durch Kurbeln oder Tastendruck seine Verbindung ein; die Verbindung wird zu den halbselbsttätigen Plätzen in der vorher beschriebenen Weise durchgeschaltet. Die Beamtin meldet sich, erfährt die verlangte Nummer und stellt nun die Verbindung her, indem sie über die bereits belegte Verbindungsleitung und über einen kleinen, der Leitung im Knotenamt zugeordneten Drehwähler einen II. GW belegt und diesen und den nachfolgenden LW durch Wählstromstöße einstellt. Meldet sich der Teilnehmer, so löst die Beamtin durch Stöpselziehen die Verbindung bis zum Knotenamt aus. Die Sprechverbindung belegt dann nur die Verbindungsleitung zwischen Unteramt und Knotenamt. Auslösung ist abhängig vom Teilnehmer des halbselbsttätigen Amtes, bei selbsttätiger Trennung nach 6 min, um unabhängig von der Schlußzeichengabe zu sein.

Ein Teilnehmer eines Unteramtes verlangt einen Teilnehmer des eigenen Unteramtes:

Der Teilnehmer leitet seine Verbindung ein. Der Anruf wird, wenn die Leitungen frei sind, in der beschriebenen Weise bis zum Beamtinnenplatz durchgeschaltet. Die Beamtin ruft den Teilnehmer an, erfährt sein Verlangen und stellt über die bereits belegte Verbindungsleitung zunächst im Knotenamt über einen kleinen Drehwähler den GW ein. Durch diese Einstellung wird im Unteramt der dem AS zugehörende LW belegt, der durch die weitere Nummernwahl auf den gewünschten Teilnehmer eingestellt wird. Meldet sich dieser, so löst die Beamtin durch Stöpselziehen die Verbindung vom Hauptamt über das Knotenamt bis zum Unteramt aus und gibt die Verbindungsleitung frei. Das Gespräch findet nun rein örtlich statt. Auslösung abhängig vom Rufenden. Um unabhängig von der Schlußzeichengabe zu sein, wird das Gespräch nach 6 min selbsttätig ausgelöst.

Verbindungen eines Unteramtsteilnehmers, der über ein halbselbsttätiges Knotenamt mit dem Hauptamt in Verbindung steht, vollziehen sich in ähnlicher Weise.

Ein Unteramtsteilnehmer verlangt eine Verbindung zu einem Teilnehmer des halbselbsttätigen Knotenamtes, über das seine Verbindungen verlaufen:

Er meldet seine Verbindung an, der AS des eigenen Amtes stellt sich ein, der Leitungssucher stellt sich auf den AS ein. Ein AS des Knotenamtes stellt sich auf die Verbindungsleitung vom Unteramt ein, der Verbindungsleitungssucher der zum Hauptamt führenden Leitung stellt sich auf den AS des Knotenamtes ein, die Lampe leuchtet am halbselbsttätigen Platz auf. Die Beamtin tritt in die Verbindung ein, ruft den Teilnehmer an, erfährt seinen Wunsch und stellt über dieselbe Verbindungsleitung den GW und den LW des Knotenamtes durch Nummernwahl ein. Wenn sich der gerufene Teilnehmer meldet, löst sie die Verbindung bis zum Knotenamt aus. Die Verbindung beansprucht nur die Leitung zwischen Unteramt und Knotenamt. Auslösung abhängig vom Rufenden oder selbsttätig nach 6 min.

Ein Unteramtsteilnehmer wünscht einen Unteramtsteilnehmer des gleichen Unteramtes über ein halbselbsttätiges Knotenamt:

Der Teilnehmer meldet seine Verbindung an. Die Verbindung wird bis zur Beamtin in der beschriebenen Weise durchgeschaltet. Die Beamtin ruft den Teilnehmer an, erfährt seinen Wunsch und stellt durch Nummernwahl über die belegten Verbindungsleitungen die Verbindung in folgender Weise her: Zunächst wird der GW des Knotenamtes eingestellt, was für das Knotenamt keine Bedeutung hat, aber es wird dadurch der LW im Unteramt für den Empfang der nächsten Stromstoßreihen vorbereitet. Dieser LW wird nun durch die Beamtin auf den verlangten Teilnehmer eingestellt. Meldet sich der Gerufene, so löst die Beamtin alle Verbindungsleitungen aus, die Verbindung besteht rein örtlich. Auslösung abhängig vom Rufenden oder selbsttätig nach 6 min.

Die Teilnehmer der Netzgruppe mit selbsttätigem Betrieb rufen nicht nur die Teilnehmer mit selbsttätigem Betrieb, sondern auch die Teilnehmer mit halbselbsttätigem Betrieb ohne Hilfe der Beamtin unmittelbar durch gewöhnliche Nummernwahl an. Für sie ist die ganze Netzgruppe gewissermaßen vollselbsttätig.

Ein Teilnehmer des Hauptamtes wünscht einen Teilnehmer eines Unteramtes:

Der Teilnehmer nimmt seinen Handapparat ab, belegt über I. und II. VW den I. GW. Dieser wird eingestellt und sucht eine freie Verbindung zum Knotenamt, belegt dort einen II. GW, der II. GW wird eingestellt und belegt eine

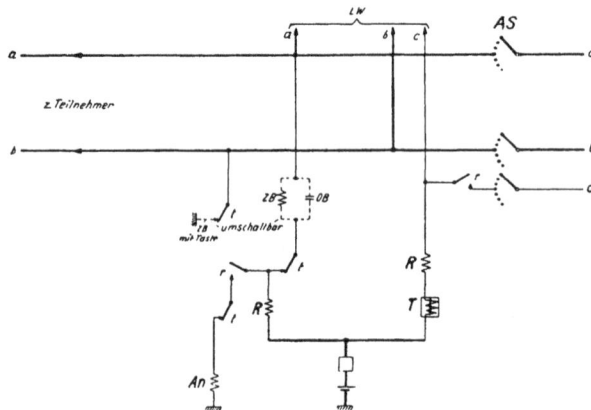

Abb. 58. Umschaltung am Teilnehmeranschluß
für OB- und ZB-Geräte.

freie Verbindung zum Unteramt, dort über einen Sucher den LW, worauf der LW bis zum gewünschten Teilnehmer eingestellt wird. Auslösung in diesen Fällen nur abhängig vom Rufenden.

Der Fernplatz, wo die Fernverbindungen angemeldet und hergestellt werden, wird von allen Teilnehmern mit selbsttätigem Betrieb durch Einstellung des I. GW unmittelbar erreicht. Die Teilnehmer mit halbselbsttätigem Betrieb rufen für Fernverbindungen in bekannter Weise den halbselbsttätigen Platz an; dort wird ein Gesprächszettel ausgeschrieben, der den Fernplätzen übergeben wird. Die Fernplätze stellen die Fernverbindungen zu allen Teilnehmern über die Wähler der Anlage in der beschriebenen Weise durch Nummernwahl her.

Für die Zählung der Gespräche aller Teilnehmer mit selbsttätigem Betrieb werden, wenn bei ausgedehnten Anlagen Mehrfachzählung gefordert wird, Zeitzonenzähler in die Verbindungsleitungen eingeschaltet, die die Gebühr, abhängig von der Entfernung und der Gesprächszeit, als Mehrfachzählung auf den Teilnehmerzähler übertragen. Die Zeitzonenzähler werden in Abschnitt 11 behandelt und sind in Abb. 57 nicht eingetragen.

Die Zählung der Gespräche aller Teilnehmer mit halbselbsttätigem Betrieb liegt in der Hand der Beamtin; entweder werden Gesprächszettel verwendet, oder die Beamtin überträgt die Gebühr durch Mehrfachzählung auf den Teilnehmerzähler.

In wie einfacher Weise die Umschaltung von OB- auf ZB-Geräten im halbselbsttätigen System möglich ist, läßt Abb. 58 erkennen. Für OB-Geräte ist in die Zuführung vom Anrufrelais R zur a-Leitung ein Kondensator eingeschaltet. Für ZB-Geräte mit Anruf durch Abnehmen des Handapparates wird der Kondensator durch einen Widerstand ersetzt. Für ZB-Geräte mit Anruf durch Erdtaste wird außerdem die Erdverbindung an der b-Leitung entfernt. In allen drei Fällen bindet sich das R-Relais beim Anruf so lange, bis der AS den Anruf aufgenommen und weitergeleitet hat.

Wie die Speicherung der Anrufe beim Besetztsein der Verbindungsleitungen im halbselbsttätigen System zur besseren Ausnutzung der Leitungen und zur Erleichterung des Wartens möglich ist, so ist die Speicherung auch im selbsttätigen System auf folgende Art möglich: Wenn ein Unteramtsteilnehmer das Hauptamt wählt und die Leitung besetzt findet, so erhält er das Besetztzeichen, worauf er wieder einhängt. Sein Ruf zum Hauptamt ist jetzt gespeichert. Wird die Leitung frei, so wird er selbsttätig wieder mit einem besonders charakteristischen Ruf, der sich vom gewöhnlichen Ruf sehr unterscheidet, angerufen, worauf er wieder abhebt und die gewünschte Verbindung zum Hauptamt durch gewöhnliche Nummernwahl ansteuert. Während des aufgespeicherten Rufes zum Hauptamt kann er beliebig örtlich sprechen, ohne von der Speicherung irgendwie gestört zu werden.

Die Zentralen des Universalsystems können in jeder Größe und

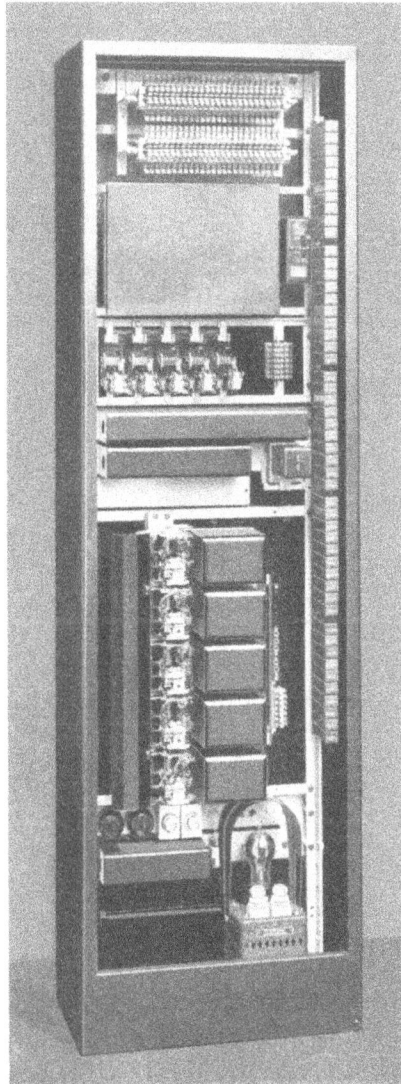

Abb. 59. Unteramt im Schutzgehäuse für 50 Teilnehmer mit selbsttätigem Betrieb.

Ausbaumöglichkeit, für jeden geforderten Verkehrsumfang, mit einheitlicher Numerierung oder Kennzahl, mit halb- und vollselbsttätigem Betrieb, in Schränken verschlossen oder in offenen Gestellen für saubere Betriebsräume, sowohl für Unterämter als auch für Knotenämter erstellt werden.

Abb. 59 zeigt ein Unteramt für 50 Teilnehmer mit selbsttätigem Betrieb in Schutzgehäuse.

Mit diesem einfachen, leicht an alle Betriebsfälle anpassungsfähigen Universalsystem sind alle Aufgaben in der technisch besten und wirtschaftlichsten Weise einwandfrei zu lösen. Das System ist mit großen Sicherheiten ausgestattet, ist daher nicht störungsanfällig, hat z. B. an allen Stellen Doppelkontakte, die die den Betrieb recht hemmenden Kontaktstörungen auf $^1/_{40}$ herabsetzen, so daß die kleinen Ämter in den Landanlagen mit der geringsten Pflege auskommen. Solche Ämter können monatelang ohne Wartung arbeiten, wie die Praxis gezeigt hat. Das beschriebene Universalsystem umfaßt demnach alle Betriebsfälle von den einfachsten bis zu den vollkommensten Anlagen und läßt eine zwanglose Entwicklung von den einfachsten bis zu den vollkommensten Anlagen zu. Die am Anfang der Arbeit aufgestellten Hauptforderungen werden damit von diesem System voll und ganz erfüllt.

10. Wirtschaftlicher Aufbau ländlicher Fernsprechämter.

Landämter, das sind die Unterämter in den Netzgruppen, sind größtenteils nach den bisherigen Ausführungen unwirtschaftlich. Bei der Wahl des Systems und beim Aufbau der Ämter muß daher nach Möglichkeit die größte Wirtschaftlichkeit angestrebt werden. Folgende Punkte sind dabei besonders zu beachten:

1. Wahl des zweckmäßigsten Systems.
2. Große Betriebssicherheit, Verwendung von Doppelkontakten.
3. Einfache Kraftanlage mit selbsttätiger Steuerung der Batterieladung.
4. Fernüberwachung, zweckmäßige Zeichen.
5. Einfache Pflege und Prüfung.
6. Selbstabschaltung fehlerhafter Leitungen.
7. Richtige Anpassung der Verkehrsmittel.
8. Die Zentralen sollen keine Ansprüche an die Räume stellen und möglichst unbeeinflußbar von Temperatur- und Feuchtigkeitsschwankungen sein.

Zu diesen Punkten ist folgendes zu sagen:

Zu 1: Als zweckmäßigste Systeme für Landzentralen haben sich bisher die Systeme mit Einzelantrieb erwiesen, weil ihre Einfachheit, Verständlichkeit, Anpassungsfähigkeit, Betriebssicherheit und Wirtschaftlichkeit von keinem anderen System bisher erreicht worden ist. Daher sind praktisch auch bisher in Landanlagen mit ihren vielen kleinen und verstreut liegenden Ämtern nur diese Systeme verwendet worden, die allein die Erfüllung aller erforderlichen Bedingungen mit den einfachsten Mitteln ohne irgendwelche Verwicklungen bei den verschiedensten Betriebsmethoden erwiesen haben.

Zu 2: Die Betriebssicherheit in Landanlagen muß besonders groß sein, weil die kleinen Ämter ohne Überwachung arbeiten sollen. Natürlich darf durch die verlangte große Sicherheit die Wirtschaftlichkeit nicht verschlechtert werden. Es läßt sich aber in vielen Fällen die Sicherheit auch ohne Verschlechterung der Wirtschaftlichkeit steigern, z. B. durch Verwendung von Doppelkontakten an allen Stellen, wodurch die Kontaktstörungen erheblich herabgesetzt werden, praktisch ohne besondere Erhöhung der Anlagekosten. Große Sicherheiten in den Kraftmagneten und Relais beeinflussen die Kosten der Kraftanlage und die Energiekosten bei weitem nicht in dem Maße, wie z. B. die Antriebsmotoren der Maschinensysteme. Trotzdem soll der Stromverbrauch der Anlage so klein wie nur irgend möglich gehalten werden, damit nicht die Kraftanlage mit der Batterie und Ladeeinrichtung unnötig vergrößert wird.

Zu 3: Bei der Bemessung der Kraftanlage, also der Batterie, Ladeeinrichtung und Schalttafel, muß besonders vorsichtig und sparsam vorgegangen werden. Auch die Art der Überwachung und Bedienung der Kraftanlage ist wichtig. Zwei Batterien z. B., mit Ladeeinrichtungen und Fernsteuerungsmöglichkeit, mit großen Reserven verteuern die Anlage derart, daß unter Umständen die Kraftanlage teurer wird als die ganzen selbsttätigen Einrichtungen. Es stehen sich hier Sicherheit und Wirtschaftlichkeit feindlich gegenüber. Je größer die Sicherheit, desto kleiner die Wirtschaftlichkeit und umgekehrt. Hier muß mit großer Sorgfalt vorgegangen werden, um bei größter Sparsamkeit trotzdem ausreichende Sicherheit zu erzielen. Es fragt sich, welche Reserven beim Ausbleiben des Netzstromes oder Fernladestromes in der Batterie noch vorhanden sein sollen. Die Beantwortung dieser Frage hängt ab von der Zeitdauer, während welcher das Netz überhaupt ausbleiben kann. Wenn das Netz nur Minuten ausfällt, so sind natürlich nicht so große Reserven erforderlich, als wenn es stundenlang ausbleiben kann. Die Reserve in der Batterie braucht praktisch nur diese Zeit zu überbrücken. Man wird natürlich mit einer gewissen Sicherheit rechnen, ohne diese unnötig groß werden zu lassen. Tagelange Sicherheiten sind unwirtschaftlich; denn sie vergrößern nicht nur die Batterie sondern auch die Ladeeinrichtung. Am zweckmäßigsten ist, das hat sich überall gezeigt, eine einzige kleine Batterie mit ausreichender Reserve, die in Pufferschaltung geladen wird. Die Ladung kann als Fernladung vom Hauptamt über die vorhandenen Verbindungsleitungen, wenn diese nicht für Gespräche gebraucht werden, oder als Ortsladung, dauernd, während der Nacht oder während des Betriebes mit einfachen Einrichtungen erfolgen. Diese Möglichkeiten, von denen die Dauerladung die einfachste ist, stehen sämtlich zur Verfügung und können verwendet werden, ohne den Betrieb besonders zu belasten. Wenn keine Dauerladung vorgesehen ist, so erfolgt zweckmäßig die Ein- und Ausschaltung der Ladung selbsttätig, abhängig vom Ladezustand der Batterie. Als Mittel für die Steuerung können Relais, Kontaktvoltmeter oder Amperestundenzähler verwendet werden. Um gröbere Einstellung dieser Mittel, also größere Sicherheit zu erreichen, finden zweckmäßig gewisse Hilfsmittel, z. B. Eisenwiderstände, Verwendung. Natürlich kann die Ladung auch durch Fernsteuerung vom Hauptamt aus beherrscht werden, wozu dann aber wieder Personal benötigt wird, das aber im Hauptamt wahrscheinlich zur Verfügung steht.

Die Verwendung von Zellenschaltern und Gegenzellen zum Regeln der Batteriespannung sollte wegen der erheblichen Verwicklung und Verteuerung der Anlagen und der Bedienung vermieden werden. Viel wirtschaftlicher ist es, gewisse Spannungsschwankungen zuzulassen und den Ladezustand der Batterie in diesen Grenzen selbsttätig zu halten. Je größer die zulässigen Spannungsschwankungen sein können, desto einfacher ist der Betrieb, desto besser die Unterhaltung der Batterie.

Schalttafeln sind bei solch kleinen Ämtern nicht erforderlich.

Zu 4: Zur einfachen Überwachung selbsttätiger Anlagen sind bekanntlich optische Zeichen vorgesehen, die Unregelmäßigkeiten anzeigen. Diese Zeichen haben in Landzentralen, wo kein Personal vorhanden ist, zunächst keine Bedeutung. Sie brauchen nur bei Prüfungen einschaltbar zu sein und aus wenigen Zeichen zu bestehen, weil eine kleine Anlage sich leicht übersehen läßt. Zur Überwachung im Hauptamt ist es zweckmäßig, zwei allgemeine Zeichen zu übertragen, von denen das eine angibt, daß eine Unregelmäßigkeit in der Zentrale vorhanden ist, die aber gelegentlich beseitigt werden kann, und das andere Zeichen, daß eine ernste Störung vorliegt, die bald zu beseitigen ist. Diese Zeichen werden zweckmäßig über die vorhandenen Verbindungsleitungen übertragen, wenn diese nicht für Gespräche in Anspruch genommen sind. Auch die Messung der Batteriespannung der Landzentralen läßt sich im Hauptamt über die vorhandenen Verbindungsleitungen in einfacher Weise ermöglichen. Im zentralen Hauptamt lassen sich daher alle angeschlossenen Landzentralen durch optische Zeichen überwachen und die Batterien prüfen.

Auch die Summerzeichen, die der Teilnehmer hört, lassen sich vereinfachen. Allgemein werden in der Wählertechnik zwei verschieden hohe Summertöne für die Hörzeichen, Wähl-, Besetzt- und Rufzeichen, benutzt. Nur die wenigsten Teilnehmer sind in der Lage, Tonhöhen voneinander zu unterscheiden, besonders dann nicht, wenn sie keinen Vergleichston zur Verfügung haben. Die verschiedenen Hörzeichen, Wähl-, Besetzt- und Rufzeichen, werden ausschließlich durch den Rhythmus und nicht durch die Tonhöhe erkannt; es hat daher praktisch keinen Wert, in den kleinen Zentralen verschiedene Tonhöhen zu verwenden, die nur die Anlage verteuern und Schwierigkeiten im Betrieb verursachen können. Eine Summertonhöhe für die verschiedenen Zeichen aber mit einem charakteristischen Rhythmus reicht vollkommen aus. Vom CCIF ist 450 Hertz und in gewissen Grenzen auch der Rhythmus festgelegt worden.

Zu 5: Nur die einfachste Pflege und Prüfung der Landzentralen darf notwendig sein. Eine Landzentrale muß an die Pflege die bescheidensten Ansprüche stellen, ohne daß natürlich dadurch die Betriebsgüte verschlechtert wird. Es ist wirtschaftlich vollkommen unmöglich, in kurzen Zwischenzeiten die vielen verstreuten, mitunter weit entfernten Ämter zur Pflege zu besuchen. Es ist durchaus zulässig, bei guter Fernüberwachung regelmäßige Prüfungen nur in großen Zeiträumen vorzunehmen. Landzentralen müssen monatelang einwandfrei arbeiten, ohne daß die Amtsräume betreten werden. Solche Zentralen*), die nur alle 3 Monate besucht und geprüft werden, haben sich in der Praxis vollkommen bewährt. Das wird sich allerdings nur bei einfachen und betriebssicheren Systemen erreichen lassen, die jahrzehntelang erprobt und in denen alle gesammelten Erfahrungen berücksichtigt worden sind. Die Pflege und unmittelbare Prüfung der Einrichtungen wird nur bei den seltenen Prüfungen vorgenommen; die Prüfung der wichtigsten Einrichtungen und Verbindungsleitungen kann von der Hauptzentrale aus in gewissen, sich aus der Praxis ergebenden Zeiträumen erfolgen.

Zu 6: Eine Selbstabschaltung fehlerhafter Leitungen vom Amt ist bei unüberwachten Landzentralen mitunter empfehlenswert, um die aus den bekannten wirtschaftlichen Gründen niedrig bemessene Leitungs- und Wählerzahl gegen Fehler der Leitungen oder der Teilnehmer zu schützen. Hat eine Leitung Nebenschluß oder wählt ein Teilnehmer nach Abnehmen des Hörers nicht, so kann nach einer gewissen Zeit der Anschluß vom Amt selbsttätig abgeschaltet und die belegten Amtseinrichtungen freigegeben werden. Nach Beseitigung der Störungsursache wird selbsttätig der ursprüngliche Zustand wiederhergestellt und der Anschluß auf das Amt zurückgeschaltet. Diese Einrichtung muß sehr einfach und billig sein, damit der erzielte Vorteil nicht durch erhöhten Preis wieder aufgehoben wird.

Zu 7: Man ist im allgemeinen leicht geneigt, bei unüberwachten Unterämtern größere Reserven als gewöhnlich zu fordern und mit großen Sicherheiten in der Ausrüstung der Landämter zu rechnen. Damit kommt man aber zu unnötig großen und teuren Ämtern, die im Widerspruch zu der Wirtschaftlichkeit stehen. Dem schwachen Verkehr angepaßte, geringe Wähler- und Leitungszahlen müssen unter allen Umständen ausreichen. Bei ihrer Berechnung können der Rechnung größere Verluste als gewöhnlich zugrunde gelegt werden. Verluste von 1 bis 5 % sind vollkommen zulässig, ohne daß die Teilnehmer, die im allgemeinen keinen größeren Geschäftsbetrieb besitzen, dies als ungenügend empfinden werden. Das läßt sich mit dem geringen Verkehr und besonders mit den geringen Einnahmen leicht begründen. Die Reserven sollen demnach verhältnismäßig klein sein, ohne natürlich die einfache Erweiterungsmöglichkeit in irgendeiner Weise einzuschränken.

Zu 8: Zur Unterbringung der Landämter sollen anspruchslose, beschei-

*) A n d i n a , „L'exploitation d'une centrale automatique du système pas à pas", Techn. Mitteilungen d. Schweiz. Tel.- u. Tel.-Verwaltung, Jahrg. 27, Heft 2.

dene Räume, ohne besondere Forderungen für gutes Tageslicht, Heizung oder Lüftung genügen. Die Räume, in denen selbst große Temperaturschwankungen keinen schädlichen Einfluß auf das gute Arbeiten der Zentralen haben dürfen, sollen nur nicht einer übermäßigen Verstaubung ausgesetzt sein, und es soll der Taupunkt nicht erreicht werden. Besteht diese Gefahr, so ist eine gewisse, zweckmäßig elektrische Heizung vorzusehen. Da aber die gesamte Raumheizung sehr teuer sein würde, so wird nur die Umgebung der Landzentralengestelle durch wenige Glühlampen, die unterhalb der Gestelle angebracht sind, etwas erwärmt und die Gestelle selbst mit einem Kasten oder Schrank umkleidet. Der zu erwärmende Raum wird also so klein wie möglich gemacht. Die Temperatursteigerung in dem Schrank braucht nur wenige Grade zu betragen, wodurch die Gefahr eines Feuchtigkeitsniederschlages auf die Kabel und Einrichtungen vermieden wird. Die elektrische Heizung braucht nicht ständig eingeschaltet zu sein, sondern nur, wenn die Gefahr eines Niederschlages besteht, sie ist also selbsttätig zu steuern. Das Kriterium hierfür ist nicht die Temperatur, sondern die relative Feuchtigkeit. Die Heizung muß daher durch ein Kontakthygrometer, das im Schrank angebracht ist und bei etwa 80% oder 90% relativer Feuchtigkeit seinen Kontakt schließt, eingeschaltet werden. Die Schränke mit der Heizung sind so auszugestalten, daß mit der geringsten Energie die Aufgabe gelöst wird. Ist ein Gleichrichter zur Ladung der Batterie vorhanden, so wird dieser zweckmäßig im Schrank am Boden aufgestellt, um jede Kalorie für die Schrankheizung nutzbar zu machen.

Landämter müssen, nachdem das zweckmäßigste Netz entworfen und das beste System ermittelt worden ist, sorgfältig und sparsam, unter besonderer Berücksichtigung der angegebenen und besprochenen 8 Punkte, aufgebaut werden. Alle die zu einem guten und wirtschaftlichen Betrieb erforderlichen selbsttätigen Zusatzeinrichtungen, selbsttätige Kraftanlage, Fernsignalisierung, Selbstabschaltung usw., sollen so einfach und billig sein, daß die Kapitalkosten nicht besonders beeinflußt werden, damit sich nicht die durch die Wählertechnik eingesparten Personalkosten durch die neu hinzukommenden Kapitalunkosten wieder ausgleichen.

Wenn nun im Netz, System und in den Ämtern alles getan ist, um einen billigen Betrieb zu erzielen, so lassen sich auch bei der Verwaltung der Anlage Ersparnisse erzielen. Wenn z. B. die Verrechnung der Gespräche alle Monate erfolgt, so wird für die Gesprächszählerablesung besonderes Personal benötigt, das auch die Landzentralen besuchen muß. Es können Ersparnisse gemacht werden, wenn die Zählerablesung und die eigentliche Verrechnung nur vierteljährlich erfolgen, dem Teilnehmer aber monatlich eine bestimmte Summe abverlangt wird, die sich im Mittel aus seinen letzten Zahlungen ergibt.

Werden die Landämter in der angegebenen Weise sorgsam gebaut, der Betrieb und die Verwaltung sparsam durchgeführt, so ergeben sich erhebliche Verbilligungen, die die Unkosten der Einrichtungen und des Personals herabsetzen und damit die Wirtschaftlichkeit bedeutend steigern.

Ferngebühren.

11. Die Entwicklung, Ausgestaltung und Anordnung der Zeitzonenzähler.

Die Zeitzonenzähler der Siemens & Halske AG, die in Zusammenarbeit mit der deutschen Verwaltung entstanden sind und die das erstemal in Weilheim im Jahre 1923 im Betrieb eingeführt wurden, haben eine lange Entwicklung durchgemacht, sind immer größer und umfangreicher geworden, erfüllen immer mehr Bedingungen, weil der vollselbsttätige Betrieb immer weitere Gebiete erfaßt und sich über immer größere Entfernungen ausdehnt. Sie ermitteln und verrechnen die schwierigen Gebühren des Fernverkehrs, ersetzen gewissermaßen das Gehirn der Beamtinnen, ermöglichen dadurch erst den vollselbsttätigen Fernbetrieb und sind daher heute von besonders hohem technischen und wirtschaftlichen Interesse. Ihre Größe richtet sich nach der Zahl der Orte, die vollselbsttätig miteinander verkehren sollen, nach der Zahl der Fernzonen, nach der Gesprächszeit und ihrer Unterteilung, nach den im Höchstfalle möglichen Zählstromstößen und nach sonstigen Bedingungen.

Zunächst sind die grundsätzlichen Bedingungen, nämlich die Gebühren, die durch die Zeitzonenzähler erfaßt werden sollen und die sich nach der Entfernung und nach der Zeit richten, zu betrachten. In Deutschland besteht zunächst bis zu 5 km Ortstarif mit einer Gebühr von 10 Rpf. je Gespräch, ohne Berücksichtigung der Gesprächsdauer und Tageszeit. Im Fernverkehr gilt für die Tagesstunden von 8 bis 19 Uhr ein Ferntarif, dem Entfernungen mit Gebühren für ein Gespräch von 3 min und länger zugrunde liegen, die in Abschnitt 1 näher angegeben sind.

Jede weitere Minute kostet für alle Fernzonen $1/_3$ der Dreiminutengebühr, abgerundet auf 0,10 RM. In der Nacht von 19 bis 8 Uhr werden nur $2/_3$ dieser Gebühr verrechnet. Außer diesen Fernzonen gibt es neuerdings unter gewissen Voraussetzungen noch eine Nahzone von 5 km mit einer Gebühr von 0,20 RM für 3 min und $1/_3$ für jede weitere Minute, abgerundet auf 0,10 RM, aber ohne Vergünstigung während der Nacht. Alle diese Gebühren soll der Zeitzonenzähler einwandfrei erfassen, wozu auch noch gelegentlich Ortsgebühren ohne Berücksichtigung der Zeit — z. B. bei gewissen Dienstgesprächen, die mitunter sogar gebührenfrei sind — hinzutreten.

Da die Ferngebühren von der Entfernung und der Gesprächszeit abhängig sind, so besteht grundsätzlich der Zeitzonenzähler aus einem Teil für die Ermittlung der Entfernung, einem Teil für die Ermittlung der Zeit und einem Teil für die Verrechnung der Gebühr durch die eigentliche Zählung. Diese drei Teile sind der Zonenschalter, der parallel mit den Ferngruppenwählern durch die Nummernwahl eingestellt wird und auf Grund der gewählten Nummern die Entfernung erfaßt, dann der Zeitschalter, der die wirkliche Gesprächszeit überwacht, und der Zählschalter, der den

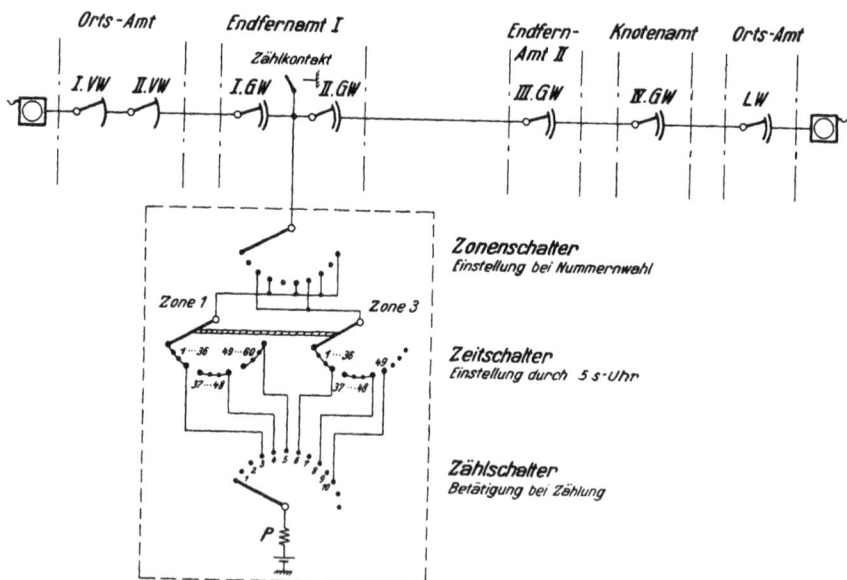

Abb. 6o. Zeitzonenzähler in grundsätzlicher Darstellung.

Zonen- und Zeitwerten entsprechende Zählstromstöße auf den Teilnehmer-zähler veranlaßt. In Abb. 60 sind die drei grundsätzlichen Schalter der Zeitzonenzähler angegeben und deutlich zu erkennen. Die Schalter und ihre Anordnungen zueinander können sehr verschieden ausgestaltet werden, wie noch gezeigt werden wird.

a) Der Zonenschalter.

Der Zonenschalter, der aus einem oder mehreren einzelnen Schaltern bestehen kann, muß im ganzen mindestens so viele Kontakte enthalten, wie Orte vorhanden sind, die selbsttätig erreicht werden sollen, wobei für jeden Ort zur Feststellung der Zone ein einziger Kontakt am Zonenschalter genügt. Dazu müssen gewisse Vorratskontakte kommen, damit bei Änderungen oder Erweiterungen des Wählbetriebes auch die neuen Orte noch erfaßt werden können. In den ersten Anlagen bestand der Zonenschalter aus einem 10 tei-ligen Drehwähler mit zuerst einem, dann zwei, später drei Schaltarmen, die durch einen ersten Wählvorgang ausgewählt wurden, während der zweite Wählvorgang die Schaltarme selbst einstellte, so daß man in der Lage war, 10, 20 oder 30 verschiedene Orte zu erfassen. Abb. 61 zeigt einen der ersten Zeitzonenzähler für einen kleinen Bereich. Der Zonenschalter links ermög-licht die Erfassung von 20 Zonenpunkten, der Zeitschalter in der Mitte läßt bei 4 Fernzonen eine Gesprächszeit von 12 min unterteilt in 4 mal 3 min zu, der Zählschalter rechts erlaubt bis zu 40 Zählstromstöße. Später wurde für einen größeren Bereich ein 100 teiliger Hebdrehwähler mit 3 Armen be-nutzt, durch den in der vorher beschriebenen Weise mit 3 Stromstoßreihen

IIO

300 Orte erfaßt werden konnten. Abb. 62 stellt einen derartigen Zeitzonenzähler dar, dessen Zonenschalter 300 Zonenpunkte hat, dessen Zeitschalter bei
5 Fernzonen eine Gesprächszeit von 12 min, unterteilt in 4 mal 3 min, erlaubt
und dessen Zählschalter bis zu 40 Zählstromstöße zuläßt. Der Zeitschalter ist
hierbei wegen der großen Zahl der Fernzonen in zwei Schalter unterteilt.

Abb. 61. Zeitzonenzähler für 20 Zonenpunkte.

Abb. 62. Zeitzonenzähler für 300 Zonenpunkte.

Bei noch größeren Anlagen wurden zwei Hebdrehwähler verwendet, die 6 Arme enthielten und damit 600 Orte erfassen konnten, wie aus Abb. 63 zu ersehen ist. Dieser Zeitzonenzähler erlaubt außer den 600 Zonenpunkten bei 5 Fernzonen eine Gesprächszeit von 12 min, unterteilt in 4mal 3 min, und er-

Abb. 63. Zeitzonenzähler für 600 Zonenpunkte.

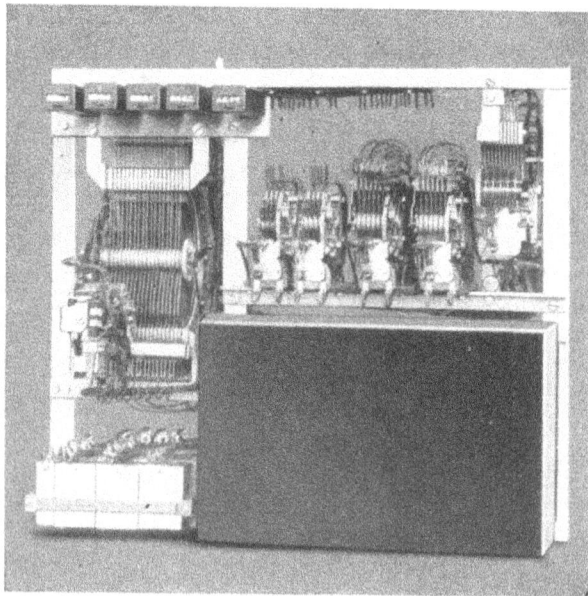

Abb. 64. Zeitzonenzähler für 800 Zonenpunkte.

möglicht 100 Zählstromstöße. Neuerdings verwendet man einen 100teiligen Motorwähler mit 9 Armsätzen, der 800 Orte erfassen kann und in Abb. 64 gezeigt ist. Außer den 800 Zonenpunkten läßt er bei 6 Fernzonen und je einer Orts- und Nahzone eine Gesprächszeit von 12 min, unterteilt in 3 ÷ 9mal 1 min, und eine Zahl von 100 Zählstromstößen zu.

Die Wahl des gewünschten Ortes erfolgte in den ersten Anlagen mit 1 bis 2 Stromstoßreihen, in den größeren Anlagen mit 2 bis 3 Stromstoßreihen, durch die einmal die Ferngruppenwähler und parallel dazu die Zonenschalter eingestellt wurden. Ein neuzeitlicher Zonenschalter für einen großen Bereich muß in der Lage sein, 2, 3, u. U. auch 4 Stromstoßreihen aufzunehmen und die Zonen von 800 Orten zu erfassen. Wenn Teilnehmer mit bis zu 800 Orten in selbsttätigen Fernverkehr treten können, so genügt dies für sehr große Anlagen. Durch die erste Stromstoßreihe wird der I. Ferngruppenwähler eingestellt und parallel dazu der Arm des Zonenschalters durch einen kleinen Hilfsschalter ausgewählt. Die zweite Stromstoßreihe stellt den II. Ferngruppenwähler ein und parallel dazu den Zonenschalter in die Zehnerdekade, die dritte Stromstoßreihe den III. Ferngruppenwähler und parallel dazu den Zonenschalter in die Einerdekade. Nachdem die Zone durch die Stromstoßreihen bestimmt ist, beeinflussen die weiteren Stromstoßreihen den Zonenschalter nicht mehr.

An den Kontakten des Zonenschalters werden die verschiedenen Orte, die zu einer Zone gehören, in Vielfachschaltung zusammengefaßt und zu den Kontaktarmen des Zeitschalters geführt. Diese Zusammenfassung der Kontakte am Zonenschalter muß in einfacher Weise und leicht durchgeführt werden können. Zu diesem Zweck ist das Kontaktfeld mit einer übersichtlichen Nummernbezeichnung versehen, die die Vielfachschaltung wesentlich erleichtert. Man kann je nach dem Umfang des selbsttätigen Betriebes 1 bis 6 oder noch mehr Fernzonen an den Kontakten des Zonenschalters bilden. Außer der Zonenbestimmung übernimmt der Zonenschalter auch gegebenenfalls die Aufgabe eines Mitlaufwerkes, wodurch Umschaltungen im Umsteuerwähler bei Umleitungen von Verbindungen veranlaßt werden.

b) Der Zeitschalter.

Der Zeitschalter, der die Dauer eines Ferngespräches überwacht, ist ein Drehwähler mit so vielen Kontaktarmen, wie Fernzonen vorgesehen werden, und zunächst so vielen Kontakten, wie Zeiteinheiten für die Höchstdauer eines Ferngespräches zugelassen sind. Sobald sich der angerufene Teilnehmer meldet, also das Gespräch beginnt, wird der Stromkreis des Zeitschalters über einen Uhrenkontakt geschlossen, der in bestimmten Zeiträumen, also in den zugrunde gelegten Zeiteinheiten — z. B. alle 2, 5 oder 10 s — betätigt wird. Die Schaltzeit des Uhrenkontaktes, das ist die Zeiteinheit, richtet sich nach der Genauigkeit, mit der die Gesprächszeit zu überwachen ist. Je genauer die Zeit erfaßt werden soll, um so größer wird der Zeitschalter. Wird der Uhrenkontakt z. B. alle 5 s geschlossen, so beträgt die Toleranz der Zeit 5 s. Der Zeitschalter wird dann innerhalb von 3 min 36mal betätigt, so daß die Kontaktarme dann auf dem 36. Kontakt stehen. Beendet der rufende Teilnehmer innerhalb dieser Zeit das Gespräch, so wird, wie noch gezeigt werden wird, ein Dreiminuten-Gespräch verrechnet. Spricht der Teilnehmer aber weiter, so wird der Zeitschalter wieder alle 5 s weitergeschaltet und erreicht nach 4 min den 48. Kontakt. Hängt der Teilnehmer innerhalb dieser Minute ein, so wird ein Vierminuten-Gespräch verrechnet; spricht er aber weiter, so läuft der Zeitschalter innerhalb der 5. Minute auf den 60. Kontakt, innerhalb der 6. Minute auf den 72. Kontakt usw. Der Zeitschalter muß daher zunächst so viel Kontakte haben, wie das längste zulässige Gespräch in min mal Zeiteinheit je min, in diesen Falle 12, beträgt. Entsprechend der zu verrechnenden Zeit sind die Kontakte am Zeitschalter untereinander vielfachgeschaltet, und zwar die Kontakte 1 bis 36, 37 bis 48, 49 bis 60, 61 bis 72 usw. Die Kontaktarme des Zeitschalters sind mit je einer am Zonenschalter zusammengefaßten Zone verbunden, damit bei der Zählung jede Zone verschieden behandelt werden kann.

c) Der Zählschalter.

Am Schluß des Gespräches wird zur eigentlichen Zählübertragung der Zählschalter eingeschaltet, der so viele Kontakte umfaßt, wie Zählstromstöße im Höchstfalle gegeben werden können. Er hat zunächst nur einen Kontaktarm. Die Kontakte der verschiedenen Zonen des Zeitschalters sind mit den Kontakten des Zählschalters in bestimmter Weise verbunden, und zwar die Kontakte 1 bis 36 der ersten Zone des Zeitschalters mit dem Kontakt 3 des Zählschalters, weil für die erste Fernzone 3 Zählstromstöße für 3 min erforderlich sind, die Kontakte 37 bis 48 mit Kontakt 4, weil dann 4 Zählstromstöße nötig sind, die Kontakte 49 bis 60 mit Kontakt 5 usw. Für die anderen Zonen sind die Verbindungen zwischen Zeitschalter und Zählschalter entsprechend, wobei gewisse nicht schädliche Vielfachschaltungen entstehen. Der Schaltarm des Zählschalters führt zu einem Prüfrelais P, das über Zeit- und Zonenschalter anspricht und den Zählvorgang beendet. Der Zählschalter läuft, indem er bei jedem Schritt einen Zählstromstoß auf den Teilnehmerzähler gibt, so lange, bis er den Kontakt des Zeitschalters erreicht hat, der den Stromkreis über den Zonenschalter schließt. Darauf kann das Prüfrelais ansprechen, wie Abb. 60, das einen Zeitzonenzähler mit den drei Schaltern in grundsätzlicher Darstellung zeigt, erkennen läßt.

Nachdem nunmehr die grundsätzlichen Vorgänge in einem Zeitzonenzähler gekennzeichnet sind, wäre als Aufgabe zu untersuchen, welche besonderen Bedingungen erfüllt werden müssen, welche Art der Zählung möglich ist, welcher Aufbau und welche Anordnungen sich am besten empfehlen. Die allgemeinen Bedingungen der Wählertechnik, die als bekannt anzusehen sind, sollen dabei nicht behandelt werden. Welche Fragen können nun aufgeworfen werden, und welche zweckmäßigen Lösungen kann man daraus ableiten?

1. Soll am Schluß oder während des Gespräches gezählt werden? Soll beschränkte oder unbeschränkte Gesprächszeit zugelassen werden, und welche Beschränkung ist zweckmäßig?

2. Welche Sicherheiten sind gegen Fehlzählungen, besonders gegen Dauerzählungen vorzusehen?

3. Was geschieht, wenn der Teilnehmer die Fernwahl nicht vollendet oder nicht erreichbare Orte wählt? Wie werden derartige Nummern im Vielfachfeld des Zonenschalters behandelt?

4. Wie und wann wird von Tag- auf Nachttarif umgeschaltet?

5. Sollen Zonenschalter unterteilt, Zeit- und Zählschalter zusammengefaßt werden? Bringen Hilfsschalter in irgendeiner Form Vorteile? Ist vielleicht eine mehr mechanische oder eine elektrische Lösung vorzuziehen?

6. Wie werden Tarif- und Zonenänderungen in einfacher Weise erfaßt?

7. Soll eine Karenzzeit für die Zählung vorgesehen werden? Soll dem Teilnehmer ein Warnsignal vor dem Ablauf der Zeiteinheiten gegeben werden?

8. Wo sind die Zeitzonenzähler einzuschalten? Sind sie den Leitungen als Ganzes unmittelbar zuzuordnen oder sind gewisse Teile als Zentraleinrichtungen empfehlenswert? Empfiehlt sich Zentralisierung oder Dezentralisierung?

Demnach gibt es für die Ausgestaltung und Anordnung der Zeitzonenzähler viele wichtige Fragen, die einzeln der Reihe nach hier untersucht werden sollen.

Zu 1: Die Frage, Zählung am Schluß oder während des Gespräches, ist von außerordentlicher Bedeutung; denn sie beeinflußt die gesamten technischen Einrichtungen. Beide Arten der Zählung haben ihre Vor- und Nachteile; die hauptsächlichsten sind:

Die Zählübertragung am Schluß des Gespräches über die Verbindungsleitungen und u. U. über die Teilnehmerleitungen für die Gebührenanzeige beim Teilnehmer ist einfach und beeinflußt bestehende Gespräche nicht, gestattet aber keine unbeschränkte Gesprächszeit, hält die Leitungen am Schluß des Gespräches noch einige Zeit für die Zählung besetzt und erfordert im Zeitzonenzähler einen größeren Zeit- und Zählschalter. Bei der Zählung am Gesprächsschluß überwacht der Zeitschalter die Verbindung bis zu einer Höchstzeit, die 9, 12 oder 15 min betragen kann. Diese Höchstzeit kann für alle Gespräche gleich, sie kann aber auch verschieden sein, und zwar für kleine Entfernungen länger als für große Entfernungen, jedoch derart, daß die höchstmögliche Zählstromstoßzahl nicht überschritten wird. Auch der Zählschalter muß in seiner Größe der höchstmöglichen Zählstromstoßzahl entsprechen.

Für die Zählung während des Gespräches müssen besondere Mittel in Verbindungs- und Teilnehmerleitungen aufgewendet werden, um die Beeinflussung des Gespräches durch die Zählung zu verhindern. Sie gestattet aber unbeschränkte Gesprächszeit, kleine Zeit- und Zählschalter, die nur für Dreiminuten-Gesprächszeit auszureichen brauchen, und gibt die Leitungen am Schluß des Gespräches schnell frei. Man wird aber auch in diesem Fall irgendeine endliche Begrenzung der Gespräche mit einfachen Mittel vorsehen. Bei der Zählung während des Gespräches kann die Zählung bei Beginn und am Schluß jedes Zeitabschnitts erfolgen, also beim Beginn der ersten 3 min oder am Schluß und weiter beim Beginn oder Schluß jeder darauf folgenden Minute. Die Zählung bei Beginn jedes Zeitabschnitts vermindert die Verzögerung bei der Auslösung auf ein Mindestmaß.

Beide Arten der Zählung, während des Gespräches oder am Schluß, werden im Betriebe verwendet und haben sich bewährt. Sie können von Fall zu Fall eingeführt werden, je nachdem man ihre Vor- und Nachteile bewertet. Ebenso kann die Begrenzung der Zeit beliebig gewählt werden, jedoch verteuern sich mit zunehmender Zeit bei Zählung am Schluß die Zeit- und Zählschalter.

Zu 2: Dauerzählungen können auftreten, wenn z. B. auf dem Stromwege vom Zählschalter über den Zeitschalter zum Zonenschalter die Verdrahtung an irgendeiner Stelle unterbrochen ist. In diesem Falle würde der Zählschalter dauernd laufen und dabei Zählstromstöße geben, weil das Prüfrelais nicht ansprechen und die Zählung nicht beenden kann. Man kann zwar die Zählung stets nach einem Umlauf des Zählschalters unterbrechen, der dann nur die höchstens möglichen Stromstöße gibt, doch ist diese Lösung nicht befriedigend. Einwandfrei und daher besser ist es, zuerst die Prüfung über die verschiedenen Schalter stattfinden zu lassen und dann die Zählung einzuschalten. Der Zählschalter läuft dann zunächst über die Kontakte, ohne zu zählen, bis das Prüfrelais prüft und die Zählung einschaltet, die dann beim Heimlauf des Zählschalters erfolgt. Dabei muß natürlich die Ruhestellung des Zählschalters mit Sicherheit gewährleistet sein, was leicht zu erreichen ist. Ein Zählschalter mit Vorwärts- und Rückwärtslauf würde dieser Bedingung genügen. Man kann aber die Bedingung auch mit einem einfachen Drehschalter erfüllen, wenn die Verdrahtungen anders vorgenommen werden. Dazu genügt, die Verbindungen zwischen Zeit- und Zählschalter am Zählschalter in umgekehrter Reihenfolge, also vom letzten Kontakt aus rückwärts anzuschließen. Es zählt dann der Zählschalter nach Ansprechen des Prüfrelais beim Lauf in die Nullstellung. Hat das Prüfrelais nach einem Umlauf des Zählschalters nicht angesprochen, so tritt keine Zählung ein; der Teilnehmer wird freigegeben, aber der Zeitzonenzähler gesperrt und gleichzeitig ein optisches und u. U. auch akustisches Zeichen eingeschaltet.

Zu 3: Bei irgendwelchen Handhabungsfehlern der Teilnehmer oder Gerätefehlern soll eine Abschaltung, d. h. eine Außerbetriebsetzung des Zeitzonenzählers, erfolgen, damit die nachfolgenden Fernleitungen nicht unnötig belegt, sondern freigeschaltet werden. Wählt der Teilnehmer nach der Belegung des Zeitzonenzählers eine erreichbare Nummer nicht zu Ende oder meldet sich der richtig angerufene Teilnehmer nicht, so soll nach einer gewissen Zeit, z. B. 2 min, die Verbindung bis zum Zeitzonenzähler ausgelöst werden. Der Teilnehmer erhält dann vom Zeitzonenzähler das Besetztzeichen. Wählt der Teilnehmer eine nicht erreichbare Amtsnummer, so soll er sofort das Besetztzeichen erhalten, was durch eine Prüfung der Einstellung des Zonenschalters unmittelbar nach der Wahl der Amtsnummer herbeigeführt werden kann. Am Zonenschalter sind nur die erreichbaren Kontakte zu Fernzonen zusammengefaßt, während die nicht erreichbaren Kontakte offen sind, so daß nach der Wahl einer nicht angeschlossenen Amtsnummer kein Stromkreis über die Kontakte des Zonenschalters zustande kommen kann. In diesem Falle wird sofort dem Teilnehmer das Besetztzeichen gegeben und die Fernleitung freigeschaltet.

Zu 4: Tag- und Nachttarif kann dadurch berücksichtigt werden, daß ein zweiter Arm am Zählschalter vorgesehen wird, an dessen Kontakten die Zonen entsprechend dem Nachttarif angeschlossen sind. Dabei muß aber Vorsorge getroffen werden, daß durch das Parallelschalten der verschiedenen Zonen keine falschen Zählungen entstehen. Ein von einer Uhr gesteuertes Relais bewirkt die Umschaltung vom Tag- auf den Nachttarif, und zwar stets außerhalb der Gesprächs- oder Zählzeit, so daß bestehende Gespräche nach dem Tarif am Gesprächsbeginn verrechnet werden.

Zu 5: Die Frage des zweckmäßigsten und wirtschaftlichsten Aufbaues der Zeitzonenzähler ist naturgemäß von großer Bedeutung. Als Zonenschalter mehrere Hebdrehwähler zu verwenden, ist teurer, als wenn nur ein großer Wähler, z. B. ein Motorwähler, verwendet wird. Die Auflösung des Zonenschalters in mehrere Drehwähler lohnt sich nur bei einer geringen Ausdehnung des vollselbsttätigen Betriebes und bringt Einschränkungen in der Numerierung mit sich; sie ist daher für größere Anlagen nicht zu empfehlen.

Weiter hat man auch Zeit- und Zählschalter zu einem sogenannten Tarifgerät vereinigt, das vorwärtsschreitend die Zeit überwacht und rückwärtslaufend die Zählung veranlaßt. Das Tarifgerät besteht aus einer Anzahl auswechselbarer gezahnter Scheiben, entsprechend der doppelten Zahl der Fernzonen, je eine für Tag- und Nachtverkehr, die in bestimmter Weise auf Kontakte wirken. Die Schrittzahl des Gerätes ist gleich der im Höchstfalle möglichen Zahl von Zählstromstößen. Es wird bei Gesprächsbeginn eingeschaltet und macht so viele Schritte, wie die Gebühr des Gespräches für 3 min beträgt. Die Steuerung dieser Schritte geschieht mit Hilfe der durch die Zahnscheiben betätigten Kontakte. Durch den Zonenschalter wird wieder die Fernzone bestimmt; sie ist mit einem Kontakt am Tarifgerät verbunden, der wieder zu dem Prüfrelais führt. Wird der Fortschaltemagnet des Tarifgerätes bei Gesprächsbeginn eingeschaltet, so macht das Gerät einen Schritt. Dabei prüft es, ob ein Stromkreis über einen der Kontakte geschlossen ist. Ist das der Fall, so macht das Gerät einen weiteren Schritt, prüft wieder, und es wiederholt sich dieser Vorgang so lange, bis der Stromkreis offen bleibt. Bei Beginn jeder Zeiteinheit, die durch einen kleinen Zeitschalter gegeben wird, also 3 + 1 + 1 usw. min, findet dieser Vorgang statt. In der Ruhe und während der Bewegung der Zahnscheiben sind die Kontakte durch Bügel abgehoben, so daß die unbelasteten Zahnscheiben bewegt werden. Nach jedem Schritt werden die Kontakte zur Prüfung gegen die Scheiben gedrückt. Während des Gespräches schreiten also die Zahnscheiben so viele

Abb. 65. Tarifgerät.

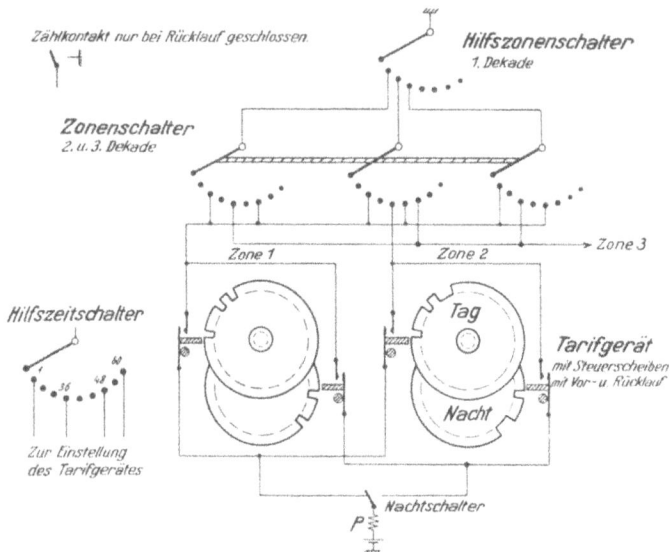

Abb. 66. Zeitzonenzähler mit Tarifgerät in grundsätzlicher Darstellung.

Schritte vorwärts, wie die augenblickliche Gebühr beträgt. Am Schluß des Gesprächs laufen die Zahnscheiben in die Ruhelage zurück und geben dabei so viele Zählstromstöße, wie die Zahnscheiben Schritte bis zur Ruhelage machen. Abb. 65 zeigt ein solches Tarifgerät, dessen Scheiben durch Ausbrechen der Zähne oder Auswechseln der Scheiben jeder Verzonung angepaßt werden können. In Abb. 66 ist ein derartiger Zeitzonenzähler in seiner Grundschaltung dargestellt, aus der die Scheiben für Tag- und Nachttarif je Zone mit der Tag- und Nachtumschaltung zu ersehen sind. Abb. 67 zeigt einen Zeitzonenzähler, dessen Zonenschalter aus 6 Drehwählern besteht und der an Stelle des Zeit- und Zählschalters ein derartiges Tarifgerät enthält.

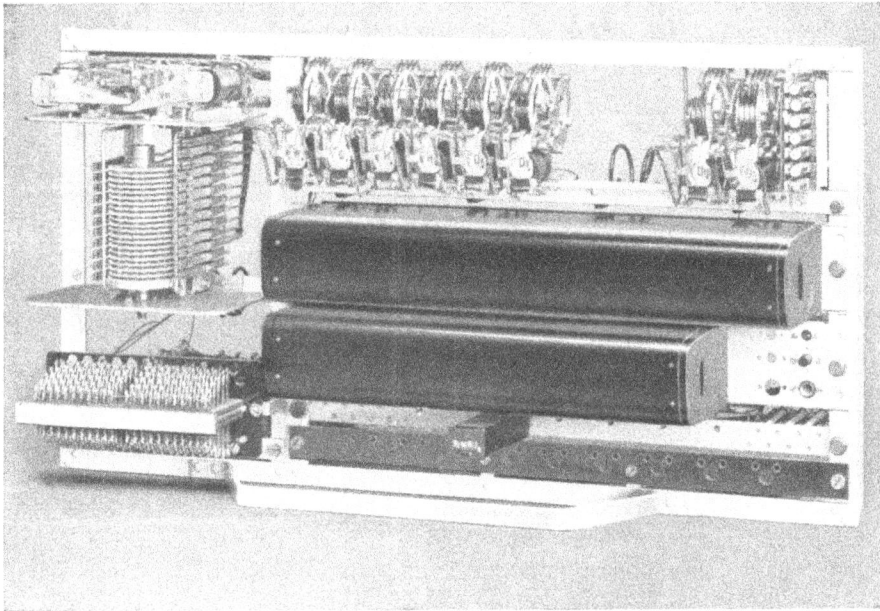

Abb. 67. Zeitzonenzähler und Tarifgerät für 200 Zonenpunkte.

Dieser Zeitzonenzähler erfaßt 200 Zonenpunkte, hat 6 Fernzonen, läßt eine Gesprächszeit von 12 min, unterteilt in 3 ÷ 9mal 1 min, zu und kann 100 Zählstromstöße geben. Trotz dieser Zusammenfassung der Zeit- und Zählschalter zu einem Tarifgerät wurden aber wirtschaftliche Erfolge dadurch nicht erreicht, denn das Tarifgerät mit den dazugehörenden Steuereinrichtungen ist bisher stets teurer gewesen als die einfachen Drehschalter mit ihren Steuerorganen.

Mehr wird erreicht, wenn die Schalter anders zusammengefaßt und mehrfach ausgenutzt werden. Man kann einen kleinen Hilfsschalter einfügen, der die Zone nach der Einstellung des Zonenschalters erfaßt; dieser wird dann frei und kann als vielkontaktiger Zählschalter Verwendung finden, so daß gewissermaßen der große Zählschalter durch den kleinen 10kontaktigen Hilfsschalter ersetzt wird. Weitere wirtschaftliche Erfolge lassen sich folgendermaßen erreichen: Der Zeitschalter z. B. hat sehr viele Arme und Kontakte. Wird ein einfacher Hilfsschalter benutzt, der die Zeit überwacht und nur den eigentlichen Zeitschalter nach 3 min und dann nach jeder folgenden Minute weiterschaltet, so wird damit die Kontaktzahl des Zeitschalters ganz erheblich verringert. Eine Überschlagsrechnung läßt das ohne weiteres erkennen. Bei 9 min zulässiger Gesprächszeit braucht der Zeitschalter bei 6 Fernzonen $9 \cdot 6 \cdot 12 = 648$ Kontakte, mit Hilfsschalter dagegen nur $(9 - 2) \cdot 6 = 42$ Kontakte, zu denen noch die 36 Kontakte des Hilfsschalters hinzukommen; im ganzen sind also nur 78 Kontakte erforderlich und außerdem noch das kleine Schaltwerk. Der kleine Hilfsschalter läßt sich auch weiter zur Auswahl der Arme des Zonenschalters verwenden, so daß der dafür vorzusehende Schalter erspart wird.

Durch zweckmäßige Einfügung von Hilfsschaltern, die eine mehrfache Verwendung der großen Schalter gestatten, können demnach wirtschaftliche Vorteile erzielt werden. Wenn man die einfachen, bekannten und bewährten Drehschalter durch neue mechanische Konstruktionen, wie z. B. das erwähnte Tarifgerät, das sich natürlich verschiedenartig ausgestalten läßt, ersetzen will, so wird der Zeitzonenschalter nicht billiger, wohl aber werden neue Konstruktionsformen eingeführt, die ihre praktische Bewährung erst dartun müssen. Eine Lösung von Schaltaufgaben mit mechanischen Mitteln hat immer etwas Starres und wenig Anpassungsfähiges an sich, weil Änderungen und Anpassungen von Konstruktionen umständlich sind, besondere Justierungen und langwierige Erprobungen erfordern und sich im Bedarfsfalle nicht immer ohne weiteres ausführen lassen. Demgegenüber ergeben Lösungen mit elektrischen Mitteln unter Verwendung bekannter Schalter eine viel größere Beweglichkeit; denn die Schaltungen können nötigenfalls mit ganz einfachen Vorrichtungen — einem Lötkolben — leicht geändert und den jeweiligen Bedingungen ohne Schwierigkeit angepaßt werden.

Zu 6: Tarif- und Zonenänderungen lassen sich bei einer elektrischen Lösung der Zeitzonenzählerfrage mit einfachen Drehschaltern durch Umlegung der Drähte an den entsprechend eingerichteten und mit übersichtlicher Bezeichnung versehenen Kontaktfeldern der Zonen- und Zählschalter leicht ausführen. Bei konstruktiver Lösung (Tarifgerät) müssen besondere Konstruktionsteile erst angefertigt werden, die an allen Stellen richtig eingesetzt und justiert werden müssen. Gerade hier zeigt sich die große Beweglichkeit der elektrischen Lösung, die jede Änderung und Anpassung ohne umständliche Vorbereitungen in der einfachsten Weise durch Drahtumlegungen, wie sie allgemein in der Fernmeldetechnik üblich sind, ermöglicht.

Zu 7: Für den Fall, daß ein Teilnehmer eine falsche Nummer wählt, ist es empfehlenswert, die Zählung erst nach Ablauf einer Karenzzeit von etwa 10 s nach Meldung des angerufenen Teilnehmers einsetzen zu lassen, damit der Teilnehmer für seinen Irrtum nicht durch die Verrechnung eines

u. U. verhältnismäßig hohen Gebührenbetrags zu empfindlich bestraft wird. Man kann aber während der Karenzzeit die Ortsgebühr verrechnen, die im Ortsverkehr ebenfalls bei Irrtümern erhoben wird. Die Einführung eines nicht störenden Warnzeichens vor Ablauf jeder Zeiteinheit kann für die Teilnehmer zweckmäßig sein, sie wird aber von den Verwaltungen verschieden günstig beurteilt. Wird das Warnzeichen gewünscht, so läßt es sich mit einfachen Mitteln einfügen.

Zu 8: Zeitzonenzähler werden nicht bei Ortsgesprächen benötigt, sondern nur bei Ferngesprächen. Sie sind demnach nur in Richtung nach den Fernleitungen zu einzuschalten. Da von den 3 Teilen des Zeitzonenzählers, dem Zonenschalter, dem Zeitschalter und dem Zählschalter, nur der Zeitschalter zur Überwachung der Gespräche dauernd in der Leitung liegen muß, so könnten Zonen- und Zählschalter zentral angeordnet und nach Bedarf in die Leitung eingeschaltet werden. Der Zonenschalter muß aber beim Beginn des Aufbaues der Verbindung unverzüglich in die Leitung eingeschaltet werden, damit er ohne Zeitverlust die Zone auf Grund der Stromstoßgabe richtig ermitteln kann. Ist die Zone erfaßt, so könnte er abgeschaltet werden, sofern die Zone durch andere Schaltmittel — Schalter oder Relais —, deren Umfang von der Zahl der Zonen abhängt und mit diesen wächst, in der Leitung festgehalten wird. Ob sich diese Maßnahme aber lohnt, ist eine andere Frage; denn wenn man wirklich etwas an Schaltgliedern spart, so treten dafür die Nachteile zentralisierter Einrichtungen mit ihrem ungünstigen Einfluß bei Fehlern und demzufolge mit erhöhten Wartungskosten in die Erscheinung. Ebenso könnte der Zählschalter zentral angeordnet werden. Dies dürfte sich aber noch weniger lohnen als die Zentralisierung des Zonenschalters, weil der Zählschalter wenig Schaltarme hat und daher über sehr viele Schaltglieder angeschaltet werden müßte. Wenn nicht ganz erhebliche wirtschaftliche Vorteile erzielt werden, sollte man auf die Einführung zentraler Glieder verzichten. Wichtiger als diese Frage ist die Zentralisierung oder Dezentralisierung der Zeitzonenzähler selbst.

Die Zentralisierung der Zeitzonenzähler im Hauptamt einer Netzgruppe hat wohl den Vorteil der leichteren Überwachung, dafür sind aber besondere Mittel aufzuwenden, um den Ursprung einer Verbindung, wenn sie von einem Unteramt über Knotenämter zum Hauptamt führt, richtig festzustellen. Die Dezentralisierung, bei der man diese Mittel spart, hat den Nachteil, daß wichtige, nicht ganz einfache Schaltglieder an den äußersten Ausläufern des Netzes in den Unterämtern, wo vielfach keine ständige Überwachung vorhanden ist, aufgestellt werden müssen. Die günstigste Lösung ist wohl ein Mittelweg, indem man die Zeitzonenzähler für die Unterämter in den Knotenämtern, die größtenteils Überwachung haben, aufstellt. Man spart dadurch die besonderen Mittel zur Bestimmung des Ursprungs einer Verbindung und kann trotzdem die Zeitzonenzähler leicht überwachen.

In Abb. 68 ist die Anordnung der Zeitzonenzähler in einer Netzgruppe mit Kennzahlenwahl dargestellt. Die jeweilige Amtskennzahl und die möglichen Teilnehmernummern sind in der Abbildung angegeben. Bei Ortsverbindungen braucht die Kennzahl nicht gewählt zu werden, sondern nur die Teilnehmernummer; bei Fernverbindungen dagegen wird erst die Kennzahl, dann die Teilnehmernummer gewählt. Die Zeitzonenzähler sind nur im Hauptamt und in den Knotenämtern, aber in keinem Unteramt aufgestellt. Sie werden nur, wenn eine Kennzahl gewählt wird, also bei Fernverbindungen und bei Verbindungen mit bestimmten Dienststellen, z. B. mit dem Fernamt K o, benutzt. Für jedes Amt oder für jedes Ortsnetz, also für jede Verzonungsart, gibt es nur eine Gruppe von Zeitzonenzählern, was aus wirtschaftlichen Gründen sehr wichtig ist. Das Unteramt K 4 und das Knotenamt K 4 bilden zusammen ein Ortsnetz mit Ortsgebühr, so daß Zeitzonenzähler für den Verkehr der Teilnehmer untereinander nicht erforderlich sind. Demzufolge er-

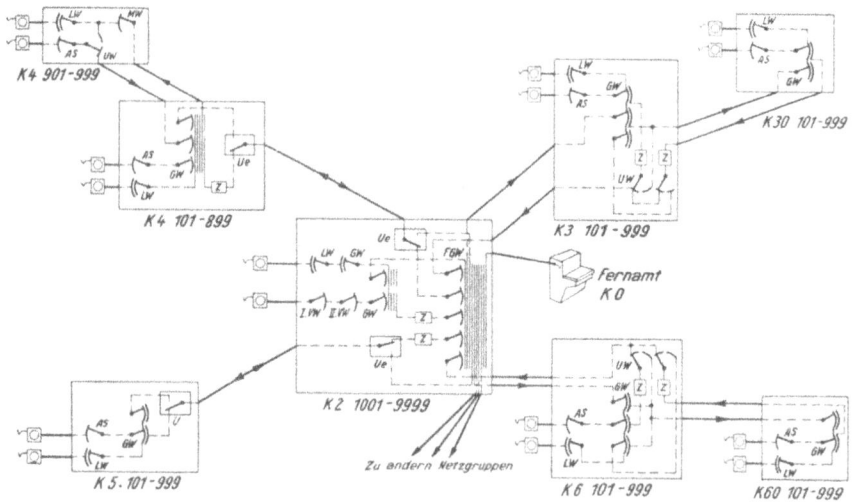

Abb. 68. Anordnung der Zeitzonenzähler in Netzgruppen mit vollselbsttätigem Betrieb.

folgt auch die Wahl der Teilnehmer zwischen diesen beiden Ämtern ohne Kennzahl. Im Verkehr über Fernleitungen zum Hauptamt ist für beide Ämter nur eine Gruppe von Zeitzonenzählern vorhanden. Die Fernleitungen werden doppeltgerichtet ausgenutzt. Das Unteramt K 5 hat seine Zeitzonenzähler im Hauptamt, weil es unmittelbar daran angeschlossen ist, wobei ebenfalls doppeltgerichteter Verkehr auf den Fernleitungen stattfindet. Auf den Knotenämtern K 3 und K 6 stehen die Zeitzonenzähler in je einer Gruppe für die eigenen Teilnehmer und für die Teilnehmer der angeschlossenen Unterämter. Die Wahl erfolgt mit Kennzahl, und die Verbindungen enthalten Zeitzonenzähler, weil es sich um Fernverbindungen handelt. Der Verkehr zwischen Knotenamt und dem eigenen Unteramt und in umgekehrter Richtung verläuft über Umsteuerwähler im Knotenamt, die durch den Zeitzonenzähler bei Wahl der entsprechenden Kennzahl gesteuert werden. Die

122

Fernleitungen werden hierbei gerichtet betrieben. Natürlich lassen sich die Fernleitungen in allen gezeigten Fällen auch gemischt, d. h. zum Teil doppelt- und zum Teil einfachgerichtet betreiben, wodurch aber grundsätzlich nichts geändert wird. Wichtig ist, daß in jeder aufgebauten Fernverbindung aus wirtschaftlichen Gründen nur ein Zeitzonenzähler eingeschaltet ist. Die Anordnung der Zeitzonenzähler in einer Netzgruppe ohne Kennzahlen ist grundsätzlich dieselbe; im Verbindungsaufbau werden in den Knoten- und Unterämtern dann teilweise Gruppenwähler durch Umsteuerwähler ersetzt.

In dem einfachen Beispiel der Abb. 68 braucht der Zeitzonenzähler für den Verkehr innerhalb der Netzgruppe nur ein- und zweistellige Kennzahlen zu erfassen. Erstreckt sich der vollselbsttätige Fernverkehr über die eigene

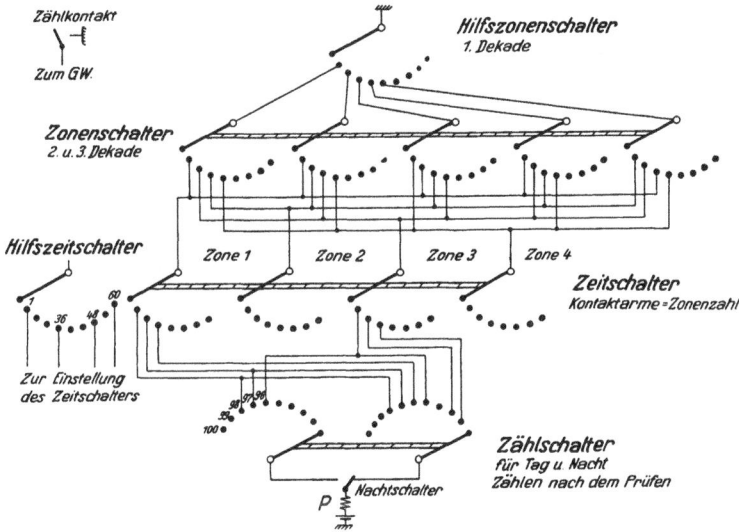

Abb. 69. Zeitzonenzähler in erweiterter grundsätzlicher Darstellung.

Netzgruppe hinaus zu anderen Netzgruppen, so werden die Fernleitungen an den Ferngruppenwählern angeschlossen, wie aus Abb. 68 zu ersehen ist. In diesem Falle müssen die Zeitzonenzähler aus dreistelligen Kennzahlen die Zone ermitteln.

In Abb. 69 ist ein Zeitzonenzähler in erweiterter grundsätzlicher Darstellung gezeigt, der neben dem Hilfszonen- und Zonenschalter den Zeitschalter, den Hilfszeitschalter und den Zählvorgang nach der Prüfung mit den in umgekehrter Reihenfolge am Zählschalter angeschlossenen Leitungen sowie die Tag- und Nachtumschaltung erkennen läßt.

In Abb. 70 wird noch ein Zeitzonenzähler mit Motorwähler gezeigt, der eine Weiterentwicklung des Zeitzonenzählers in Abb. 64 mit allen von diesem erfüllten Bedingungen darstellt. Alle in dieser Arbeit behandelten technischen und wirtschaftlichen Maßnahmen sind bei dieser Weiterentwicklung angewendet worden. Der dadurch erzielte Gewinn im erforderlichen Aufwand ist aus dem Vergleich der beiden Abb. 64 und 70 ohne weiteres zu ersehen.

Durch Bildung von Zonengruppen, bei denen man eine Anzahl von Ämtern zu einer Zone zusammenfaßt und nicht mehr die genaue Amtsentfernung, sondern die mittlere Zonenentfernung der Gebührenberechnung zugrunde legt, kann man den Zonenschalter und damit den Zeitzonenzähler vereinfachen, wie in Abschnitt 13 behandelt werden wird. Je einfacher die Bedingungen gestellt werden, desto einfacher wird der Zeitzonenzähler.

Abb. 70. Zeitzonenzähler für 800 Zonenpunkte (geringerer Aufwand als die Ausführung nach Abb. 64).

Zeitzonenzähler bilden die Grundlage des selbsttätigen Fernverkehrs und damit der Einnahmen der Verwaltungen; sie sollten deshalb so einfach und betriebssicher wie möglich ausgebildet werden. Sie lassen mit ihren drei Teilen (Zonenschalter, Zeitschalter, Zählschalter) verschiedenen Aufbau zu, wobei eine Unterteilung der drei Schalter und eine Wiederzusammenfassung der Teile in anderer Form technische und wirtschaftliche Vorteile bringt. Einfache elektrische Lösungen mit bekannten Schaltelementen (Drehwählern) empfehlen sich wegen ihrer leichten Anpassungsfähigkeit an alle Zonen- und Tarifänderungen mehr als mechanische Lösungen. Die Zeitzonenzähler in Netzgruppen sollten nur im Hauptamt und in den Knotenämtern jeder Netzgruppe aufgestellt werden, wobei in jeder Fernverbindung nur ein Zeitzonenzähler eingeschaltet sein darf.

12. Die verschiedenen selbsttätigen Verrechnungsarten der Ferngebühren.

Es gibt verschiedene Arten der Gebührenverrechnung im selbsttätigen Fernverkehr, die sich zunächst dadurch unterscheiden, daß den Teilnehmern verschiedenartige Rechnungen zugehen. Beim alten Betrieb der Herstellung der Fernverbindungen durch Hand war es üblich, dem Teilnehmer monatlich Rechnungen über die Zahl der Ortsgespräche und getrennt davon die Zahl der verschiedenen Ferngespräche zu übersenden, wobei er noch die ausgestellten Gebührenzettel für jedes Ferngespräch zur Prüfung erhielt. Bei der selbsttätigen Herstellung der Fernverbindungen sind folgende Arten der Gebührenverrechnung möglich und zum Teil eingeführt:

a) Die Gebühren für die selbsttätig hergestellten Fernverbindungen werden zusammen mit den Gebühren für die Ortsgespräche auf denselben Zähler verrechnet. Die Teilnehmer erhalten die Orts- und Ferngebühren in einer Summe verrechnet, ohne einen besonderen Nachweis der Gebühren für die einzelnen Fernverbindungen.

b) Es werden getrennte Zähler für Orts- und Ferngespräche vorgesehen, wobei die Ferngebühren wie die Ortsgebühren in einer Summe erhalten werden. Die Teilnehmer erhalten zwei getrennte Summen für Orts- und für Ferngebühren verrechnet, aber ohne Nachweis der Gebühren für die einzelnen Fernverbindungen.

c) Es werden selbsttätige Gebührendrucker verwendet, die den früheren Gesprächszettel mit allen erforderlichen Angaben selbsttätig drucken, so daß die Teilnehmer neben den Ortsgebühren wieder den Nachweis über die Gebühren jeder einzelnen Fernverbindung in der früheren Art erhalten.

d) Um die beim Handbetrieb nach einem Ferngespräch mögliche Gebührenansage zu erreichen, können Gebührenanzeiger beim Teilnehmer vorgesehen werden, die die jeweilige Gesprächsgebühr unmittelbar nach einem Gespräch angeben. Gebührenanzeiger können für alle vorgesehenen Verrechnungsarten von a bis c verwendet werden.

Zu diesen verschiedenen Verrechnungsarten ist zu sagen:

Zu a: Die einfachste, wirtschaftlichste und verbreitetste Art der Gebührenverrechnung ist, die Ferngebühren auf den Teilnehmerzähler als Mehrfachzählung gemeinsam mit den Ortsgebühren zu verrechnen, wobei natürlich die Ferngebühren ein Mehrfaches der Ortsgebühren oder die Orts- und Ferngebühren ein Mehrfaches der gleichen Einheit betragen müssen. Diese Art erfordert keinerlei zusätzliche Einrichtungen bei den Teilnehmeranschlüssen und wurde schon bei der ersten Netzgruppe in Weilheim eingeführt. Die Teilnehmer erhalten je Monat in ihrer Gebührenrechnung nur eine Gesamtsumme für Orts- und selbsttätig hergestellte Fernverbindungen, die nicht die Zahl der Gespräche, sondern die Zahl der Gebühreneinheiten enthält. Wenn die Teilnehmer durchaus Gesprächszettel für derartige Fernverbindungen wünschen, so können sie die Fernverbindungen in der alten Art von der Fernbeamtin im Endfernamt fordern, die dann wieder die Zettel in gewöhnlicher Weise ausstellt. Sie tauschen damit aber für die schnelle selbsttätige Verbindungsherstellung die verzögerte Herstellung der Verbindung durch die Beamtin ein. In der Praxis hat sich in allen Fällen gezeigt, daß die Teilnehmer nach der Überleitung zum Wählerbetrieb nach ganz kurzer Zeit in den weitaus meisten Fällen den unmittelbaren selbsttätigen Verkehr unter bewußtem Verzicht auf den Gebührenzettel vorziehen. Diese Art der Verrechnung hat sich seit 1923 in vielen Netzgruppen des In- und Auslandes bestens bewährt.

Zu b: Es lassen sich getrennte Zähler für Orts- und Ferngebühren bei den Teilnehmeranschlußstellen anordnen, ohne dabei die Amtseinrichtungen besonders verwickelter zu gestalten. In diesem Falle bekommen die Teilnehmer in ihrer Gebührenrechnung eine Summe für die Ortsgespräche und eine Summe für die Ferngespräche verrechnet, jedoch nicht unterteilt in Zahl und Wert und ohne Gebührenzettel. Es gibt nun verschiedene Arten, wie die Zähler betätigt werden; entweder zählt ein Zähler die reinen Ortsgebühren und der zweite Zähler die Summe von Orts- und Ferngebühren, so daß eine Subtraktion die reinen Ferngebühren ergibt, oder ein Zähler zählt die reinen Ferngebühren und der

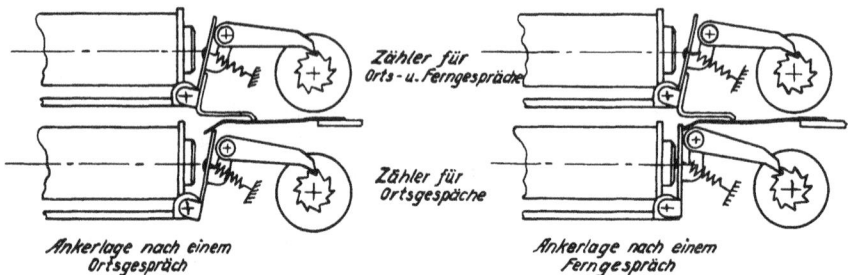

Abb. 71. Grundsätzliche Darstellung eines Doppelzählers für Orts- und für Orts- und Ferngespräche.

zweite die Orts- und Ferngebühren, so daß eine Subtraktion die reinen Ortsgebühren ergibt, oder aber, die Zähler zählen klar nur die Ortsgebühren und nur die Ferngebühren. Alle diese Fälle sind möglich, der Aufwand für die Steuerung der Zähler ist aber sehr verschieden. Es gibt dafür elektrische Lösungen mit Hilfe von mehreren Relais und mechanische Lösungen, die durch gewisse Kupplungen der beiden Zähler untereinander erreicht werden. Eine einfache mechanische Lösung mit geringem Aufwand ist diejenige, bei der ein Zähler die reinen Orts- und der zweite Zähler die Summe von Orts- und Ferngebühren angibt. In Abb. 71 ist als Beispiel eine derartige Lösung grundsätzlich dargestellt. Oben ist der Zähler für Orts- und Ferngebühren, darunter der Zähler für die reinen Ortsgebühren gezeichnet. Die Kupplung besteht aus einer Feder, die den Anker des Ortszählers sperren kann, und aus einem Daumen am Anker des Orts- und Fernzählers, der die Sperrfeder in die Sperrlage drückt. Die Wirkungsweise ist folgende: Wird ein Ortsgespräch gezählt, so sprechen die Anker beider Zähler an, der Anker des Ortszählers fällt bei der Ausschaltung früher ab als der Anker des Orts- und Fernzählers, weil dieser eine kleine elektrische Dämpfung durch das parallel geschaltete T-Relais des I. Vorwählers in der bekannten Schaltung hat. Eine Wirkung der Sperrfeder und des Daumens tritt bei der Ortszählung nicht ein. Bei der Zählung von Ferngesprächen dagegen sprechen zwar beim ersten Zählstromstoß ebenfalls beide Anker der Zähler an, doch fällt während der Mehrfachzählung der Anker des Ortszählers infolge eines bestehenbleibenden Haltestromes nicht ab; nur der Anker des Orts- und Fernzählers arbeitet entsprechend den Zählstromstößen. Am Schluß der Mehrfachzählung fällt, weil der Haltestrom noch kurzzeitig bestehen bleibt, erst der Anker des Orts- und Fernzählers ab, dessen Daumen jetzt die Feder in die Sperrlage drückt, wodurch der Anker des Ortszählers auch nach Ausschaltung des Haltestromes am Abfallen gehindert wird. Da das Zählwerk nur beim Ankerabfall betätigt wird, so tritt eine Ortszählung nicht ein. Dieser Vorgang

Abb. 72. Doppelzähler für Orts- und für Orts- und Ferngespräche.

wiederholt sich bei jeder Mehrfachzählung. Erst wenn wieder ein Ortsgespräch gezählt wird, fällt der Anker des Ortszählers mit ab. In der Abb. 71 ist links die Ruhelage der Zähleranker nach einem Ortsgespräch ohne Sperrung und rechts nach einem Ferngespräch mit Sperrung dargestellt. Abb. 72 zeigt die Ausführung der beiden Zähler als Doppelzähler, Abb. 73 die Schaltung derselben. Der Ortszähler ZO liegt niederohmig in der Leitung, der Orts- und Fernzähler ZF mit gewöhnlichem Widerstand eines Zählers parallel zu einer Wicklung des T-Relais. Bei der Verwendung von zwei Zählern braucht die Ferngebühr nicht mehr ein Mehrfaches der Ortsgebühr zu sein, sondern die Grundeinheit kann eine andere sein.

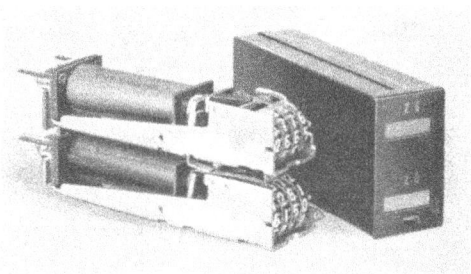

Zu c: Um bei dem alten Zustand zu bleiben und keine Änderung in der Verrechnung der Gebühren einzuführen, hat man Gebührendrucker entwickelt, die die Gebührenzettel mit allen erforderlichen Angaben selbsttätig herstellen. Sie enthalten die Nummer des Gerufenen, die Nummer des Rufenden, die Gesprächsgebühren, die Zeit beim Beginn des Ferngespräches, das Datum, die laufende Nummer und die Nummer des Gebührendruckers. Alle diese Einstellungen erfolgen elektromagnetisch durch Stromstöße, durch die mit Hilfe von Schaltwerken Typenräder eingestellt werden, und zwar werden die Stromstöße gegeben: Für die Nummer des Gerufenen durch die Wahlstromstöße, für die Nummer des

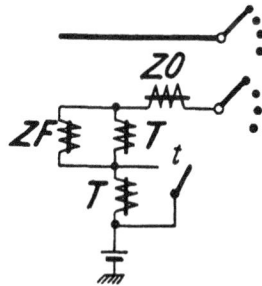

Abb. 73. Schaltung des Doppelzählers.

Rufenden durch Stromstöße von einer besonderen Einrichtung im Ortsamt des Rufenden, für die Gesprächsgebühren am Schluß des Gespräches vom Zeitzonenzähler, für die Beginnzeit durch eine Uhr, beeinflußt durch den Zeitzonenzähler, für die Einstellung des Datums ebenfalls durch eine Uhr, für die laufende Nummer eine Einrichtung im Gebührendrucker selbst. Die Nummer des Druckers ist eine feste Einstellung.

Alle diese Einstellungen der Typenräder werden mit Hilfe von Druckmagneten auf einen laufenden Papierstreifen gedruckt, der dann gewissermaßen die Gebührenzettel aneinandergereiht enthält. Die einzelnen Gebührenzettel können vom Gebührendrucker nach dem Druckvorgang gleich abgeschnitten werden, sie können aber auch zusammenhängend aufgerollt am Drucker bleiben. Die Art des Trennens und der Aufbewahrung der Gebührenzettel nach dem Drucken hängt von der Nachbehandlung derselben ab. Abb. 74 zeigt zusammenhängende Gebührenzettel, aus denen die Angaben und deren Bedeutung ersichtlich ist.

52301527	9„ 31	678966
01, 20	010 39	H6 135
67201527	9„ 27	732566
00, 90	010 39	H6 134
72323456	9„ 22	832122
01, 50	010 39	H6 133
66342106	9„ 15	743124
00, 90	010 39	H6 132

| Nr. des Rufenden | Tageszeit | Nr. des Gerufenden |
| Gebühr | Tag Jahr | Nr. d. Druckers lfd. Nr. |

Abb. 74. Gebührenzettelstreifen des Gebührendruckers.

Schwierig ist bei allen diesen verschiedenen Nummerneinstellungen nur die Ermittlung der Nummer des Rufenden. Dafür gibt es verschiedene Methoden, von denen eine die folgende ist:

Der gewöhnliche Teilnehmerzähler erhält einen besonderen Kontakt, der im Gegensatz zur gewöhnlichen Zählung längere Zeit geschlossen bleibt, wenn die Nummer des Rufenden ermittelt werden soll. Die Zählerkontakte der Teilnehmer sind koordinatenmäßig je 100er-Gruppe zusammengeschaltet. Den Koordinatenleitungen sind Einer- und Zehnerrelais zugeordnet, die beim längeren Geschlossensein eines Kontaktes ansprechen und sich gegenseitig sperren, so daß die gewöhnlichen Zählstromstöße, die die Teilnehmerzähler nur kurzzeitig erregen, die Relais nicht mehr beeinflussen können. Je 100er-Gruppe sind noch besonders Relais vorhanden, die die betreffende 100er-Gruppe kennzeichnen. Ebenso sind Relais je 1000er-Gruppe vorhanden, so daß durch die erregten Einer- und Zehner-Koordinatenrelais, die 100er- und 1000er-Gruppenrelais die Nummer des Rufenden einwandfrei gegeben ist, die dann durch irgendeinen Stromstoßgeber zum Gebührendrucker übertragen wird. Die Ermittlung der Nummer der verschiedenen rufenden Teilnehmer erfolgt nacheinander, was zeitlich geregelt wird. Die Zahl der

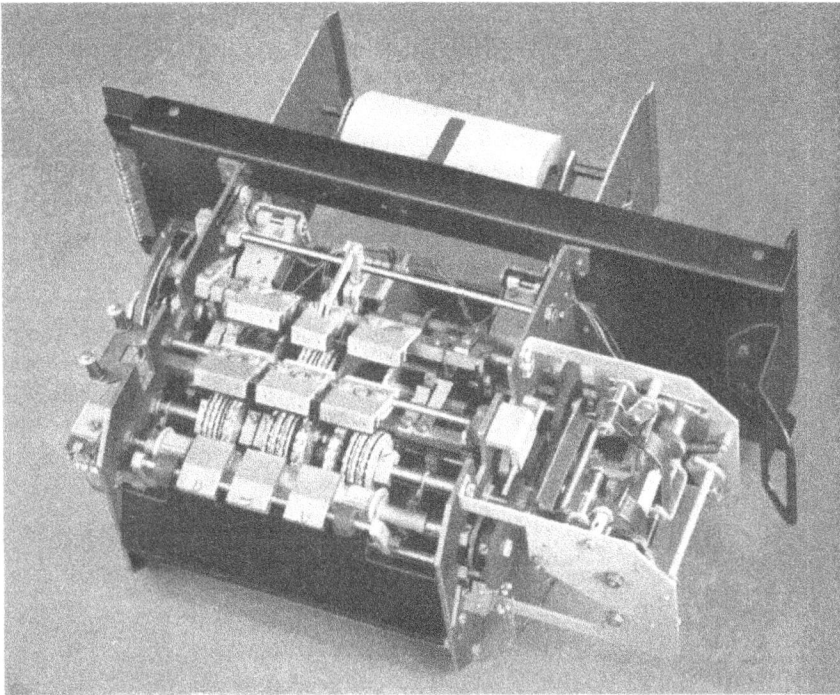

Abb. 75. Gebührendrucker ohne Abdeckkappe mit zurückgezogenem Papierstreifen.

erforderlichen Einrichtungen je Amt richtet sich nach der Stärke des Verkehrs.

Abb. 75 zeigt einen einzelnen auswechselbaren Gebührendrucker mit Schrittschaltantrieb der Typenräder ohne Abdeckkappe und mit zurückgezogenem Papierstreifen, so daß der innere Aufbau mit den Typenrädern und Druckhämmern ersichtlich ist. Abb. 76 zeigt den Gebührendrucker geschlossen unter Schutzkappe. Abb. 77 zeigt die Ansicht eines vollständigen Amtsgestelles mit Gebührendruckern.

Bei Verwendung des Gebührendruckers ist es ebenfalls nicht mehr erforderlich, daß die Ferngebühren ein Mehrfaches der Ortsgebühren betragen

Abb. 76. Gebührendrucker unter Schutzkappe.

müssen, sondern die Grundeinheit kann eine andere sein. Der allgemeine Aufwand für die Verrechnung der Ferngebühren mit Gebührendrucker ist natürlich größer als bei der einfachen Verrechnung der Ferngebühren gemeinsam mit den Ortsgebühren auf denselben Gesprächszähler wie unter a.

Gebührendrucker empfehlen sich im zwischenstaatlichen Fernverkehr, wo die Gebührenzettel die Grundlage zur gegenseitigen Verrechnung der Gebühren bilden können. Die Gebührendrucker, die für diesen Zweck einfach sein können, denn die Ermittlung der Nummer des Rufenden ist nicht erforderlich, werden unmittelbar in die zwischenstaatlichen Fernleitungen eingeschaltet. Auch in Nebenstellenanlagen und für andere besondere Zwecke lassen sich verwenden.

Zu d: Die im Handbetrieb auf Anforderung übliche sofortige Ansage der Gebühren von Fernverbindungen ist beim Wählerbetrieb durch den Gebührenanzeiger, der beim Teilnehmer aufgestellt wird, möglich. Der Gebührenanzeiger ist wichtig für Hotels und Geschäfte, bei denen Sprechgäste den Fernsprecher benutzen. Er besteht aus einem elektro-

Abb. 77. Gestell mit Gebührendruckern.

Abb. 78. Gebührenanzeiger.

magnetischen Schaltwerk, das Typenräder weiterschaltet, die die Zahl der
Zählstromstöße und damit unmittelbar die Gebühr angeben. Durch Betätigen
eines Schaltergriffes kann der Gebührenanzeiger in die Ruhelage zurückge-
bracht und der Sprechapparat gesperrt werden. Es sind mehrere Gespräche
hintereinander möglich, deren Gebühren der Gebührenanzeiger summiert.
Betätigt wird der Gebührenanzeiger am Schluß oder während des Gespräches
je nach der Art der Zählung
durch Zählstromstöße vom Amt,
die über die Sprechleitungen mit
Wechselstrom gegeben werden.
Der Elektromagnet besteht aus
zwei getrennten magnetischen
Kreisen, in denen die Teilströme
wie beim Wechselstromrelais, das
noch behandelt wird, um 90^0

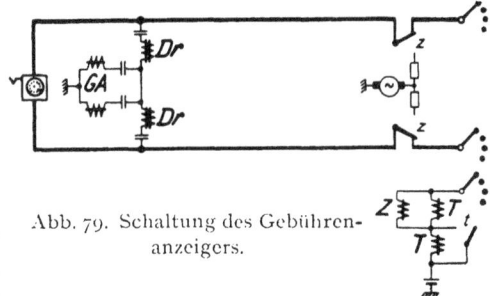

Abb. 79. Schaltung des Gebühren-
anzeigers.

phasenverschoben sind, und aus
einem gemeinsamen Anker, der
durch Stoßklinken das Zählwerk fortschaltet. Das Zählwerk gibt die Zahl
der Gebühreneinheiten an und kann unmittelbar in Geldwerten bezeichnet
werden. Abb. 78 zeigt den Gebührenanzeiger selbst, geöffnet und geschlossen.
Abb. 79 läßt seine Schaltung erkennen, bei der während der Zählung Wechselstrom 50 Hertz gleichzeitig über beide Sprechadern zum Gebührenanzeiger beim
Teilnehmer fließt. Er läßt sich bei allen Verrechnungsarten von a bis c verwenden, wenn bei c neben dem Gebührendrucker auch die Zählstromstöße für die
Ferngebühren auf den Teilnehmerzähler übertragen werden. Der Gebührenanzeiger erfordert, wenn er die Gebühren von mehreren Orts- und Ferngesprächen
summieren soll, daß die Ferngebühren ein Mehrfaches der Ortsgebühren betragen.

13. Ferngebührentarif und Wählertechnik.

Der Ferngebührentarif ist ganz natürlich der ursprünglich allgemein
verwendeten Handamtstechnik angepaßt worden. Bei der Einführung der
Wählertechnik, die sich erheblich von der Handamtstechnik unterscheidet,
könnte geprüft werden, ob dieser Tarif noch vollkommen zurecht besteht,
oder ob er nicht in der einen oder anderen Weise der neuen Technik zweckmäßig angepaßt werden könnte, um unter Umständen Vereinfachungen des
Betriebes oder der Technik zu erzielen.

Eine gewisse Anpassung ist schon in vielen Staaten dadurch eingeführt
worden, daß die Ferngebühren als Mehrfaches der Ortsgebühren festgelegt
wurden, wodurch es möglich war, die Gebühren der Ferngespräche gemeinsam mit denjenigen der Ortsgespräche in Mehrfachzählung auf den Teilnehmerzähler zu verrechnen. Diese Anpassung hat sich außerordentlich bewährt; denn sie ermöglicht die wirtschaftlichste Verrechnungsmethode der
Ferngespräche. Es fragt sich, ob es nicht noch andere Möglichkeiten gibt,
um Vereinfachungen zu erzielen.

Die Ferngebühr ist bekanntlich abhängig von der Entfernung der Ortsämter der Teilnehmer, die ein Gespräch führen, und von der Gesprächszeit.
Beide Einflüsse sollen hier auf ihre Bedeutung und ihre Anpassungsfähigkeit
an die neue Betriebsform untersucht werden.

Die Erfassung der genauen Entfernung der Orte, zwischen denen ein
Ferngespräch stattfindet, erfordert im Selbstwählfernverkehr einen gewissen
Aufwand an Einrichtungen; denn für jede einzelne Fernverkehrsbeziehung
muß am Zonenschalter des Zeitzonenzählers, an dem die genaue Entfernung
ermittelt wird, ein besonderer Kontakt vorhanden sein. Je mehr Orte demnach zum Selbstwählfernverkehr zugelassen sind, um so größer ist der Zonenschalter. Hierbei machen besonders die kurzen Entfernungen gewisse Schwierigkeiten, weil die Stufen der Tarifzonen bei kurzen Entfernungen klein, bei
großen Entfernungen groß sind. Bei den kurzen Entfernungen ändert sich
der Tarif bei 15, 25, 50, 75 und 100 km, während er sich darüber hinaus
nur von 100 zu 100 km ändert. Vereinfachungen könnten daher nur in den
kurzen Entfernungen in Betracht
kommen. Bei kurzen Entfernungen
könnte man, wie es schon vorgeschlagen und auch teilweise eingeführt ist, sogenannte Zonengruppen bilden, indem man eine Gruppe
von Ortsämtern zu einer Zone zusammenfaßt und die Gebühren
nicht mehr nach der genauen Entfernung der Ämter, sondern nach
der mittleren Entfernung der Zonen bestimmt. Am zweckmäßigsten lassen sich die Knotenamts-
bezirke als Zonen ausbilden. In
Abb. 80 ist als Beispiel eine Netzgruppe dargestellt, die in 7 Zonen
eingeteilt ist. Jedes Knotenamt
mit den dazugehörigen Unterämtern bildet eine Zone, ebenso das
Hauptamt mit seinen Unterämtern.

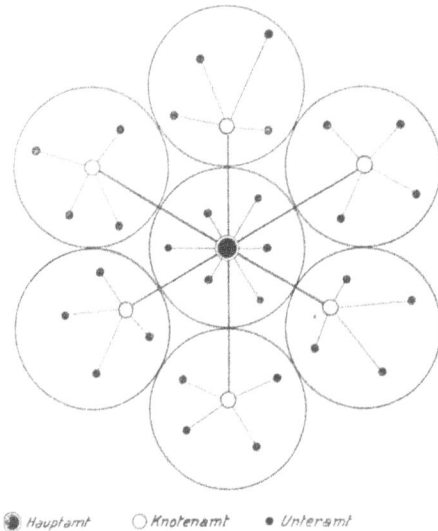

● Hauptamt   ○ Knotenamt   • Unteramt

Abb. 80. Netzgruppe, eingeteilt in Zonengruppen.

Die Zonen sind als Kreise ange-
geben, sie können natürlich auch jede andere der Landschaft angepaßte
Form haben. Die Gebühren innerhalb dieser Netzgruppe könnten zunächst
wie folgt vorgesehen werden:

Innerhalb jeder Zone, die einen Radius von etwa 5 bis 10 km haben
könnte, wird die einfache Ortsgebühr erhoben. Die Gebühr zwischen zwei
anliegenden Zonen könnte das Doppelte oder Dreifache der Ortsgebühr, die
Gebühr zwischen nicht anliegenden Zonen könnte das Dreifache bis Sechs-
fache betragen. Bei dieser Gebührenbestimmung würde aber unter Umständen ein Ausfall an Ortsgebühren eintreten, weil der Ortstarif den bis-

herigen 5-km-Kreis überschreitet. Um das zu verhindern, könnte der Ortstarif wie bisher bestehen bleiben, und die Gebühren für die Gespräche innerhalb der eigenen und zwischen den anderen Zonen könnten entsprechend
ihrer Größe und der Größe der Netzgruppe festgelegt werden.

Hat eine Netzgruppe n Ämter, so gibt es innerhalb derselben $n \cdot \dfrac{(n-1)}{2}$
verschiedene Entfernungen. In jedem Amt müssen $n-1$ Entfernungen erfaßt werden, und mindestens ebenso viele Kontakte muß der Zonenschalter
haben. Um aber frei in der Numerierung der Ämter zu sein, müssen bedeutend mehr Kontakte am Zonenschalter vorgesehen werden. Man kommt daher mit einem einfachen Drehwähler als Zonenschalter nicht mehr aus, sondern man muß außer diesem noch andere Wähler, unter Umständen Hebdrehwähler oder Motorwähler mit zu Hilfe nehmen. Der Zonenschalter ist
im allgemeinen mit dem Mitlaufwerk vereinigt, das die Freischaltung der
Verbindungsleitung bei Ortsverbindungen veranlaßt. Für diesen Mitläufer,
der nur die eigene Amtsnummer feststellt, genügt ein ganz kleiner einfacher
Drehwähler, der auch für eine dreistellige Amtsrufnummer vollkommen ausreicht. Dieser Schalter würde auch als Zonenschalter ohne weiteres genügen,
wenn man auf die genaue Erfassung der Luftlinienentfernung verzichtet und
die ganze Netzgruppe in gewisse Gruppen von zusammenliegenden Ämtern,
sog. Zonengruppen, einteilt, wie es schon behandelt wurde.

Gegen die Einführung der vereinfachten Zonenerfassung wird mitunter
eingewendet, daß gezogene Grenzen immer Härten mit sich bringen; das ist
richtig, aber allgemein sind in der ganzen Welt bei den verschiedensten
Unternehmungen aus Gründen der Einfachheit derartige Grenzen längst
eingeführt, ohne daß besonderer Anstoß daran genommen wird. Z. B. ein
Gespräch von Berlin-Frohnau nach Berlin-Lichtenrade auf 30 km Entfernung
kostet nur 10 Pf., während ein Gespräch von Berlin-Frohnau nach Hohen-
neuendorf auf 5 km Entfernung 30 Pf. kostet. Diese Beobachtungen können
überall an den verschiedensten Fernsprechanlagen des In- und Auslandes
gemacht werden. Aber auch andere Nachrichtenmittel verwenden derartige
Vereinfachungen, denn z. B. ein Brief von Aachen nach Insterburg über
1140 km Entfernung kostet 12 Pf., während ein Brief von Aachen nach Maas-
tricht über 30 km Entfernung 25 Pf. kostet. Auch bei den Verkehrsmitteln
können ähnliche Maßnahmen gefunden werden. Eine Fahrt z. B. von Berlin-
Tegel nach Berlin-Mariendorf auf 20 km Entfernung kostet 25 Pf., eine Fahrt
von Tegel nach Glienicke auf 5 km Entfernung kostet 30 Pf. Wenn überall
von derartigen Vereinfachungen der Methoden Gebrauch gemacht wird, so
wird es zweckmäßig sein, aus Gründen der Wirtschaftlichkeit auch in den
Netzgruppen derartige Vereinfachungen einzuführen, zumal solche großen
Unterschiede wie besprochen, gar nicht vorkommen können. Im allgemeinen
wird in den Netzgruppen bei dieser Methode niemand geschädigt, weil sich
im Durchschnitt die Plus- und Minuswerte sowohl für die Teilnehmer als auch
für die Verwaltung aufheben werden. Tarif und Technik sind nun einmal
aufeinander angewiesen und müssen aufeinander Rücksicht nehmen, wenn

das Günstigste erreicht werden soll. Wird der Tarif ohne Rücksicht auf die Technik aufgestellt, so wird die Technik teuer und unter Umständen sogar der Betrieb recht unwirtschaftlich. Da bei Landanlagen ganz allgemein die Wirtschaftlichkeit sehr in Frage gestellt ist, so müssen unter allen Umständen alle nur denkbaren Vereinfachungsmöglichkeiten zur wirtschaftlichen Ausgestaltung des Betriebes herangezogen werden.

Vereinfachungen in dieser Weise würden sich günstig auf die Größe des Zonenschalters im Zeitzonenzähler auswirken, der dann erheblich einfacher und kleiner ausgebildet werden könnte. Es müßte aber von Fall zu Fall geprüft werden, ob die jährlichen Ersparnisse im Zeitzonenzähler nicht durch den unter Umständen vorhandenen Ausfall an Gebühren aufgehoben werden.

Der zweite Faktor in der Berechnung der Ferngebühren ist die Gesprächszeit. Es gibt Länder, in denen für die kürzeren Entfernungen die Zeit wie bei einem Ortsgespräch nicht berücksichtigt wird; das bedeutet eine Vereinfachung der Einrichtungen aber auch einen Ausfall an Gebühren, und es fragt sich, ob dies allgemein empfehlenswert ist. Die Zeit spielt überall bei allen Unternehmungen eine wichtige Rolle, und sie ist von erheblicher volkswirtschaftlicher und erzieherischer Bedeutung. Bei Berücksichtigung der Zeit werden die Ferngespräche kürzer und von allen unnötigen Mitteilungen und Bemerkungen entlastet, was an sich nicht als Verlust sondern als volkswirtschaftlicher Gewinn angesehen werden muß. Wenn andererseits ein Teilnehmer ein stundenlanges wichtiges Gespräch zu führen hat, so ist dies für ihn wertvoll, und er kann dann auch mehr dafür bezahlen, als wenn es sich nur um eine kurze Mitteilung handelt. Aus diesen Überlegungen heraus ist sogar vielfach vorgeschlagen und auch schon eingeführt worden, die Zeit auch im Ortsverkehr zu berücksichtigen. Es wird sich also nicht empfehlen, auf die Zeit im Fernverkehr auch über kleine Entfernungen zu verzichten. Man kann aber die Zeitberechnung beim Wählerbetrieb etwas anders als beim Handbetrieb gestalten.

Vom Handbetrieb her ist es eingeführt, auch für ganz kurze Ferngespräche mindestens 3 min zu verrechnen, um ein Entgelt für den zeitraubenden Verbindungsaufbau zu erhalten. Nach den ersten 3 min wurden immer weitere 3 min in Anrechnung gebracht. Um die Gebühren wenigstens für längere Gespräche besser anzupassen, hat man nach den ersten 3 min jetzt die minutliche Verrechnung der weiteren Zeit eingeführt. Man berechnet daher die Gesprächszeit 3 + 1 + 1 + 1 usw. min. Da nun der Aufbau einer Fernverbindung beim Wählerbetrieb erheblich schneller erfolgt als im Handbetrieb, so könnte unbedenklich auf die Anrechnung der gesamten ersten 3 min verzichtet werden und die Ferngebühren von Anfang an je min in Anrechnung gebracht werden. Dieser Vorschlag wird sich aber wahrscheinlich erst verwirklichen lassen, wenn die Wählertechnik im Fernverkehr weitere Ausbreitung gefunden hat.

Die Anpassung der Faktoren des Tarifes, Zone und Zeit, an den neuzeitlichen Wählerbetrieb muß daher von Fall zu Fall auf Wirtschaftlichkeit untersucht werden.

Fernverbindungsaufbau.

14. Der Fernverbindungsaufbau und die Nummernverteilung in den Netzgruppen und im großen Fernnetz.

a) Der Verbindungsaufbau und die Nummernverteilung in den Netzgruppen.

Der Verbindungsaufbau und die damit zusammenhängende Nummernverteilung in den Netzgruppen erfolgt im Sternnetz stets vom Hauptamt aus. Wie das Hauptamt aber erreicht wird, hängt von den Interessen der Teilnehmer und von der Art der Verteilung des Verkehrs ab.

Wenn in einer Netzgruppe, wie es häufig der Fall ist, der größte Teil des Verkehrs der Unterämter zum wirtschaftlichen Mittelpunkt, dem Hauptamt, fließt, so ist es zweckmäßig, alle Teilnehmer bei der Einleitung einer Verbindung sofort mit dem Hauptamt zu verbinden. In diesem Falle ist die Numerierung der Teilnehmer in der ganzen Netzgruppe einheitlich wie in einem großen Ortsnetz. Wenn ein Unteramtsteilnehmer eine Verbindung einleitet, so wird er zunächst selbsttätig bis zum Hauptamt durchgeschaltet, wo die ersten Nummernempfänger aufgestellt sind. Wählt er eine Verbindung zum Hauptamt, so erfolgt der Verbindungsaufbau im Hauptamt in gewöhnlicher Weise, wählt er aber eine Ortsverbindung oder eine Verbindung zu einem Knotenamt, das in seinem Leitungszuge liegt, so werden die belegten, aber für die Sprechverbindung nicht benötigten Verbindungsleitungen zum Hauptamt freigegeben, und er wird über Umsteuerwähler unmittelbar auf die Wähler des eigenen Unteramtes oder des betreffenden Knotenamtes geschaltet. Ein Kennzeichen dieser Betriebsform ist eine einheitliche Nummernverteilung, aber eine Blindbelegung der Verbindungsleitungen bis zum Hauptamt bei der Herstellung von Orts- oder Knotenamtsverbindungen. Diese Blindbelegungen wirken sich bei dem vorausgesetzten geringen Ortsverkehr wegen ihrer kurzen Dauer nicht besonders nachteilig aus.

Fließt dagegen der größere Teil des Verkehrs der Unterämter nicht zum Hauptamt, sondern bleibt im eigenen oder in den zugehörigen Knotenämtern, so ist ein Verbindungsaufbau vom eigenen Unteramt mit einer sogenannten Kennzahl, für die gewöhnlich Null gewählt wird, vorteilhafter. In diesem Falle wählt der Teilnehmer eine Ortsverbindung mit der gewöhnlichen Amtsnummer des gewünschten Teilnehmers und eine Verbindung zu anderen Ämtern derselben Netzgruppe mit einer besonderen Kennzahl, die gewöhnlich zunächst aus einer Null zur Erreichung des Hauptamtes und dann aus ein oder zwei weiteren Ziffern zur Erreichung des betreffenden Amtes besteht, und dann die Amtsnummer des gewünschten Teilnehmers. Bei diesem Verbindungsaufbau spart man die Blindbelegung bei Ortsverbindungen, doch hat der Teilnehmer zu überlegen, ob er im eigenen Amt ohne Kennzahl bleiben oder ein anderes Amt mit Kennzahl wählen will. Beim Einleiten einer Verbindung bleibt die Verbindung zunächst im eigenen Amt und wird erst dann bis zum Hauptamt durchgeschaltet, wenn die Kennzahl gewählt wird, worauf der weitere Verbindungsaufbau wieder vom Hauptamt aus in gewöhnlicher Weise erfolgt.

Haben die Unterämter besonders starke Beziehungen zu ihren zugehörigen Knotenämtern und weniger zum Hauptamt, so kann man auch den Verbindungsaufbau von den Knotenämtern aus erfolgen lassen. Die Teilnehmer einer Knotenamtsgruppe bilden dann eine Gruppe mit einheitlicher Numerierung, und erst wenn Verbindungen über das Knotenamt hinaus gewünscht werden, wird die Kennzahl gewählt. Man hat dann Blindbelegungen nur von den Unterämtern bis zum Knotenamt, aber nicht bis zum Hauptamt. Bei Ortsverbindungen erfolgt wieder Umsteuerung auf die Wähler des eigenen Amtes.

Der Verbindungsaufbau und die Numerierung in einer Netzgruppe richtet sich daher neben deren Größe nach den Beziehungen der Teilnehmer untereinander und nach der Art des Verkehrsflusses.

Der eigentliche Nummernaufbau in einer Netzgruppe erfolgt sowohl bei einheitlicher Numerierung als auch bei der Wahl mit Kennzahl stets vom Hauptamt aus. Der Unterschied der beiden Arten ist der, daß bei einheitlicher Numerierung nach der Nummernverteilung keine Veränderung eintritt, während bei der Wahl mit Kennzahlen von der gesamten Nummer die Kennzahl bis zur Erreichung des Amtes von der Amtsnummer des Teilnehmers getrennt und dieser Kennzahl zur Erreichung des Hauptamtes noch eine Null vorgesetzt wird.

Die Zahl der zur Wahl eines Teilnehmers in einer Netzgruppe erforderlichen Ziffern richtet sich nach deren Größe und Unterteilung. Der dekadische Aufbau bringt die günstigsten und einfachsten Verhältnisse, d. h. es sollen nur bis zu 10 Knotenämter und bei diesen wieder nur bis zu je 10 Unterämter vorgesehen werden. Für die jeweilige Größe der Ämter sind keine besonderen Bedingungen zu berücksichtigen, es muß aber die weitere zukünftige Entwicklung und der Ausbau der Anlagen beachtet werden.

Bei der Wahl mit Kennzahlen ist die Zahl der zu wählenden Ziffern bei Ortsverbindungen kleiner, weil nur die Amtsnummer gewählt wird, während bei der Wahl von Netzgruppenverbindungen die Zahl um mindestens eine Stelle, z. B. Null, größer ist als bei einheitlicher Numerierung. Auch daraus kann man ableiten, daß, um mit der geringsten Stellenzahl bei der Wahl auszukommen, bei großem Ortsverkehr der Unterämter Kennzahlen, bei kleinem Ortsverkehr einheitliche Numerierung zweckmäßig ist.

Da man im großen Fernnetz ohne Kennzahlen sowieso nicht auskommt, so hat man auch schon Entscheidungen derart getroffen, daß man bestimmte: Im Ortsverkehr mit einfacher Gebühr einheitliche Numerierung, im Fernverkehr mit mehrfacher Gebühr Wahl mit Kennzahlen, so daß die Teilnehmer bei der Wahl einer Kennzahl mit Bewußtsein ein höherwertiges Gespräch einleiten.

Bei einheitlicher Numerierung erhält man Blindbelegungen, deren Einfluß herabgesetzt werden kann, wenn die Belegung der Verbindungsleitung nicht beim Abnehmen des Handapparates, sondern erst beim Beginn der Nummernwahl mit dem ersten Wählstromstoß erfolgt. Die Blindbelegungszeit ist dann nur gleich dem Ablauf der Nummernschalter, also höchstens 1 s. Der Verbindungsaufbau und die Nummernverteilung, die einheitlich ohne Kennzahl sind, werden dabei nicht beeinflußt.

Da der Einfluß der Blindbelegungen vielfach überschätzt wird, so soll er hier sowohl für den Fall a, Belegung der Verbindungsleitungen beim Abnehmen des Hörers, als auch für Fall b, Belegung der Verbindungsleitungen erst beim Beginn der Wahl, ermittelt werden. Verglichen werden soll hierbei die Belastung der Verbindungsleitungen zum Hauptamt bei einheitlicher Numerierung mit den Fällen a und b, mit der Belastung bei Anwendung einer Kennzahl. Der Errechnung wird je Verbindung eine Blindbelegungszeit im Mittel von 4 s für den Fall a zugrunde gelegt, die sich aus einer Wartezeit vor dem Wählen von 3 s und einer Wählzeit für die erste Ziffer von 1 s zusammensetzt, für Fall b eine Blindbelegungszeit von 1 s nur für die Wahl. Für die Verbin-

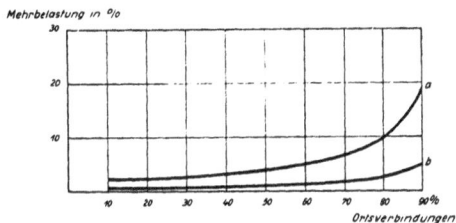

dungen über das Hauptamt wird eine mittlere Belegungsdauer von 3,5 min angenommen, weil es sich um Fernverbindungen handelt. Die geringere Zeitdauer der Ortsanrufe hat auf das Ergebnis keinen Einfluß, weil die Ortsanrufe die Verbindungsleitungen nur mit der zu berücksichtigenden Blindbelegungszeit belasten. Die Rechnungen sind für verschieden großen Ortsverkehr durchgeführt worden, deren Ergebnis aus den Kurven der Abb. 81 zu ersehen ist. Es ist die Mehrbelastung

Abb. 81. Mehrbelastung der Verbindungsleitungen durch Blindbelegung in Prozenten des Verkehrs, abhängig vom Prozentsatz der Ortsverbindungen.

a = Mehrbelastung durch Belegen der Verbindungsleitungen beim Abheben,
b = Mehrbelastung durch Belegen der Verbindungsleitungen beim Wählen.

der Verbindungsleitungen in Prozenten des Verkehrs abhängig vom Prozentsatz des Ortsverkehrs aufgetragen. Kurve a gibt die Mehrbelastung der Verbindungsleitungen für den Fall a an, bei dem die Verbindungsleitungen beim Abheben belegt werden, Kurve b gibt für den Fall b die Mehrbelastung an, wenn die Verbindungsleitungen erst beim Wählen belegt werden. Man ersieht, daß bei 50% Ortsverkehr eine Mehrbelastung für den Fall a von etwa 4% und für den Fall b nur von 1% auftritt. Nur wenn der Ortsverkehr sehr stark ist, z. B. 80%, tritt eine Mehrbelastung der Verbindungsleitungen im Fall a von 10%, im Fall b von nur 3% ein. Daraus ergibt sich, daß für starken Ortsverkehr entweder Kennzahlen zu verwenden sind oder aber, daß die Belegung der Verbindungsleitungen erst beim Wählen zu erfolgen hat. Bei einem geringen Prozentsatz des Ortsverkehrs ist die Mehrbelastung der Verbindungsleitungen durch die Blindbelegungen nach diesen Rechnungen ohne jede Bedeutung.

b) Der Fernverbindungsaufbau und die Nummernverteilung im großen Fernnetz.

Der Fernverbindungsaufbau und die Numerierung im großen Fernnetz können praktisch nur mit Kennzahlen erfolgen. Es fragt sich, welches die beste Kennzahlenverteilung in dem großen Fernnetz eines Landes ist, wobei man bestrebt sein sollte, die Stellenzahl der Kennzahlen so klein wie möglich zu halten.

Der Verbindungsaufbau und die Numerierung gehen im großen Fernnetz genau wie in den Netzgruppen vom Hauptamt je Netzebene aus, weil Wählerbetrieb ein Sternnetz voraussetzt und im Sternnetz Verbindungsaufbau und Numerierung vom Hauptamt aus erfolgen. Der Aufbau erfolgt daher im Endfernnetz vom Verteilerfernamt, im Verteilerfernnetz vom Durchgangsfernamt, im Durchgangsfernnetz vom Weltfernamt aus usw. Zweckmäßig ist die Numerierung der End-, Verteiler- und Durchgangsfernämter, genau wie auch innerhalb der Netzgruppen selbst, streng nach dem dekadischen System, weil dadurch der einfachste, verständlichste und daher wirtschaftlichste Verbindungsaufbau und auch die einfachste Numerierung mit der geringsten Stellenzahl der Kennzahl ohne jede Verwickelung erhalten werden.

Die Anwendung des dekadischen Systems innerhalb der verschiedenen Netzebenen bedeutet, daß einem Weltfernamt bis zu 10 Durchgangsfernämter, einem Durchgangsfernamt bis zu 10 Verteilerfernämter, einem Verteilerfernamt bis zu 10 Endfernämter, einem Netzgruppenhauptamt bis zu 10 Knotenämter und einem Knotenamt bis zu 10 Unterämter zugeteilt sind. Dabei sind nicht 10 getrennte Richtungen von jedem Amt höherer Ordnung erforderlich, sondern die Fernämter können auch teilweise in Reihe an demselben Leitungszug liegen. Es empfiehlt sich, zunächst nur bis 8 Richtungen in jeder Ebene vorzusehen, um gewisse Reserven zu behalten, wobei Null sowieso dazu dient, die nächsthöhere Netzebene zu erreichen. Beim dekadischen Verbindungsaufbau mit nicht mehr als 10 Ämtern je Netzebene braucht man nur je eine Stelle in der Kennzahl je Ebene für den Auf- und Abstieg der Fernverbindungen. Natürlich kann auch jede beliebige andere Verteilung mit mehr als 10 Richtungen gewählt werden, man erreicht aber dann nicht den geringsten Aufwand an Schaltmitteln und nicht die geringste Stellenzahl.

Liegen bei einem Verbindungsaufbau mehrere gleichwertige Fernämter in Reihe, so kommt zweckmäßig Umsteuerverkehr bei der Auswahl der Fernämter zur Anwendung. Sind verschiedenartige Fernleitungen für dieselbe Richtung vorhanden, so kann ebenfalls durch Umsteuerung die jeweils ausreichende Fernleitung für die betreffende Fernverbindung selbsttätig ausgewählt werden, wie im Abschnitt 17 noch näher erläutert werden wird.

Zur Erreichung der Hauptfernämter, von denen der eigentliche Aufbau der Verbindung erfolgt, wählt der Teilnehmer noch gewisse Stellen. Bei Kennzahlenwahl innerhalb der Netzgruppe wählt er zuerst eine Null und kommt zum Endfernamt, bei der Wahl der zweiten Null kann er zum Verteilerfernamt, bei der Wahl der dritten Null zum Durchgangsfernamt kommen. Von jedem dieser Fernämter baut sich dann die Verbindung mit den nun folgenden Nummern innerhalb der betreffenden Ebenen auf. In einem der folgenden Abschnitte wird gezeigt, daß der Selbstwählfernverkehr zunächst nicht über 75 km ausgedehnt wird. Diese Entfernung liegt also innerhalb des Bereiches eines Verteilerfernamtes, so daß bei Kennzahlenwahl innerhalb der Netzgruppe nur zweimal Null und ohne Kennzahl nur eine Null zur Erreichung des Verteilerfernamtes zu wählen ist. Dann wählt der Teilnehmer die weiteren Ziffern der Kennzahl und darauf die Nummer des Teilnehmers. Eine Kennzahl mit Teilnehmernummer sieht etwa wie folgt aus, wobei die erste Gruppe von Ziffern die Kennzahl, die zweite Gruppe die Teilnehmernummer ist:

00335 426 bei Kennzahlenwahl innerhalb der Netzgruppe und Wahl bis zum Verteilerfernamt,

03 35426 bei einheitlicher Numerierung innerhalb der Netzgruppe und Wahl bis zum Verteilerfernamt.

Jede Netzebene steigert demnach zunächst die Stellenzahl um je eine Stelle für die Erreichung des Hauptamtes, also des Verteiler- oder Durchgangsfernamtes; man kann jedoch die Stellenzahl der Nullen bei der Ansteuerung der Hauptfernämter dadurch verkleinern, daß man entweder bei der Wahl der ersten Null die Verbindung bis zum höchstmöglichen Fernamt sofort steuert, mit Verwendung von Umsteuerwählern wie in den Netzgruppen, oder die Auswahl z. B. durch nur eine Stelle aber mit den Zahlen 8, 9 oder 0 ausführt. Um in diesem Falle eine Bündelspaltung der Fernleitungen zu verhindern, muß die Auswahl durch Weichen erfolgen, deren Wirkung später noch gezeigt wird. Man verliert aber Richtungen in der unteren Ebene.

In Abb. 25 ist der Numerierungsplan des Bereiches eines Durchgangsfernamtes auf dekadischer Grundlage gezeigt, ohne die Ziffern zur Ansteuerung des Durchgangsfernamtes, weil diese wie gezeigt wurde, verschieden gewählt werden können. Man ersieht, daß innerhalb jeder Ebene, von der höchsten bis zur tiefsten, jedes Amt mit nur einer Ziffer ausgewählt wird. Beim dekadischen Aufbau der Netzebenen wird der Numerierungsplan, wie auf der Abb. 25 zu ersehen ist, sehr einfach.

Man kann noch die Forderung stellen, daß die Kennzahlen der Endfernämter von allen Teilen eines Landes gleich sein sollen, man kann aber auch eine gewisse Verschiedenheit zulassen, weil ein Austausch der Beamtinnen, die die Fernverbindungen durch Fernwahl ausführen, zwischen den verschiedenen Fernämtern nicht häufig erfolgen wird. Gewisse Schwierigkeiten entstehen nur dann, wenn vom dekadischen Aufbau abgewichen wird und an Stellenzahl der Kennzahl gespart werden soll.

Für den Aufbau der Fernverbindungen mit der kleinsten Stellenzahl der Kennzahl und auf dem kürzesten und zweckmäßigsten Wege, gegebenenfalls auch auf einem Umwege beim Besetztsein der kürzesten Fernleitungen stehen folgende besonderen Schaltmittel zur Verfügung:

1. Umsteuerverkehr auf kürzere Wege, auf Querverbindungen oder auf andere Fernleitungsarten.
2. Betrieb mit Weichen, um Stellen in der Kennzahl zu ersparen oder um Umwege beim Besetztsein der unmittelbaren Fernleitung ohne Zeitverzögerung zu ermöglichen.

Der Umsteuerverkehr mit Umsteuerwählern ist im ersten Teil dieses Buches unter „Mitlaufwerke und ihre verschiedenartige Anwendung in der Praxis" beschrieben, wird aber, wie der Betrieb mit Weichen unter „Umsteuerwähler und Weichen" im Abschnitt 17 nochmals ausführlich behandelt.

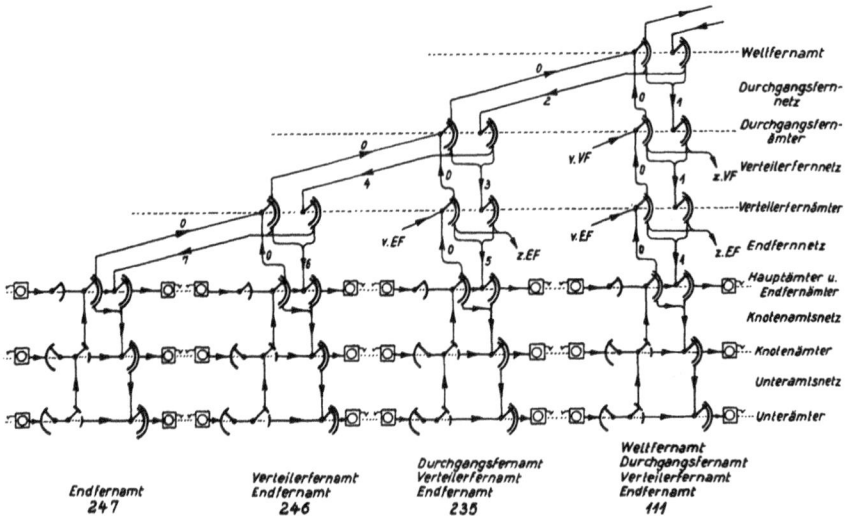

Abb. 82. Die Lage der Netzgruppen, der verschiedenen Fernämter und der verschiedenen Fernnetzebenen im großen Fernnetz.

In der Abb. 82 ist die Lage der verschiedenen Fernämter und der verschiedenen Fernnetzebenen mit den Netzgruppen im großen Fernnetz grundsätzlich in Stufen unter Verwendung von Wählern für den Verbindungsaufbau dargestellt. Die unterste Stufe bildet das Unteramtsnetz mit den Unterämtern der Netzgruppen, dann folgt das Knotenamtsnetz, das die Knotenämter der Netzgruppen enthält, dann kommt das Endfernnetz mit den Endfernämtern der Netzgruppen, dann das Verteilerfernnetz mit den Verteilerfernämtern und dann das Durchgangsfernnetz mit den Durchgangsfernämtern usw. Man sieht, daß Teilnehmer nur an die Ämter der Netzgruppen angeschlossen sind, während die eigentlichen Fernämter keine Teilnehmeranschlüsse haben. Ein Durchgangsfernamt enthält stets ein Verteilerfernamt und ein Endfernamt mit dazugehöriger Netzgruppe. Die Fernleitungen liegen stets innerhalb der einzelnen Stufen, sind nur für den Verkehr zwischen den ent-

sprechenden Ämtern bestimmt und entsprechend ausgebildet. Eine zusammengeschaltete Fernverbindung verläuft stets aus dem Netz einer Netzgruppe aufwärts bis zu dem für die Fernverbindung erforderlichen Fernnetz
und dann wieder abwärts bis in das Netz der entsprechenden Netzgruppe.
Ein mehrmaliges Auf- und Absteigen ist nicht möglich. Der Fernverbindungsaufbau erfolgt stets über das niedrigste Netz, über das die Verbindung ermöglicht werden kann. In den Netzgruppen sind die Umsteuerwähler gezeigt,
über die die Verbindungen auf dem kürzesten Wege hergestellt werden. Es
sind die Nummern der Kennzahlen im Großnetz eingetragen, so daß der Weg
einer Fernverbindung verfolgt werden kann. Für das Anwählen des Weltfern-
amtes müßte der Teilnehmer, wenn keine besonderen Mittel vorgesehen
sind, dreimal Null wählen und dann mit dem Wählen der eigentlichen
Kennzahl beginnen. Die Teilnehmerfernwahl wird aber, wie schon erwähnt,
vorläufig nicht über so große Entfernungen ausgeführt werden, sondern
schon bei der zweiten oder dritten Null wird der Teilnehmer zu einer Beamtin
kommen, die dann den weiteren Fernverbindungsaufbau ausführt.

In den verschiedenen Fernnetzebenen sind die Fernleitungen verschieden, aber gleichwertig in derselben Ebene. Im Verteiler-, Durchgangs- und
Weltfernnetz wird man Vierdrahtleitungen, Trägerfrequenzkanäle oder drahtlose Verbindungen verwenden, die sich aber in den einzelnen Ebenen z. B.
durch die Belastung oder Laufzeit unterscheiden können. Im Endfernnetz
können noch Zweidrahtleitungen verwendet werden, wenn es nicht vorge-
zogen werden könnte, ebenfalls Vierdrahtleitungen zu verwenden. Am gün-

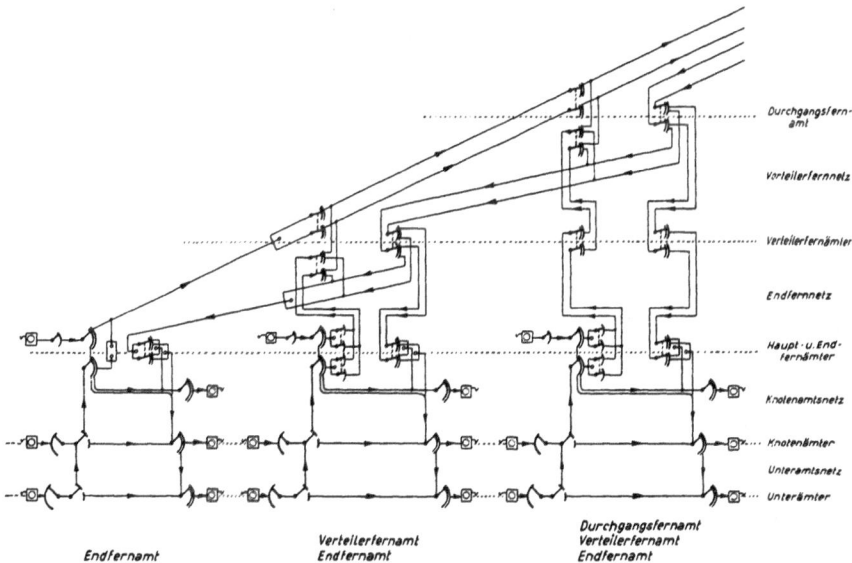

Abb. 83. Die Lage der Netzgruppen, der verschiedenen Fernämter und der verschiedenen Fernnetzebenen im großen Fernnetz (zwei- und vieradrige Durchschaltung).

stigsten wären Vierdrahtleitungen oder -kanäle vom Endfernamt über das große Fernnetz bis wieder zum Endfernamt, bei allgemeiner vieradriger Durchschaltung der Leitungen in den Schaltstellen.

In Abb. 83 ist in dem Verbindungsaufbau der Abb. 82 noch die vieradrige Durchschaltung der Fernleitungen im großen Fernnetz gezeigt, wobei die Durchschaltung innerhalb der Netzgruppen zweiadrig erfolgt. Im Endfernnetz sind noch Zweidrahtleitungen, im Verteiler- und Durchgangsfernnetz Vierdrahtleitungen vorgesehen. Werden auch im Endfernnetz Vierdrahtleitungen eingeführt, so gelten die Anordnungen wie sie innerhalb des VF und DF angegeben sind. Durch die vieradrige Durchschaltung im Endfernamt ist es möglich, einen besonderen Verstärker für Fernvermittlungsleitungen mit besonders großer Dämpfung vorzusehen, ohne die Pfeifsicherheit der Fernleitung zu beeinflussen, wodurch die Bildung großer Netzgruppen ermöglicht wird.

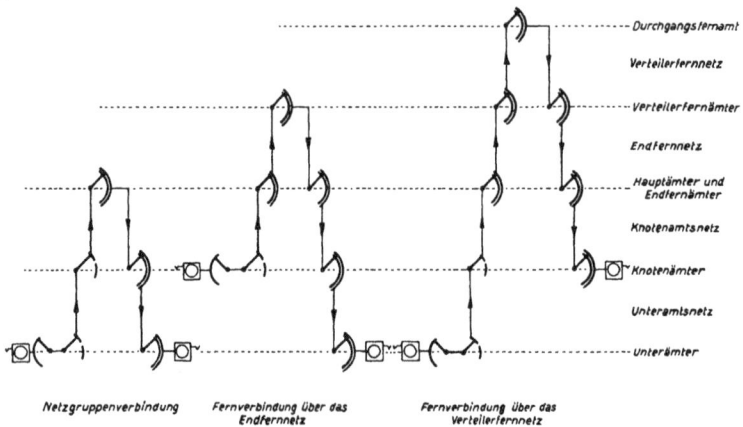

Abb. 84. Fernverbindungen über verschiedene Fernnetzebenen.

In Abb. 84 sind noch Fernverbindungen gezeigt, wie sie in der Netzgruppe, über das Endfernnetz und über das Verteilerfernnetz verlaufen. Der Auf- und Abstieg zu und von den verschiedenen Netzebenen ist deutlich zu erkennen. Aus den höheren Netzebenen müssen die Fernverbindungen immer wieder zu tieferen herab, nur die Lage in den Ebenen der Netzgruppe kann verschieden sein, weil Teilnehmer in allen Ebenen der Netzgruppe angeschlossen sind.

Natürlich lassen sich Querverbindungen im großen Fernnetz innerhalb derselben Ebene ohne weiteres schaffen, wenn ihre Zweckmäßigkeit erkannt sein sollte. Die dafür erforderlichen Mittel, Umsteuerwähler usw. sind dieselben, wie sie in den Netzgruppen zwischen den Wählern der gleichen Ebene im gleichen Amt dargestellt sind. Es ändert nichts am Aufbau, wenn die Leitungen zu anderen Ämtern verlaufen. Im großen Fernnetz ist dieser Aufbau in gleicher Weise möglich.

Es sollen Beamtinnen beim Fernwahlbetrieb nur in den Endfernämtern vorhanden sein, die Weitfernverbindungen ausführen. Verteiler-, Durchgangs- und Weltfernämter sind reine Durchgangsämter mit selbsttätiger Durchschaltung der Fernverbindungen, erfordern daher keinerlei Beamtinnenhilfe. Es ist denkbar, daß später die Beamtinnen für den Weitfernverkehr von den Endfernämtern in die Verteilerfernämter überführt werden, um die Zahl der von Beamtinnen bedienten Fernämter zu vermindern. Das ist möglich, weil die Teilnehmer in den Netzgruppen und teilweise im Endfernnetz ihre Fernverbindungen selber herstellen und ihre Weitfernverbindungen von den Beamtinnen in den Verteilerfernämtern erhalten können. Da die Fernbeamtinnen die Fernverbindungen auch durch Fernsteuerung herstellen können, so kann der Ort für die Aufstellung der eigentlichen Fernplätze beliebig gewählt werden.

15. Umsteuerwähler und Weichen.

Unter gewissen Umständen können im großen Fernnetz besondere Bedingungen gestellt werden, zu deren Erfüllung der Aufwand besonderer Mittel notwendig wird. Solche Mittel bilden die Umsteuerwähler und Weichen. Umsteuerwähler und Weichen sind Schaltmittel, die unter dem mittelbaren Einfluß der Nummernwahl bestimmte Schaltvorgänge auslösen. Weichen insbesondere sind Richtungswähler, die die Auswahl in der kürzesten Zeit, viel kürzer als bei der gewöhnlichen Nummernwahl, ausführen. Umsteuerwähler sind schon im ersten Teil dieses Buches unter „Mitlaufwerke" beschrieben worden, sie sollen hier aber nochmals kurz mit Rücksicht auf ihre Anwendung in großen Fernnetzen behandelt werden. Die Anwendung

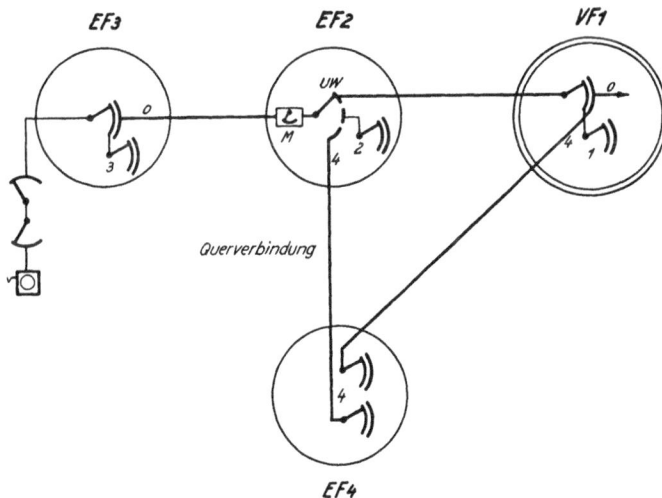

Abb. 85. Verbindungsaufbau im Endfernnetz über Umsteuerwähler.
M = Mitläufer   UW = Umsteuerwähler.

und Arbeitsweise der Weichen soll ebenfalls erläutert werden. Mit diesen Mitteln lassen sich, wie gezeigt werden wird, eine ganze Reihe von Aufgaben lösen.

Liegen im großen Fernnetz in einer Netzebene eine Reihe von gleichwertigen Fernämtern hintereinander, oder sind Querverbindungen zwischen gleichwertigen Fernämtern vorhanden, oder ist innerhalb der Netzgruppen in der Richtung zum Hauptamt Umsteuerung vorgesehen, so finden Umsteuerwähler in der folgenden Anordnung Anwendung.

In Abb. 85 ist ein derartiger Fall im Endfernnetz eines Verteilerfernamtes dargestellt. Über das Endfernamt EF$_3$ sei zur Ansteuerung des Verteilerfernamtes Null gewählt worden. Die Fernverbindung ist über einen Umsteuerwähler des Endfernamtes EF$_2$ zum Verteilerfernamt VF$_1$ durchgeschaltet worden. Wird jetzt irgendeine Zahl gewählt, so wird damit die betreffende Fernverbindung bis zu dem entsprechenden Endfernamt geführt. Wird z. B. 1 gewählt, so läuft die Verbindung in das eigene Endfernamt des Verteilerfernamtes VF$_1$, wird aber 2 gewählt, so soll die Verbindung zum Endfernamt EF$_2$ verlaufen. In diesem Fall hat ein im Endfernamt EF$_2$ mit den Stromstoßreihen mitlaufender Wähler M, Mitläufer genannt, der nicht innerhalb der Sprechverbindung liegt und nur die Stromstöße überwacht, einen Einfluß auf den Umsteuerwähler genommen, diesen veranlaßt, die Verbindung zum Verteilerfernamt freizugeben und einen freien Ortswähler zu belegen. Die vorher durch das Endfernamt EF$_2$ durchlaufende Verbindung ist daher durch den Umsteuerwähler auf die Wähler des eigenen Amtes umgesteuert worden. Wird in dem früheren Fall der bis zum VF$_1$ durchgeschalteten Verbindung aber 4 gewählt, so wird der Umsteuerwähler im EF$_2$ durch den Mitläufer ebenfalls veranlaßt, die Leitung zum Verteilerfernamt freizugeben, jetzt aber eine freie Querverbindung zum Endfernamt EF$_4$ auszusuchen. Derartige Umsteuerungen mit Mitläufer und Umsteuerwähler können in beliebiger Zahl hintereinander liegen, und es können auch mehrere Richtungen am Umsteuerwähler angeschlossen werden. Mit zunehmender Zahl der Richtungen und damit Größe des Umsteuerwählers wird es zweckmäßig, diesen in mehrere Wähler zu unterteilen. An dem grundsätzlichen Verbindungsaufbau wird dadurch nichts geändert.

Umsteuerwähler haben eine Hauptrichtung, die bei der Belegung benutzt wird, und eine Anzahl Neben- oder Umsteuerrichtungen, die nach der Nummernwahl unter Freigabe der Hauptrichtung belegt werden. Wird der Umsteuerwähler in der Vorwahlstufe, also in den Netzgruppen, benutzt, so kann die Auswahl einer freien Leitung in der Hauptrichtung nach der Belegung erfolgen, wie in Abb. 82 dargestellt. Wird er aber zwischen den Gruppenwahlstufen benutzt, so muß die Auswahl in der Hauptrichtung bei großen Leitungsbündeln vor der Belegung erfolgen, der Wähler muß also mit Voreinstellung arbeiten, weil nach der Belegung keine Zeit zur Auswahl einer freien Leitung zur Verfügung steht.

Sind in einem Netzplan die Fernämter einer Netzebene zur Bündelung der Fernleitungen über Knotenämter geführt, so kann die Auswahl der Fernämter entweder durch einen Nummernwähler im Knotenamt mit Zusatzziffer erfolgen, oder aber die Auswahl erfolgt mit Hilfe von sog. Weichen.

In Abb. 86 ist ein solcher Fall im Endfernnetz eines Verteilerfernamtes mit Weichen ohne Zusatzziffer dargestellt. Vom Verteilerfernamt sollen die Endfernämter EF$_2$, EF$_3$ und EF$_4$ mit nur je einer Ziffer über eine Fernleitungsrichtung angesteuert werden. Die Fernleitung wird über so viele Zugänge belegt, wie verschiedene Richtungen auszuwählen sind. Im Gegenfernamt hat die Fernleitung ebenso viele Ausgänge zu den verschiedenen Richtungen. Entsprechend dem belegten Zugang wird durch eine Relaisübertragung mit Weichensender (UeWS) selbsttätig ein besonderer Belegungsstromstoß über die Fernleitung gesandt, der im Gegenamt, dem als

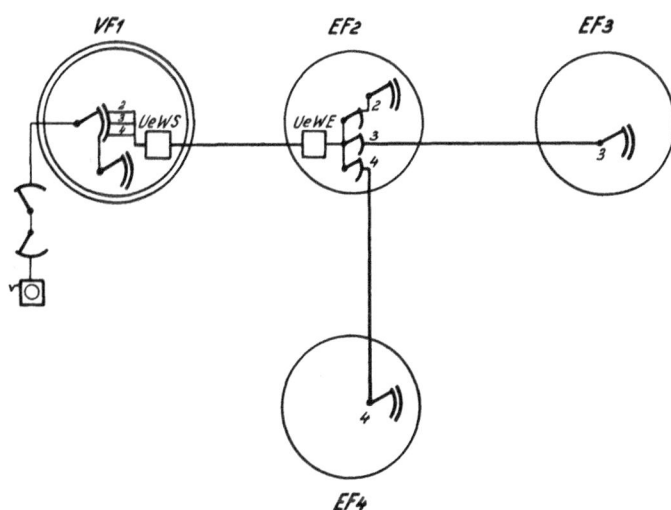

Abb. 86. Auswahl der Richtungen im Endfernnetz über Weichen.

UeWS = Übertragung mit Weichensender
UeWE = Übertragung mit Weichenempfänger

Knotenamt geschalteten Endfernamt EF$_2$, die Anschaltung der entsprechenden Richtung über einen voreingestellten Mischwähler veranlaßt. Voreinstellung dieser Mischwähler ist erforderlich, weil die Zeit zur Auswahl einer freien Leitung oder eines freien Wählers fehlt.

Wird im Verteilerfernamt 2 gewählt, so wird im Knotenamt der Wähler des Endfernamtes EF$_2$ durch den besonderen Belegungsstromstoß unmittelbar angeschaltet, wird 3 gewählt, so wird im Knotenamt die Fernleitung zum Endfernamt EF$_3$ angeschaltet, wird 4 gewählt, so wird die Fernleitung zum Endfernamt EF$_4$ angeschaltet. In dieser Weise kann eine ganze Reihe von Richtungen ausgewählt werden.

Die Auswahl jeder Richtung erfolgt stets durch einen einzigen besonderen Stromstoß, weil für eine Stromstoßreihe keine Zeit zur Verfügung steht.

Als Auswahlstromstöße für die verschiedenen Richtungen werden folgende verwendet:

Richtung 1 ein Stromstoß von t ms mit x Hertz
,, 2 ,, ,, ,, $2t$,, ,, x ,,
,, 3 ,, ,, ,, t ,, ,, y ,,
,, 4 ,, ,, ,, $2t$,, ,, y ,,
,, 5 ,, ,, ,, t ,, ,, $x + y$,,
,, 6 ,, ,, ,, $2t$,, ,, $x + y$,,
,, 7 ,, ,, ,, t ,, ,, x ,, und
,, ,, ,, ,, $2t$,, ,, y ,,
,, 8 ,, ,, ,, $2t$,, ,, x ,, und
,, ,, ,, ,, t ,, ,, y ,,

t wird allgemein mit 40 ms (= Millisekunden) eingesetzt; als Frequenzen werden bei der Wechselstromwahl mit Niederfrequenz für $x = 50$ Hertz, für $y = 100$ Hertz verwendet, bei der Tonfrequenzwahl für $x = 600$ Hertz, für $y = 750$ Hertz.

Wie groß der Gewinn an Zeit bei der Anwendung der Weichen im Vergleich mit gewöhnlicher Auswahl über gewöhnliche Nummernwähler ist, geht aus der folgenden Gegenüberstellung hervor: Zur Auswahl der Richtungen werden über einen großen Nummernwähler bis zu 1300 ms, über Weichen nur etwa 100 ms benötigt.

Mit Umsteuerwähler und mit Weichen läßt sich jede beliebige Bündelung der Fernleitungen ohne Vermehrung der Stellenzahl der Kennzahl in einfacher Weise, wie gezeigt wurde, durchführen. Weiter läßt sich mit diesen Mitteln ein beliebiger Umwegverkehr — wenn wünschenswert — herstellen und verschiedenwertige Fernleitungen in derselben Richtung je nach Anfor-

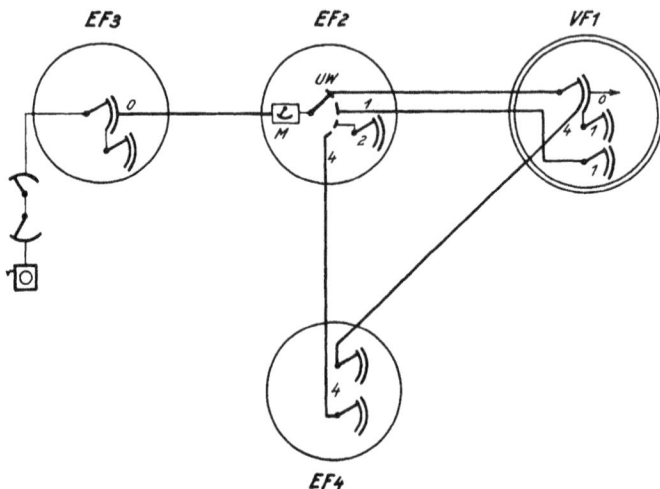

Abb. 87. Umsteuerung auf anderswertige Fernleitungen.

derung in eine Fernverbindung einschalten. Blindbelegungen der Fernleitungen, wenn sie einen bemerkenswerten Einfluß haben sollten, können durch Weichen beseitigt werden.

Der Umwegverkehr ist schon in Abb. 85 gezeigt worden. Sind bei der Wahl von 4 die Querverbindungen zwischen EF_2 und EF_4 besetzt oder sonstwie außer Betrieb, so erfolgt keine Umsteuerung, und der Verkehr verläuft von EF_2 über VF_1 zu EF_4. Bei allen anderen Aufgaben ähnlicher Art können dieselben Mittel in derselben Weise eingesetzt werden.

Sind zwischen EF_2 und VF_1 zwei Gruppen von Fernleitungen, hochwertige und weniger gute in Betrieb, wie es in Abb. 87 gezeigt ist, so erfolgt die Auswahl der in Frage kommenden Fernleitung durch Umsteuerwähler. Wenn eine Weitfernverbindung von EF_2 über VF_1 zu einer höheren Ebene verläuft, so erfolgt keine Umsteuerung; verläuft aber eine Fernverbindung nur zwischen EF_2 und VF_1 zu deren eigener Netzgruppe, so reicht eine einfachere Fernleitung für diese Zwecke aus. Der Umsteuerwähler in EF_2 steuert, nachdem in VF_1 die Ziffer 1 gewählt wurde, auf die andere Fernleitungsgruppe um,

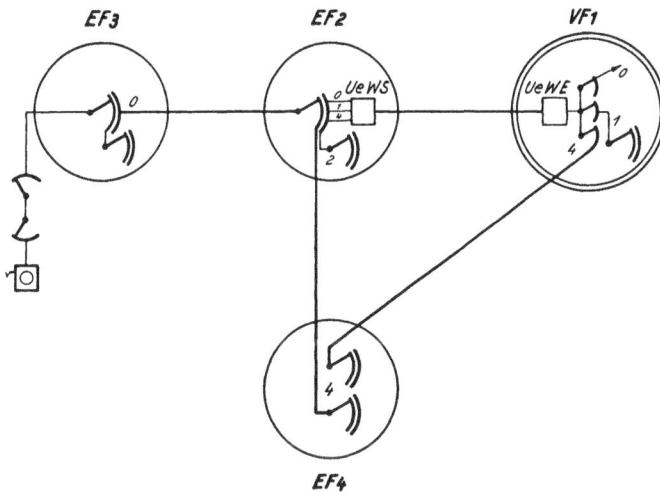

Abb. 88. Ersparung der Blindbelegung durch Weichen.

$UeWS$ = Übertragung mit Weichensender
$UeWE$ = Übertragung mit Weichenempfänger

die unmittelbar auf einen Wähler der nächsten Stufe in VF_1 führt, wodurch noch ein Nummernempfänger erspart wird. Sind diese weniger guten Fernleitungen besetzt, so wird auch in diesem Falle die Umsteuerung unterbunden, und die Fernverbindung wird über die hochwertige Fernleitung hergestellt.

Wenn in Abb. 87 die Blindbelegung zwischen EF_2 und VF_1 beim Aufbau einer Verbindung nach EF_2 und über die Querverbindung nach EF_4 verhindert werden soll, so kann dies durch die Anwendung von Weichen geschehen.

In Abb. 88 sind zu diesem Zweck zwischen EF_2 und VF_1 Weichen vorgesehen. Eine Verbindung, die eigentlich bis VF_1 durchgeschaltet werden sollte, wird dann nur bis EF_2 durchgeführt. Wird jetzt 2 gewählt, so
wird unmittelbar ein Ortswähler belegt, wird aber 4 gewählt, so wird eine
Querverbindung zu EF_4 genommen, ohne bei all diesen Vorgängen die Leitung zu VF_1 zu benutzen. Wird aber nun eine an VF_1 angeschlossene Richtung gewählt, so wird die Fernleitung zu VF_1 über den betreffenden Zugang
belegt und durch den besonderen Belegungsstromstoß in VF_1 die betreffende
Richtung über Mischwähler angesteuert. Wenn die Querverbindungen wie
in dem früher angenommenen Fall zu EF_4 besetzt waren, so wird die Ver-

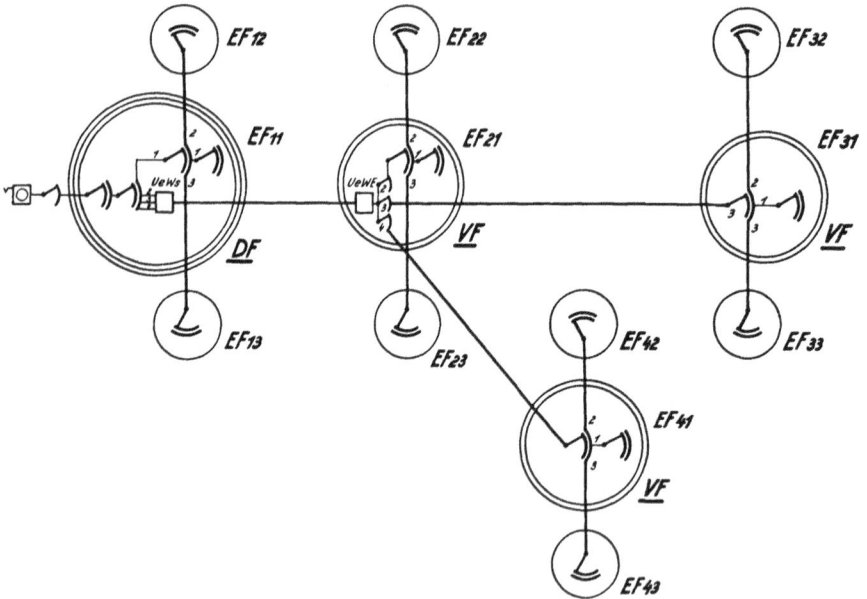

Abb. 89. Anwendung der Weiche im Verteilerfernnetz.

bindung mit Hilfe der Weiche auch über VF_1 zu EF_4 geführt, also wieder
selbsttätige Steuerung des Umwegverkehrs.

In Abb. 89 ist noch die Auswahl der in einem Leitungszuge liegenden
Verteilerfernämter im Verteilerfernnetz mit einer Ziffer gezeigt. Sie erfolgt
in derselben Weise wie in Abb. 86 dargestellt. Es wird in DF entweder 2,
3 oder 4 gewählt, und in VF_2 erfolgt die Auswahl der Richtung durch den
entsprechenden Belegungsstromstoß über voreingestellte Mischwähler. Über
die Weiche kommt man je nach der Wahl entweder zu VF_2, VF_3 oder VF_4;
und dann von den VF wieder je nach der Wahl zu den zugehörigen EF,
z. B. zu EF_{41}, EF_{42} oder EF_{43}.

Mit Umsteuerwählern und Weichen lassen sich demnach viele besondere
Forderungen in einfacher Weise erfüllen. Solche Forderungen sind: Auswahl

148

von Querverbindungen, beliebiger Umgehungsverkehr, Auswahl verschiedenwertiger Leitungen, Ersparung von Ziffern, Beseitigung von Blindbelegungen, Bildung großer Leitungsbündel und manche andere mehr. Dabei ersparen Umsteuerwähler Nummernempfänger, Weichen ersetzen dieselben. Die Zweckmäßigkeit derartiger Forderungen sollte man aber von Fall zu Fall prüfen; denn erfüllen kann man zwar jede Forderung, doch ihre Zweckmäßigkeit kann nur durch eine Wirtschaftsrechnung, die alles Für und Wider berücksichtigt, entschieden werden.

16. Die Ausdehnung des Selbstwählfernverkehrs.

Die Frage, bis zu welcher Entfernung sollen die Teilnehmer ihre Fernverbindungen selber herstellen und von welcher Entfernung an tritt die halbselbsttätige Herstellung der Fernverbindungen durch nur eine Beamtin mittels Fernwahl ein, ist äußerst wichtig. Ursprünglich bestand die Absicht, die Teilnehmer nur die Fernverbindungen innerhalb ihrer eigenen Netzgruppe selbsttätig herstellen zu lassen. Bald ging man aber über diese Grenzen hinaus; denn der Umfang des Selbstwählfernverkehrs braucht mit der Größe der Netzgruppen nicht zusammenzuhängen. Über die zweckmäßige Ausdehnung des Selbstwählfernverkehrs besteht in den verschiedenen Staaten noch keine einheitliche Auffassung, und die Ausdehnung ist deshalb noch sehr verschieden. Zur Beurteilung dieser Frage können folgende Überlegungen angestellt werden:

Für die zunehmende Ausdehnung des Selbstwählfernverkehrs spricht die schnelle Herstellung der Fernverbindungen und die Ersparnis an Beamtinnen. Dagegen spricht die Belastung der teuren Fernleitungen mit den unvermeidlichen Handhabungsfehlern der Teilnehmer und die Höhe der zu verrechnenden Gebühren, die bei Ferngesprächen über große Entfernungen und bei größerer Sprechzeitdauer erheblich sein können und über die kein besonderer Gebührenzettel ausgestellt wird, wenn die Gebühren auf den Teilnehmer-Ortszähler mitverrechnet werden. Bei der Verrechnung größerer Beträge wird wohl mitunter noch der Wunsch nach einer schriftlichen Unterlage bestehen bleiben; dann steht es den Teilnehmern stets frei, die Fernverbindung über eine Beamtin anzufordern, wodurch sie wieder den üblichen Gebührenzettel erhalten. Erstrebenswert ist demnach, möglichst viele Ferngespräche im Selbstwählfernverkehr zu erfassen, die sich aber nicht über zu weite Entfernungen mit hoher Gebühr ausdehnen.

Als sehr brauchbare Unterlage für die Beurteilung dieser Frage kann eine Statistik über die Verteilung des Fernverkehrs auf die verschiedenen Entfernungen verwendet werden, wie sie im „Jahrbuch für Post und Telegraphie 1930/31" veröffentlicht worden ist. In der nachfolgenden Tabelle ist diese Verteilung der Ferngespräche, umgerechnet in 3-min-Einheiten vom Hundersatz des gesamten Fernverkehrs angegeben, wobei noch die Gebühren für je eine 3-min-Einheit während des Tages mit angegeben sind.

Es verteilen sich die 3-min-Ferngesprächseinheiten auf die verschiedenen Entfernungen wie folgt:

$$
\begin{array}{rlll}
\text{bis} \quad 15 \text{ km} = & \underline{41{,}26\%} \text{ mit} \ldots 0{,}30 \text{ RM Gebühr je 3 min} \\
15 \quad,, \quad 25 \quad,, \quad = & \underline{15{,}17\%} \text{ mit} \ldots 0{,}40 \quad,, \qquad,, \quad,, \ 3 \quad,, \\
& 56{,}43\% \\
25 \quad,, \quad 50 \quad,, \quad = & \underline{15{,}94\%} \text{ mit} \ldots 0{,}60 \quad,, \qquad,, \quad,, \ 3 \quad,, \\
& 72{,}37\% \\
50 \quad,, \quad 75 \quad,, \quad = & \underline{8{,}81\%} \text{ mit} \ldots 0{,}90 \quad, \qquad,, \quad,, \ 3 \quad,, \\
& 81{,}18\% \\
75 \quad,, \quad 100 \quad,, \quad = & \underline{3{,}47\%} \text{ mit} \ldots 1{,}20 \quad,, \qquad,, \quad,, \ 3 \quad,, \\
& 84{,}65\% \\
100 \quad,, \quad 200 \quad,, \quad = & 7{,}80\% \text{ mit} \ldots 1{,}50 \quad,, \qquad,, \quad,, \ 3 \quad,, \\
200 \quad,, \quad 300 \quad,, \quad = & 3{,}60\% \text{ mit} \ldots 1{,}80 \quad,, \qquad,, \quad,, \ 3 \quad,, \\
\text{über} \ 300 \quad,, \quad = & \underline{3{,}95\%} \text{ mit} \ldots 0{,}30 \quad,, \quad \text{mehr für je 100 km} \\
& 100{,}00\% \text{ des gesamten Fernverkehrs.}
\end{array}
$$

Aus dieser sehr wichtigen Tabelle, die einen klaren Aufschluß über die Verteilung des gesamten Fernverkehrs gibt, ist zu ersehen, daß der größte Teil des Verkehrs auf die kurzen Entfernungen entfällt, so daß man einen großen Teil des Fernverkehrs selbsttätig herstellen lassen kann, ohne daß die Entfernungen und damit die fälligen Gebühren allzu groß werden. Wenn der Selbstwählfernverkehr nur bis zu einer Entfernung von 25 km ausgedehnt wird, so erfaßt man schon 56% von 3-min-Einheiten, die je bis 0,40 RM Gebühren erfordern. Wird der Verkehr bis 50 km Entfernung ausgedehnt, so werden 72% von 3-min-Einheiten erfaßt, die je bis 0,60 RM Kosten verursachen. Bei einer Ausdehnung bis 75 km werden 81% der Einheiten von

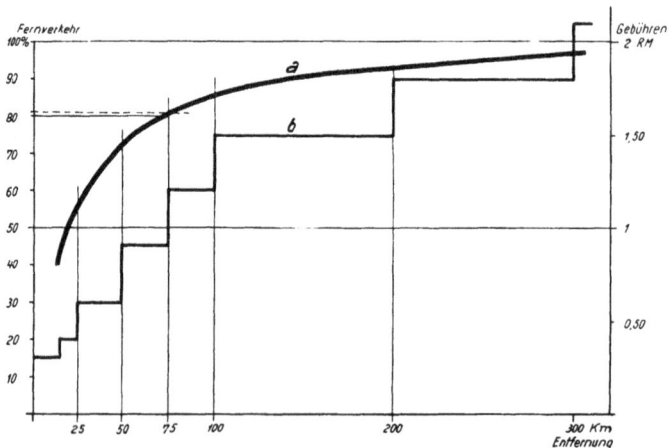

Abb. 90. Verteilung des Fernverkehrs auf die verschiedenen Entfernungen und die jeweiligen Gebühren zu je 3 min.

a = Anteil des Fernverkehrs   b = Gebühren je 3 min.

je bis 0,90 RM erfaßt. Bis zu diesen Entfernungen wird man mit dem Selbstwählfernverkehr unbedenklich gehen können, weil die Gebühren noch nicht erheblich sind, die Handhabungsfehler der Teilnehmer auf Fernleitungen dieser Entfernungen noch nicht so ins Gewicht fallen und schon ein großer Teil des Verkehrs erfaßt wird. Steigert man die Entfernung noch weiter, so wird nur noch wenig Fernverkehr davon betroffen. Eine Steigerung von 75 auf 100 km bringt nur noch 3,47% des Verkehrs, so daß sich dieser Schritt nicht recht lohnt.

In Abb. 90 ist die Verteilung des Fernverkehrs auf die verschiedenen Entfernungen in einer Kurve dargestellt; die Gebühren je 3 min Gesprächszeit sind ebenfalls in einer Kurve gezeichnet. Der früher als zweckmäßig abgeleitete Wert von 75 km Entfernung für den Selbstwählfernverkehr findet in der Kurve seine Bestätigung, denn er liegt oberhalb des Knies der Kurve. Außerdem ist der Zusammenhang zwischen Gebühr und Verkehr deutlich zu ersehen.

Wenn nach dem %-Satz der erforderlichen Fernleitungen für die verschiedenen Entfernungen gefragt wird, so entspricht dieser nicht dem %-Satz des Verkehrs, weil die Fernleitungen für die verschiedenen Entfernungen eine verschiedene Leistung haben, die in Abschnitt 2 Tabelle 1 angegeben ist. Unter Berücksichtigung dieser Leistungen ergeben sich für die verschiedenen Entfernungen folgende %-Sätze der Fernleitungen:

bis 15 km Entfernung	. . . .	48,3%
15 „ 25 „	„	. . . .	17,8%
25 „ 50 „	„	. . . .	15,0%
50 „ 75 „	„	. . . .	7,0%
75 „ 100 „	„	. . . .	2,7%
100 „ 200 „	„	. . . .	5,1%
200 „ 300 „	„	. . . .	2,3%
über 300 „	„	. . . .	1,8%
			100,0%.

88% der Fernleitungen werden von den Teilnehmern unmittelbar im Selbstwählfernverkehr benutzt, bei 60 bis 80% der Fernleitungen bleiben die Fernverbindungen innerhalb großer Netzgruppen.

Der Selbstwählfernverkehr bis zu einer Entfernung von 75 km wird sich nur auf einen Teil des dazugehörigen Verteilerfernamtes erstrecken, dessen Bereich bis etwa 140 km umfaßt. Daher ist die unmittelbare Erreichung des Durchgangsfernamtes durch die Teilnehmer unter diesen Voraussetzungen nicht erforderlich. Erst wenn die Teilnehmer über Entfernungen von mehr als 140 km die Fernverbindungen selber herstellen sollen, wird sich die Notwendigkeit ergeben, das Durchgangsfernamt unmittelbar ansteuern zu lassen.

Fernverbindungen über größere Entfernungen werden durch Beamtinnen halbselbsttätig mittelst Fernwahl hergestellt. Die Anmeldung derartiger Fernverbindungen erfolgt in gewöhnlicher Weise am Fernplatz, ein Gebührenzettel wird ausgestellt, worauf, wenn möglich, sofort die Herstellung der Fernverbindung erfolgt. In jeder halbselbsttätig hergestellten Fernverbindung ist grundsätzlich nur eine Beamtin im Endfernamt des anrufenden Teilnehmers tätig.

Fernwahl.

17. Die Fernwahl.

In welcher Weise und mit welchen Mitteln die Wahl über Fernleitungen ausgeführt wird, soll nun gezeigt werden. Zur Fernwahl gehört auch die Schaltkennzeichengabe; denn es sind nicht nur Wählstromstöße, sondern auch Schaltkennzeichenstromstöße über die Leitung zu übertragen. Man muß demnach Wahl- und Zeichenstromstöße gleichzeitig betrachten. Wahl- und Schaltkennzeichenströme sind auf derselben Leitung aus wirtschaftlichen Gründen stets gleichartig, aber verschieden für die verschiedenen Arten von Fernleitungen. Es gibt gemäß Abb. 91 verschiedene Arten der Fernwahl:

1. Gleichstromwahl und Schaltkennzeichen über:

   a) nicht abgeriegelte Leitungen ohne Verstärker,

   b) abgeriegelte Leitungen ohne Verstärker.

2. Wechselstromwahl und Kennzeichen mit 50 oder 100 Hertz über abgeriegelte Leitungen ohne oder mit einem Verstärker, der für die Wahl umgangen werden muß.

3. Induktivwahl und Kennzeichen über abgeriegelte Leitungen ohne oder mit einem Verstärker, der ebenfalls besonders zu umgehen ist.

4. Tonfrequenzwahl und Kennzeichen über Leitungen ohne und mit einer beliebigen Anzahl

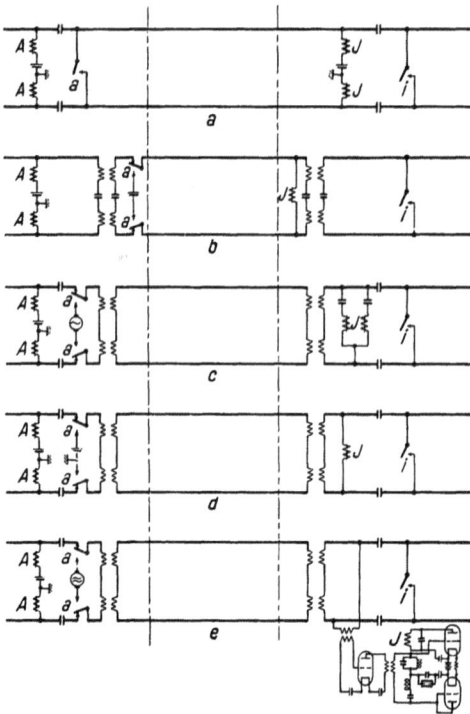

Abb. 91. Die verschiedenen Arten der Fernwahl.

a = Gleichstrom-Stromstoßgabe über kurze Fernleitungen,
b = Gleichstrom-Stromstoßgabe über kurze abgeriegelte Fernleitungen,
c = Wechselstrom-Stromstoßgabe über mittlere Fernleitungen,
d = induktive Stromstoßgabe über mittlere Fernleitungen,
e = Tonfrequenz-Stromstoßgabe über lange Fernleitungen.

152

von Verstärkern in Zwei- und Vierdrahtschaltung und über Trägerfrequenzkanäle sowie über drahtlose Verbindungen.

Die Gleichstromwahl und Zeichenabgabe über eine nicht abgeriegelte
Leitung ohne Verstärker (Abb. 91a) ist die einfachste. Sie erfordert keinerlei
Umformung, weil sie der Wahl- und Zeichenabgabe der Ortsämter genau entspricht. Sie ist aber nur für kurze, nicht beeinflußte Fernleitungen geeignet.
Sämtliche anderen Stromstoß- und Zeichengaben von Abb. 91b bis e unterscheiden sich aber grundsätzlich von dieser ersten Art, weil eine Umformung
der Stromstöße und Anpassung derselben an die betreffende Fernleitung erfolgen muß. Zu diesem Zwecke befindet sich am Anfang der Fernleitung eine
Relaisübertragung, die die gewöhnlichen Gleichstrom-Wahl- und Zeichenströme in die der Fernleitung angepaßte Stromart umformt, und am Ende
der Fernleitung eine ähnliche Relaisübertragnng, die die einlaufenden Stromstöße wieder in die Gleichstrom-Wahl- und Zeichenströme der Ortsämter
zurückformt.

Bei der abgeriegelten Gleichstromwahl (Abb. 91b) werden die Gleichstromstöße entsprechend der Art des Zeichens durch Relaisübertragungen
umgeformt und auf die Leitung als Gleichstromstöße besonderer Art übertragen und am Ende durch eine Relaisübertragung wieder in die alte Form
zurückgeformt.

Die verschiedenen Arten der Schaltkennzeichen werden, da nur ein Stromkreis zur Verfügung steht, als verschieden lange Stromstöße übertragen, wie
später noch gezeigt wird.

Bei der Stromstoßübertragung durch Gleichstrom können aber Schwierigkeiten auftreten. Sind die Leitungen beeinflußt durch Kraftübertragungs-
anlagen und besonders durch elektrische Bahnen, so können unter Umständen
erhebliche Spannungen in Teile der Amtseinrichtungen gelangen, die diese zer-
stören und daran beschäftigte Personen verletzen können. Kurzschlüsse auf
der Strecke bei Bahnen können mitunter mehrere 100 V Längsspannung in
den Fernleitungen hervorrufen, die dann an den Relaiswicklungen und den
Relaiskontakten wirksam werden. Irgendwelche Erdverbindungen sind besonders gefahrvoll. Man vermeidet daher in solchen Fällen möglichst jede
Anordnung von Amtsteilen auf den Leitungen zwischen den Abriegelungs-
übertragern und ist deshalb gezwungen, die Zeichen in besonderer Art
durch die Übertrager hindurchzusenden.

Bei der Wechselstromwahl (Abb. 91c) überträgt die Relaisübertragung
in derselben Art wie vorher Wechselstromstöße, die an der Empfangsseite
durch entsprechende Relais empfangen und wieder in Gleichstromstöße
zurückgeformt werden. Die Stromstöße werden aber im Gegensatz zur
Gleichstromwahl durch die Abriegelungsübertrager hindurchgesendet und
empfangen, so daß in der eigentlichen Fernleitung weder Relais noch Relaiskontakte enthalten sind, wodurch ein vollkommener Schutz erreicht und
auch die Bildung von Phantomkreisen ermöglicht wird.

Bedingung ist, daß alle Stromstöße möglichst unverzerrt übertragen werden. Dazu gehört ein gut arbeitendes Wechselstromrelais, z. B. mit zwei magnetischen Kreisen, in denen der Kraftfluß um 90⁰ verschoben ist, damit der gemeinsame Anker nicht auf jede Schwingung, sondern nur auf einen Zug von Schwingungen, den Stromstößen, anspricht und in der Arbeitsstellung verharrt, ohne zu schwirren.

Es gibt zwei Methoden, phasenverschobene Felder im Wechselstromrelais zu erzielen. Einmal, indem man bei Verwendung eines Kernes die Polfläche teilt und über einen Teil ein Kupferrohr aufbringt, das ein nacheilendes Feld verursacht, und zum anderen zwei getrennte magnetische Kreise mit Spulen, die aber einen gemeinsamen Anker besitzen. Durch Vorschaltung von entsprechenden Kondensatoren können in den Spulen phasenverschobene Felder von 90⁰ erzielt werden. In beiden Fällen arbeitet bei richtiger Anpassung der Anker beim Stromdurchgang ruhig, ohne zu schwirren.

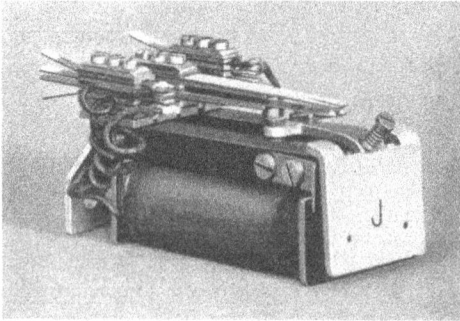

Abb. 92. Wechselstromrelais.

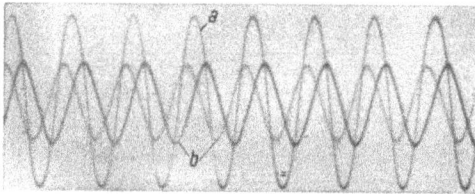

Abb. 93. Stromoszillogramm für Wechselstrom-wahl.

a = Hauptstrom   *b* = phasenverschobene Ströme.

Abb. 92 zeigt ein Wechselstromrelais mit zwei getrennten magnetischen Kreisen, deren Kerne der Wirbelströme wegen noch unterteilt sind, aber einen gemeinsamen Anker besitzen. Abb. 93 zeigt das Stromoszillogramm der Erregerströme, aus dem die Phasenverschiebung der Teilströme in den Relaiswicklungen untereinander und mit dem Hauptstrom zu ersehen ist. Der Phasenstrom ist $i = \dfrac{I}{\sqrt{2}}$, worin I der Hauptstrom ist.

Da die Wechselstromrelais ständig in Brücke zu der Sprechleitung liegen, so soll die Dämpfung der Sprechströme dadurch natürlich so klein wie möglich sein, d. h. der Scheinwiderstand der Relais für die Sprechfrequenzen muß möglichst groß sein. Für die Zeichengabe mit Wechselstrom ist aber ein verhältnismäßig kleiner Scheinwiderstand erwünscht, damit genügend Energie zur Erregung der Relais über die Leitung fließen kann und die erforderliche Wechselstromspannung nicht zu groß wird. Hier sind Kompromisse zu machen, die auch die Nachbildbarkeit bei Verstärkern berücksichtigen müssen.

Es fragt sich, welche Frequenz wird zweckmäßig für die Wahl genommmen? Eine niedrige Frequenz begünstigt eine Verzerrung der Stromstöße, weil diese ungünstig in die Phase, z. B. in oder kurz vor dem Nullpunkt einfallen können und dann das Wechselstromrelais erst nach einer gewissen Zeit, die abhängig von der Frequenz ist, in welcher der Strom genügend angestiegen ist, ansprechen kann. Andererseits nimmt mit zunehmender Frequenz die Sicherheit des Wechselstromrelais ab, weil der Scheinwiderstand des Relais sehr groß und dann der Erregerstrom des Relais zu klein wird. Einer beliebigen Steigerung der Wechselstromspannung steht die Grenze in der zulässigen Spannungsbelastung bei den Kabeln und Amtsteilen gegenüber. Aus diesem Grunde nimmt man eine mittlere Frequenz, den bekannten Wechselstrom von 50 Hertz, den man dem Starkstromnetz über einen Transformator ohne weiteres entnehmen kann.

Folgende Werte sind bei dem Wechselstromrelais von Interesse:

Scheinwiderstand bei 800 Hertz . . . . . . 60000 Ohm,
Scheinwiderstand bei 50 Hertz . . . . . . 3600 Ohm.

Aus der bekannten Formel für die Zugkraft eines Elektromagnets

$$P = \frac{B^2 \cdot Q}{8 \cdot \pi \cdot 981} \text{ in g}$$

ergibt sich für $P = 30$ g, ein B von 1000 Gauß, und aus

$$B = \frac{0{,}4 \, \pi \cdot n \cdot i \cdot \mu}{l}$$

eine effektive Amperewindungszahl von 80 AW.

Bei einem Wechselstrom von 50 Hertz kommen auf einen Stromstoß von 50 bis 60 ms 2,5 bis 3 Schwingungen. Der Phaseneinfluß beim Beginn des Stromstoßes kann daher beträchtlich sein, was zu Stromstoßverzerrungen führen kann. Dafür können Entzerrer vorgesehen werden, wie noch gezeigt werden wird.

Auf derselben Grundlage sind auch Wechselstromübertragungen mit 100 und 150 Hertz entwickelt worden, die wegen des höheren Scheinwiderstandes und des kleineren Stromes entsprechend empfindlichere Relais erfordern.

Abb. 91c läßt die Schaltung bei Wechselstromwahl erkennen, die in Abb. 94 etwas ausführlicher mit den Sperrkreisen für 50 Hertz dargestellt ist.

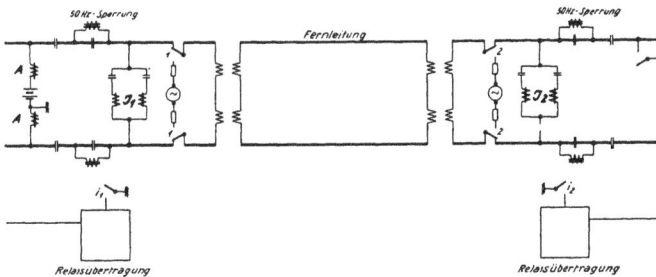

Abb. 94. Grundsätzliche Darstellung der Wechselstromwahl.

Eine weitere Methode, über abgeriegelte Leitungen zu wählen und Kennzeichen zu geben, ist die Methode der induktiven Stromstoßübertragung nach Abb. 91 d. Bei der Stromstoßgabe wird die primäre Seite des Übertragers an Batterie gelegt, wodurch ein Induktions-Schließungsstrom erzeugt wird und über die Leitung fließt, durch den auf der Empfangsseite ein Relais erregt wird. Das Relais kann polarisiert sein oder eine Haltewicklung zur Aufrechterhaltung der Erregung haben. Ist der Stromstoß beendet, so hört der Gleichstromfluß über den Transformator auf, ein Induktions-Öffnungsstrom von entgegengesetzter Richtung wird erzeugt und fließt durch die Leitung, der das Relais wieder in die Ruhelage umlegt. Ein gewöhnlicher Stromstoß mit Gleichstrom wird daher in der Übertragung in zwei einander entgegengesetzte Induktionsstromstöße aufgeteilt. Der Zwischenraum zwischen den beiden Induktionsstößen gibt die Länge des Zeichens an; und zwar liegt die Länge genau zwischen den Anfängen der beiden Induktionsstöße. Ein Phaseneinfluß wie bei der Wechselstromwahl ist hierbei nicht vorhanden. Die Sicherheit der Stromstoßübertragung hängt natürlich von der Energie der Induktionsströme und von der Empfindlichkeit des Empfangsrelais ab. Abb. 95 zeigt ein leicht auswechselbares polarisiertes Relais, wie es für diese Wahl verwendet wird. Es besteht aus je 2 Elektro- und 2 permanenten Magneten mit einem gemeinsamen Anker, der keine neutrale Lage hat. Der Anker wirkt auf Doppelkontakte, die leicht einstellbar sind. Das Relais ist sehr empfindlich und hat trotzdem einen hohen Kontaktdruck. In dieser Weise läßt sich allein durch induktive Stromstöße die Übertragung aller Vorgänge erreichen.

Abb. 95. Polarisiertes Relais.

Soll die Stromstoßübertragung über lange Fernleitungen erfolgen, in denen eine Reihe von Verstärkern eingeschaltet ist, so müßten bei den bisher beschriebenen Zeichenarten mit Wechselstrom-, induktiven und Gleichstromstößen die Stromstöße bei jedem Verstärker besonders übertragen werden. Das wäre unbequem und erforderte außerdem in jedem Verstärker unter Umständen einen besonderen Stromstoßentzerrer. Einfacher wird die Übertragung in diesen Fällen, wenn die Stromstoßgabe mit Tonfrequenzwechselströmen erfolgt, die durch jeden Verstärker ungehindert hindurchfließen und wie die Sprache verstärkt werden. Am Anfang der Leitung tritt an Stelle der Wechselstromquelle mit Niederfrequenz eine Tonfrequenzquelle, am Ende der Leitung eine Empfangseinrichtung, die die Zeichenfrequenz aussiebt, mit einem Gleichrichter, der die Zeichenfrequenz gleichrichtet, und einem Empfangsrelais, das durch diesen Gleichstrom beeinflußt wird. Die Mittel sind ähnlich wie bei der Tonfrequenztelegraphie, doch treten hier neue Schwierigkeiten hinzu, weil die Sprechströme bekanntlich alle Frequenzen von 300 bis 2700 umfassen, und auch natürlich die Frequenz, mit der gewählt wird. Es besteht daher die Gefahr, daß Zeichen beim Sprechen, wenn die Zeichenfrequenz in den Sprechströmen enthalten ist, ausgelöst werden, was unter allen Umständen vermieden werden muß. Da die Sprache stets aus einer großen Zahl verschiedener Frequenzen besteht, so kann man die Beeinflussung der Zeichengabe durch die Sprache durch eine Prüfung verhindern, durch die ermittelt wird, ob weitere Frequenzen als die reine Zeichenfrequenz in dem ankommenden Ton enthalten sind. In diesen Fällen wird die Einwirkung der Frequenzen auf die Zeichengabe gewöhlich durch Verlagerung der Gittervorspannung unterbunden. Zeichen können daher nur durch reinen sinusförmigen Strom, der keine Oberschwingungen enthält, gegeben werden. Der Schutz der Zeichen vor Beeinflussung durch die Sprache läßt sich auch auf andere Weise als angegeben erreichen. Zunächst kann durch Auftrennen oder Nichtzusammenschalten der Fernleitungen, wo es möglich ist, ein vollkommener Schutz erreicht werden; dann können die Zeichen kodiert und kann auch die Zeit zu Hilfe genommen werden, indem die Zeichen möglichst zu verlängern sind; weiter kann ein Vorbereitungszeichen eingeführt werden. Alle diese Mittel werden noch behandelt bei der Erläuterung der vom CCIF für zwischenstaatlichen Verkehr angenommenen Tonfrequenzfernwahl. Abb. 91 c zeigt eine Schaltung mit Tonfrequenzwahl in grundsätzlicher Darstellung.

Bei der Tonfrequenzwahl erfolgt die Stromstoß- und Zeichengabe mit Tonfrequenz, z. B. 600 oder 750 Hertz. Man kann auch beide Frequenzen gleichzeitig nehmen. Am Empfangsende werden durch Tonfrequenzrelais derartige Stromstöße aufgenommen und wieder in Gleichstromstöße umgesetzt wie bei den anderen Fernwahlarten.

Die Reichweite der Gleichstrom-, Wechselstrom- und Induktivwahl ist praktisch be-

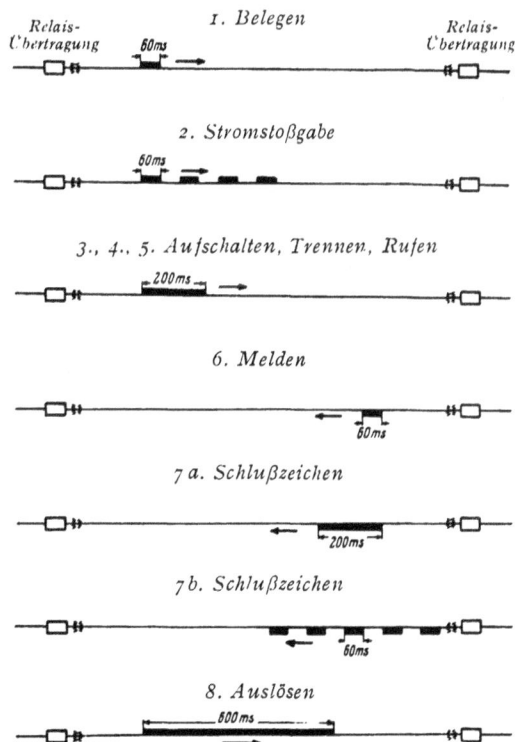

Abb. 96. Stromstoß- und Zeichengabe auf abgeriegelten Fernleitungen.

grenzt auf etwa 100 bis 150 km, die der Tonfrequenzwahl ist unbegrenzt. Man kann über jede Entfernung und über alle Leitungen und Kanäle wählen und Zeichen geben, über die man noch sprechen kann.

Während bei der Ortswahl verschiedene Stromkreise für die Wahl und für die verschiedenen Schaltkennzeichen vorhanden sind, steht bei abgeriegelten Fernleitungen nur ein einziger Stromkreis zur Verfügung, über den die Wahl und die verschiedenen Schaltkennzeichen eindeutig zu übertragen sind. Die Wahl und die verschiedenen Zeichen sind:

1. Belegen für Beginn der Verbindungsherstellung,
2. Stromstoßgabe für die Einstellung der Wähler,
3. Aufschalten der Beamtin auf ortsbesetzte Teilnehmerleitung,
4. Trennen der ortsbesetzten Teilnehmerleitung,
5. Rufen des gewünschten Teilnehmers,
6. Melden des gerufenen Teilnehmers,
7. Schlußzeichen des Teilnehmers,
8. Auslösen der bestehenden Verbindung.

Alle Schaltkennzeichen müssen eindeutig über einen einzigen Stromkreis gegeben werden, der nur Stromschließungen und Stromöffnungen zuläßt; denn mit Stromdifferenzen kann unmöglich über Fernleitungen gearbeitet werden. Es lassen sich natürlich verschiedene Frequenzen für verschiedene Zeichen benutzen, doch die Einrichtungen verteuern sich dadurch und werden verwickelter, so daß eine Stromart für alle Zeichen vorzuziehen ist. Die verschiedenen Zeichen können sich demnach nur durch verschiedene Zeiten unterscheiden, deren Zahl sich aber durch Aufeinanderfolgen bestimmter Vorgänge vermindern läßt. Folgende Zeiten können z. B., wie Abb. 96 erkennen läßt, verwendet werden:

1. Belegen: Ein Stromstoß von 60 ms Länge.
2. Wählen: Ebenfalls Stromstöße von 60 ms Länge. Die gleichen Zeiten sind möglich, weil der Belegungsstromstoß nur als einzelner Stromstoß stets am Anfang der Belegung gegeben wird.
3. Aufschalten: Kann ein Stromstoß von z. B. 200 ms sein.
4. Trennen: Kann auch ein Stromstoß von 200 ms sein, weil nach der Aufschaltung stets Trennen oder Auslösen erfolgt.
5. Rufen: Kann ebenfalls ein Stromstoß von 200 ms sein, weil Rufen, Aufschalten und Trennen praktisch gleichartige Vorgänge sind; denn die Beamtin will mit dem Teilnehmer in Verbindung treten, entweder durch Aufschalten, Trennen oder Rufen.
6. Melden des Teilnehmers: Kann durch einen kurzen Stromstoß von 60 ms erfolgen, der rückwärts vom Gerufenen zum Rufenden fließt.
7. Schlußzeichen: Kann entweder ein längerer Stromstoß von 200 ms oder ein Zug von Stromstößen von je 60 ms Dauer sein, die sich vom Meldestromstoß unterscheiden.
8. Auslösen: Kann durch einen langen Stromstoß, z. B. von 600 ms, erfolgen, der sich grundsätzlich von allen anderen unterscheidet.

Zu diesen Zeichen ist zu sagen, daß ein besonderes Belegungszeichen nur für Fernleitungen erforderlich ist, die in beiden Richtungen benutzt werden. Bei Richtungsverkehr kann der erste Wahlstromstoß die Belegung verursachen. Aufschalten und Trennen werden in Deutschland nicht mehr ausgeführt, diese Zeichen können hier fortfallen.

Bei Fernleitungen mit Echosperren müssen besondere Vorkehrungen getroffen werden, damit durch die Echosperren nicht die Übertragung der Zeichen in Frage gestellt wird. Abb. 96 läßt auch die Richtung der verschiedenen Zeichen erkennen. Der Schutz der Wahl- und Zeichenströme bei der Tonfrequenzwahl gegen Beeinflussung durch Sprache wird für die einzelnen Vorgänge wie folgt erreicht:

Der Belegungsstromstoß bedarf keines Schutzes. Die Wahlstromstöße werden durch Abschalten der ankommenden von der weitergehenden Leitung geschützt. Aufschalten, Trennen und Rufen sind zunächst durch Abschalten, dann durch einen längeren Stromstoß geschützt. Melden bedarf nur dann eines Schutzes, wenn es gebührenfreie Verbindungen gibt, die aber sehr selten sind. Schlußzeichen ist durch einen langen Stromstoß

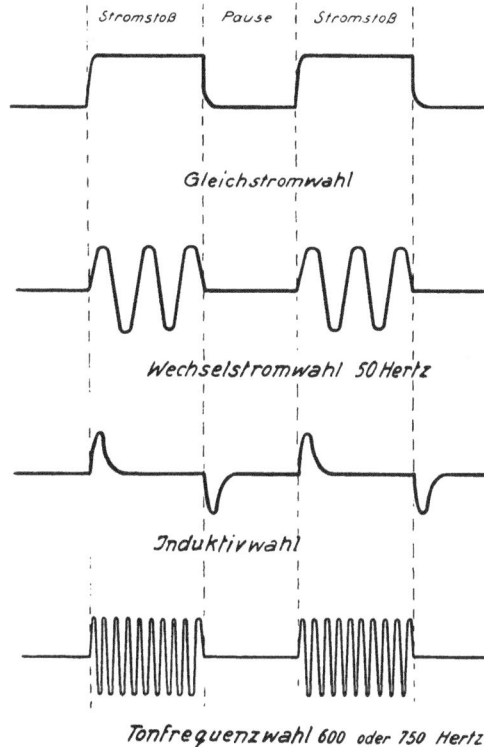

Abb. 97. Stromstoßarten auf der Fernleitung.

oder durch einen Zug von Stromstößen, Auslösung ist durch einen besonders langen Stromstoß geschützt.

In Abb. 97 sind die Stromstöße bei der Fernwahl mit den verschiedenen Stromarten zusammengestellt. Man ersieht deutlich, daß bei der Gleich- und Wechselstromwahl die Wahlströme sich innerhalb der Stromzeichen befinden, während bei der Induktivwahl Anfang und Ende des Stromzeichens durch die Anfänge der beiden entgegengesetzt gerichteten Induktionsströme bezeichnet werden.

Die verschiedenen Arten der Wahl- und Zeichenstromstöße werden nun nicht durch den Teilnehmer oder die Beamtin bestimmt, sondern sind der betreffenden Leitung, die zum Verbindungsaufbau belegt ist, fest zugeordnet, so daß stets selbsttätig durch die vorgesehenen Relaisübertragungen eine

Umformung der Stromstöße am Anfang der betreffenden Leitung und Rück-
formung am Ende der Leitung erfolgt.

An den Fernplätzen geschieht die Wahl und Zeichengabe stets mit Gleich-
strom. Die Umformung der Stromstöße in die der Fernleitung angepaßte
Stromart erfolgt immer am Anfang der Fernleitung durch entsprechende
Relaisübertragung oder Umformer, wie Abb. 98 erkennen läßt.

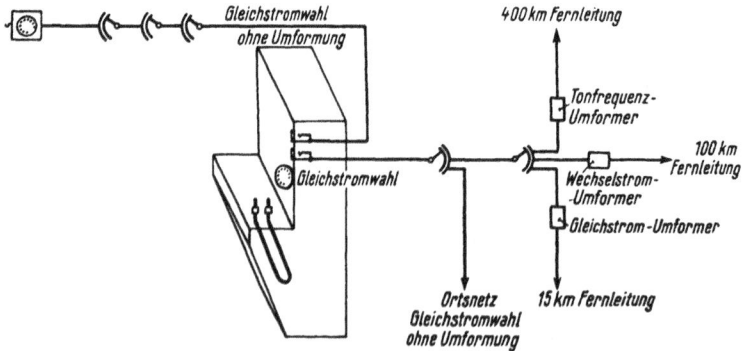

Abb. 98. Umformung der Stromzeichen.

Setzt sich eine Fernleitung aus mehreren Fernleitungen verschiedener
Art zusammen, so erfolgen stets am Anfang und Ende jedes Fernleitungs-
abschnittes die Umformungen in die entsprechenden Stromarten, wobei in
den Durchgangsämtern stets Stromstöße mit Gleichstrom verwendet werden.
Abb. 99 zeigt die mehrfache Umformung und die jeweils verwendete Stromart in den Fernleitungsstrecken.

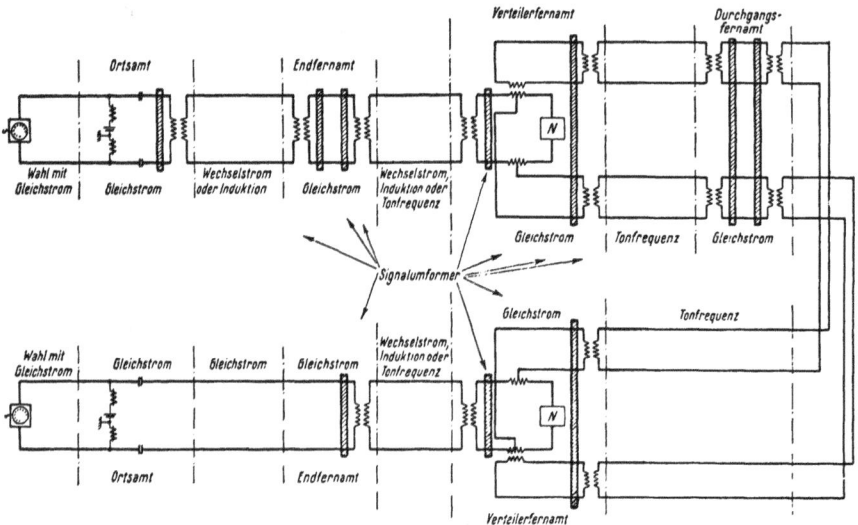

Abb. 99. Mehrfache Umformung der Fernwahlstromstöße.

160

Die Fernwahl kann auch teilweise ausgeführt werden, wenn sie noch nicht überall eingeführt worden ist. Sie endet dann in den Ämtern an Plätzen, bis zu denen Fernwahl möglich ist. Die Verbindungen werden dann von diesen Plätzen vollendet oder, wenn Wartezeiten entstehen, von diesen Plätzen aus nach beiden Seiten aufgebaut. Abb. 100 läßt diesen Aufbau über die verschiedenen Arten von Fernämtern erkennen. Über diesen aufgebauten Fernweg verlaufen nicht nur die Wahlstromstöße, sondern auch alle erforderlichen Schaltkennzeichen, gemäß Abb. 96; sie werden ebenfalls

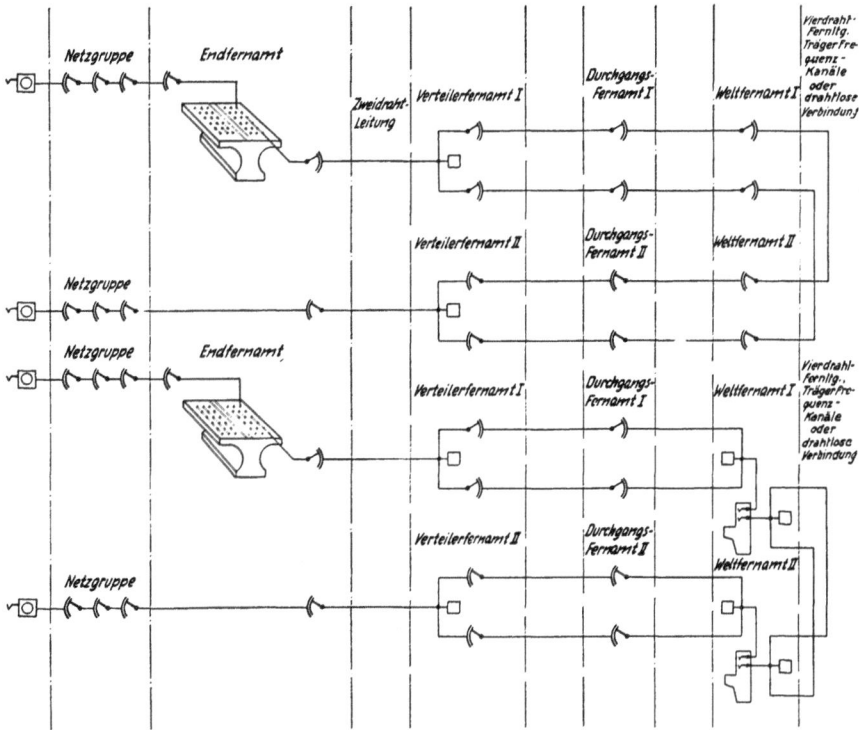

Abb. 100. Weitfernverkehr mit Fernwahl.

in den Ämtern und auf den Leitungen entsprechend umgeformt. Der Fernbetrieb und die Fernwahl sind uneingeschränkt über die weitesten Entfernungen mit allen Schaltkennzeichen und Bedingungen einwandfrei möglich. Die vielen Umsetzungen der Stromstöße und Schaltkennzeichen bedeuten heute keine Schwierigkeit mehr.

Die Fernwahl mit Tonfrequenz hat bisher nur in den innerstaatlichen Netzen Verwendung gefunden, wo aber schon viele größere Fernleitungen mit Tonfrequenzwahl betrieben werden. Im zwischenstaatlichen Netz ist nur einmal ein größerer Versuch zwischen Berlin und Helsingfors im Jahre 1931 auf 1600 km Entfernung gemacht worden, der gut gelungen ist und den Beweis des guten Arbeitens der Fernwahl auch im zwischenstaatlichen Netz erbracht hat. Bei den kurzen Fernleitungen ist die Fernwahl mit Wechselstrom weiter verbreitet; es sind in Deutschland im öffentlichen Netz etwa 5000 Fernleitungen mit dieser Wahlart in Betrieb. In nichtöffentlichen Netzen arbeiten in Deutschland über 400 Leitungen mit Tonfrequenzwahl und über 1500 Leitungen mit Induktivwahl.

Die Herstellung der Fernverbindungen auf größere Entfernungen erfolgt durch Beamtinnen von Hand oder mittels Fernwahl, auf kürzere Entfernungen können sich die Teilnehmer die Fernverbindungen, wenn es als zweckmäßig erkannt wird, selbst herstellen. Die Fernwahl ist für die Teilnehmer genau so einfach und schnell wie die Ortswahl. Schwierig ist nur die Ermittlung und Verrechnung der Gebühr, die aber selbsttätig, wie schon behandelt, durch Zeitzonenzähler erfolgt. Verrechnet wird die Gebühr nach der wirtschaftlichsten Methode, indem der Teilnehmerzähler mehrmals entsprechend der aufgelaufenen Gebühr betätigt wird.

18. Die vom CCIF angenommene und empfohlene Tonfrequenz= fernwahl für zwischenstaatliche Fernleitungen.

Das CCIF hat für zwischenstaatliche Fernleitungen eine Tonfrequenzwahl mit zwei Frequenzen angenommen, die näher erläutert werden soll.

Für die Fernwahl mit Tonfrequenz werden Frequenzen des Sprachbandes verwendet, weil sie wie alle anderen Frequenzen dieses Bandes von den Übertragungsmitteln in gleicher Weise beeinflußt, also sowohl gedämpft als auch verstärkt werden. Sie durchlaufen die Teile des Übertragungssystems, das sind Leitungen, Kanäle, drahtlose Beziehungen, Übertrager usw. und auch die Verstärker und gelangen an das Ende des Systems in derselben Verfassung wie die anderen Frequenzen des Sprachbandes. Wo demnach Sprache übertragen wird, werden auch die Wahlfrequenzen übertragen. Die Tonfrequenzfernwahl hat aber neben diesem Vorteil einen großen Nachteil gegenüber anderen Wahlarten, sie ist durch die Sprache beeinflußbar. Um diesen Nachteil zu bekämpfen, sind daher besondere Mittel aufzuwenden. Zunächst sind deshalb zwei Frequenzen für die Zeichengabe gewählt worden, und zwar 600 und 750 Hertz. Der Schutz der Fernwahl selbst durch Sprache kann in einfacher Weise durch Nichtzusammenschalten der Fernleitungsabschnitte während des Aufbaues der Fernverbindung erreicht werden, so daß das Mikrophon der aufbauenden Stelle nicht mit der Fernleitung in Verbindung steht. Es kann dann die Fernwahl mit nur einer Frequenz erfolgen, weil irgendwelche Beeinflussungen durch Sprache nicht auftreten können. Gefahr für Beeinflussung besteht nur im Sprachzustand bei durchgeschalteter Verbindung. In diesem Zustand ist zur Verhinderung der Beeinflussung ein besonderes Vorbereitungszeichen eingeführt worden, das keinerlei Steuerzeichen veranlaßt, sondern nur die Fernleitungen nach einer gewissen Zeit öffnet, dadurch das Durchlaufen der weiteren Zeichen über zusammengeschaltete Fernleitungen verhindert und die Beeinflussung durch die Sprache ausschaltet. Es können dann die eigentlichen Steuerzeichen wie die Fernwahl selbst ohne jede Sprachbeeinflussung übertragen werden. Beeinflußbar durch Sprache ist demnach nur das Vorbereitungszeichen, das daher mit den größten Sicherheiten auszustatten ist. Diese vorgesehenen Sicherheiten bestehen aus der Verwendung

a) der beiden Frequenzen gleichzeitig,
b) eines besonderen Frequenzschutzes,
c) der Zeit.

Das CCIF hat beschlossen, über die Wirksamkeit dieser Schutzmittel besondere Untersuchungen anzustellen, insbesondere, um wieviel größer der Schutz durch Verwendung der zwei Frequenzen gegenüber einer Frequenz ist. Diese Untersuchungen sind in Deutschland angestellt worden, wobei gleichzeitig die Wirkung des besonderen Frequenzschutzes und der Zeit ermittelt wurde. Der Frequenzschutz besteht darin, daß das Zeichen unterdrückt wird, wenn andere als die Zeichenfrequenzen in dem ankommenden Frequenzgemisch enthalten sind.

Abb. 101 zeigt die Häufigkeit der Fehler bei Verwendung einer Frequenz und zwei Frequenzen gleichzeitig ohne und mit Frequenzschutz, in allen

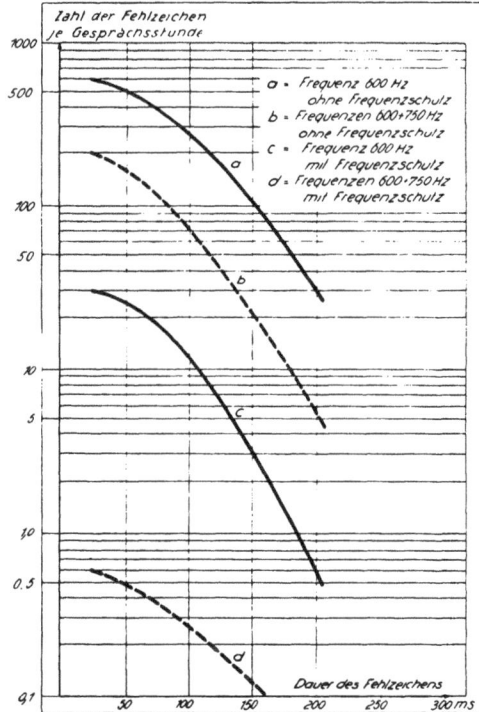

Abb. 101. Anzahl der Fehler je Gesprächsstunde bei Tonfrequenzempfänger mit einer und zwei Frequenzen ohne und mit Frequenzschutz, abhängig von der Zeit. Empfindlichkeit 1 mW am Pegel 0.

Fällen abhängig von der Zeitdauer des Fehlzeichens. Auf der Vertikalen sind die beobachteten Fehler je Gesprächsstunde, auf der Horizontalen die Dauer der Fehlzeichen aufgetragen. Zeichen geringerer Dauer sind jeweils gefahrlos. Man ersieht deutlich den günstigen Einfluß der vorgesehenen Sicherheitsmaßnahmen, wie die Verwendung der beiden Frequenzen gleichzeitig, des Frequenzschutzes in dieser Form und der Zeit. Z. B. bei einer Fehlzeichendauer von 100 ms Länge kommen in einer Gesprächsstunde bei Verwendung nur einer Frequenz ohne Frequenzschutz etwa 280 Fehler, bei zwei Frequenzen ohne Frequenzschutz nur etwa 70 Fehler, bei einer Frequenz mit Frequenzschutz etwa 10 Fehler, bei zwei Frequenzen nur etwa 0,28 Fehler vor. Bei einer Zeit von 150 ms sinkt die Fehlerzahl bei zwei Frequenzen und Frequenzschutz auf etwa 0,12 Fehler je Gesprächsstunde. Die Sicherheit gegen Beeinflussung durch Sprache wird demnach verbessert bei Verwendung von zwei Frequenzen gleichzeitig gegenüber einer Frequenz, in beiden Fällen ohne Frequenzschutz, bei verschiedenen Zeiten um das 3- bis 6fache, mit Frequenzschutz um das 25- bis 50fache. Der Frequenzschutz allein verbessert die Sicherheit bei einer Frequenz um das 20- bis 50fache, bei zwei Frequenzen um das 170- bis 360fache, bei einer Frequenz ohne und zwei Frequenzen mit Frequenzschutz um das 800- bis 1000fache. Die Verbesserung beträgt bei Verdoppelung der Zeit das 2- bis 10fache. Danach ist die Verwendung von zwei Frequenzen mit Frequenzschutz für das Vorbereitungszeichen zu empfehlen, wobei eine Zeitdauer von etwa 150 ms genommen werden kann. In diesem Falle würde ein Fehler in 10 Gesprächsstunden auftreten und die Fernverbindung um etwa 300 ms auftrennen, was zulässig erscheint. Nach 150 ms dürfen erst die Empfänger ansprechen und die Fernleitung öffnen, während das Zeichen selbst aus Sicherheitsgründen wegen der unvermeidbaren Toleranzen noch eine Zeitlang aufrechterhalten wird. Das Vorbereitungszeichen dauert etwa 300 ms, nach 150 ms können aber schon die Empfänger ansprechen.

Die über die Fernleitung zu übertragenden Zeichen sind in zwei große Gruppen, in grundsätzliche Zeichen, die in allen Fällen verwendet werden müssen, und in zusätzliche Zeichen, die von Fall zu Fall von den beteiligten Verwaltungen bestimmt werden, eingeteilt worden, von denen zunächst nur die grundsätzlichen Zeichen festgelegt worden sind. Diese sind in Abb. 102 nach Bedeutung, Art, Frequenz und Richtung dargestellt. Sie bestehen aus einfachen Zeichen für Belegung und Fernwahl

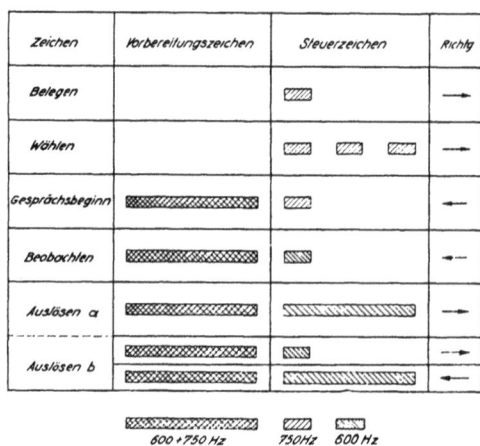

Abb. 102. Grundsätzliche Zeichen der Tonfrequenz-Fernwahl.

und aus zusammengesetzten Zeichen nach aufgebauter Verbindung mit dem schon behandelten Vorbereitungszeichen und darauf folgendem Steuerzeichen für Melden, Beobachten und Auslösen. Die Zeitdauer der Zeichen ist festgelegt, wie es später noch angegeben wird. Die zusätzlichen Zeichen sollen später bestimmt werden.

Beim Auslösen fällt auf, daß zwei Möglichkeiten vorgesehen sind, die sich aus zwei Methoden ergeben, die Schwierigkeiten der Unterwegs-Echosperren zu meistern. Bei solchen Echosperren muß Vorsorge getroffen wer-

164

den, daß das ausgesandte Zeichen auch richtig empfangen wird. Das kann entweder dadurch erreicht werden, daß es nur ausgesandt wird, wenn die Echosperre nicht die Richtung sperrt — Methode a —, oder es wird so lange wiederholt, bis ein Antwortzeichen den Empfang bestätigt — Methode b. Bei der Methode a, die in Deutschland angewandt wird, ist ein Sprachrelais vorgesehen, das auf alle Frequenzen anspricht. Wenn Sprache auf der Leitung vorhanden ist, die die Echosperre erregt, so ist auch das Sprachrelais erregt. Demnach überwacht das Sprachrelais die Echosperre und läßt erkennen, wann die Leitung frei zur Übertragung von Zeichen ist. Ein Zeichen wird daher nur abgesandt, wenn das Sprachrelais nicht erregt ist. Tritt eine Verstümmelung oder Unterdrückung des Zeichens ein, weil die Echosperre nach der Absendung des Zeichens wieder angesprochen hat, was das Sprachrelais anzeigt, so wird das Zeichen wiederholt. Dieser Vorgang wird so lange

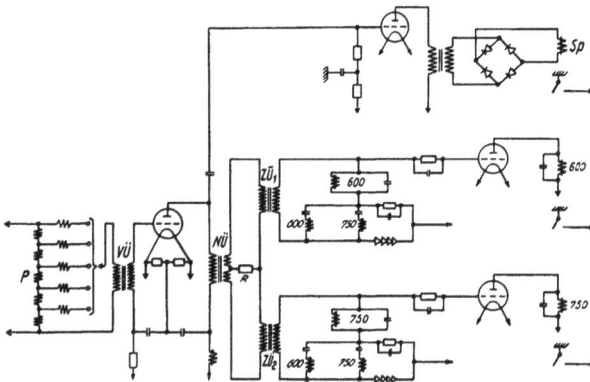

Abb. 103. Tonfrequenzempfänger für zwei Frequenzen mit Frequenzschutz.

wiederholt, bis sichergestellt ist, daß das Zeichen empfangen worden ist. Dieselbe Methode wird für den sicheren Empfang des Meldezeichens angewendet, weil davon gegebenenfalls die Durchschaltung der Verbindung und die Zählung des Ferngespräches abhängt. Sie ist nicht wichtig für das Zeichen „Beobachten", weil dieses durch ein dauernd wiederholtes Zeichen gegeben wird, so daß gelegentliches Ausfallen einiger Zeichen ohne jede Bedeutung ist. Künftig, wenn die Unterwegs-Echosperren durch Gabel-Echosperren ersetzt werden, werden die Verhältnisse einfacher, weil sich dann diese Echosperren leichter überwachen lassen.

In welcher Weise in Deutschland der Zeichenempfänger für zwei Frequenzen mit Frequenzschutz und Sprachrelais geschaltet ist, zeigt Abb. 103. Es sind zwei Resonanzkreise für 600 und 750 Hertz vorgesehen, die je durch zwei weitere Resonanzkreise für 600 und 750 Hertz — den Frequenzschutz — unwirksam werden, wenn andere als die Zeichenfrequenzen in dem ankommenden Frequenzgemisch enthalten sind. Die Resonanzkreise wirken in besonderer Weise auf einen Verstärker und dieser auf die entsprechenden

Frequenzrelais. Weiter ist der besondere Kreis des Sprachrelais Sp gezeigt, das auf alle Frequenzen anspricht. Das ankommende Frequenzgemisch durchläuft ein Potentiometer P, einen Vorübertrager $V\ddot{U}$, einen Vorverstärker, einen Nachübertrager $N\ddot{U}$ und wird dann durch die Zwischenübertrager $Z\ddot{U}_1$ und $Z\ddot{U}_2$ auf die Kreise des Frequenzrelais mit dem Frequenzschutz verteilt, die möglichst unabhängig voneinander gestaltet sind. Der Verstärker des Sprachrelais ist unmittelbar mit dem Vorverstärker verbunden. Mit dem Frequenz- und Sprachrelaiskontakten werden die Relais eines Satzes gesteuert, die die verschiedenen Zeiten überwachen und die empfangenen Zeichen weitergeben.

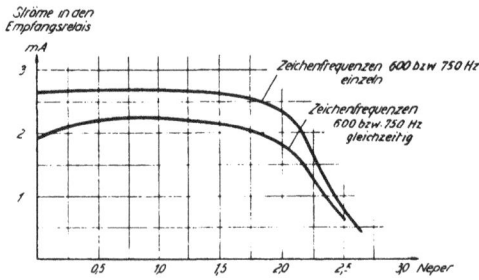

Abb. 104. Ströme in den Empfangsrelais, abhängig von der Dämpfung.

Abb. 104 zeigt den Erregerstrom in den Frequenzrelais, abhängig von dem Pegel der Fernleitung, wenn nur die Zeichenfrequenzen allein, einzeln oder gleichzeitig eintreffen. Man ersieht, daß der Strom in einem großen Bereich unabhängig von dem Pegel ist, so daß verhältnismäßig große Pegelschwankungen auf die Frequenzrelais keinen Einfluß haben. Wie der Frequenzschutz beim Auftreten von Störfrequenzen auf die Erregerströme wirkt, kann am besten an der Veränderung des Erregerstromes der Frequenzrelais ersehen werden, wenn andere als die Zeichenfrequenzen auf den Empfänger auftreffen. In Abb. 105 ist der Einfluß dargestellt. Sind nur die Zeichenfrequenzen vorhanden, so ist der Erregerstrom in a dargestellt, der dem Strom der Abb. 104 entspricht. Treten Störfrequenzen auf, so sinkt der Erregerstrom in den Frequenzrelais je nach dem Pegel der Störströme. Bei gleichem Pegel ist der Erregerstrom gleich Null. In Abb. 105 sind die Erregerströme dargestellt, wenn die Störströme einen Pegel von $-0{,}7$ Neper, dargestellt in Kurve e, $-1{,}0$ in Kurve d, $-1{,}5$ in Kurve c und -2 in Kurve b besitzen. Der Frequenzschutz wirkt bis zum Pegel $-1{,}5$ Neper der Störströme, weil bis zu diesem Wert die Frequenzrelais nicht ansprechen. Der Frequenzschutz in dieser Form ist daher sehr wirkungsvoll.

Wie Tonfrequenz-Sender

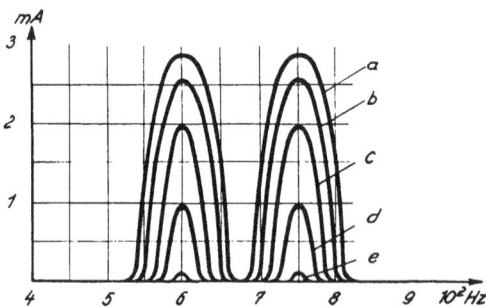

Abb. 105. Erregerstrom in den Frequenzrelais, abhängig von Störfrequenzen.

a = ohne Störfrequenz,
b = mit Störfrequenz: Pegel -2 Neper
c = mit Störfrequenz: Pegel $-1{,}5$ Neper
d = mit Störfrequenz: Pegel -1 Neper
e = mit Störfrequenz: Pegel $0{,}7$ Neper

166

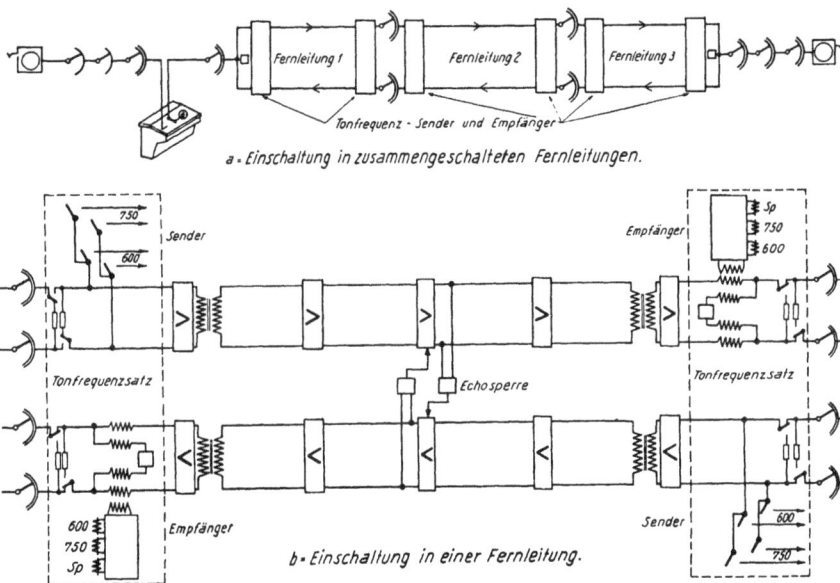

a · Einschaltung in zusammengeschalteten Fernleitungen.

b · Einschaltung in einer Fernleitung.

Abb. 106. Einschaltung der Tonfrequenz-Sender und -Empfänger in Fernleitungen.

und -Empfänger in einer Vierdrahtleitung eingeschaltet sind, läßt Abb. 106 erkennen. Die Abbildung zeigt in *a* die Tonfrequenz-Sender und -Empfänger in einer aus mehreren Fernleitungen zusammengeschalteten Fernverbindung, in *b* in einer einzelnen Fernverbindung, in der auch die Unterwegs-Echosperren eingezeichnet sind. Am Anfang und Ende jeder Fernleitung erfolgt demnach die Umformung der Tonfrequenzzeichen. Beim Auftrennen der Fernleitung durch das Vorbereitungszeichen erfolgt ein Abschluß der Teile durch 600 Ohm.

Außer den Zeichenfrequenzen selbst sind noch folgende Werte festgelegt worden:

a) Die zulässigen Frequenzschwankungen am Sender dürfen $\pm$ 0,5 $^0/_0$ betragen. Der Zeichenempfänger muß aber auch auf Frequenzschwankungen $\pm$ 22,5 Hertz noch richtig ansprechen.

b) Die aufzuwendende Leistung am Anfang der Fernleitung soll je Frequenz 1 mW am Pegel 0 mit einer Toleranz von $\pm$ 0,1 Neper betragen.

c) Der Einfügungsverlust des Empfängers darf nicht größer als 0,035 Neper sein.

d) Die Einschaltung des Empfängers muß am Pegel 0 bis —1,2 Neper möglich sein, bei einer Pegelschwankung von $\pm$ 0,5 Neper.

e) Die Fernwahlzeichengeschwindigkeit beträgt 10 Zeichen je Sekunde $\pm$ 1.

f) Bedeutung, Art, Frequenz und Richtung der grundsätzlichen Zeichen sind in Abb. 102 angegeben.

g) Die Zeitdauer der Zeichen soll für kurze Zeichen 60 bis 100 ms, für lange Zeichen 300 bis 400 ms betragen.

h) Die Zeitdauer der Pause zwischen Vorbereitungszeichen und Steuerzeichen soll 30 bis 50 ms betragen, bei der Wiederholung der Zeichen für Beobachten 550 ms und mehr.

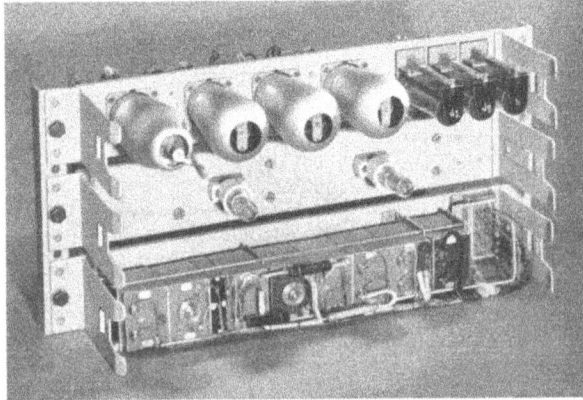

Abb. 107. Tonfrequenzfernwahl-Empfänger, ohne Schutzkappen, für zwei Frequenzen.

Zum Schutz der Tonfrequenzfernwahl im zwischenstaatlichen Netz sind noch folgende Bestimmungen getroffen worden, wenn in den innerstaatlichen Netzen dieselben Zeichenfrequenzen 600 und 750 Hertz verwendet werden: Ein Zeichen mit einer Zeichenfrequenz darf nicht länger als 400 ms, mit den beiden Zeichenfrequenzen nicht länger als 150 ms dauern.

In Abb. 107 wird der Tonfrequenzfernwahl-Empfänger mit den vier Röhren und den drei Tonfrequenzrelais ohne Schutzkappen und in Abb. 108

Abb. 108. Tonfrequenzfernwahl-Empfänger unter Schutzkappen.

168

mit Schutzkappen gezeigt. Abb. 109 zeigt den zur Umwertung der Schalt-kennzeichen erforderlichen Relaissatz, der die Tonfrequenzzeichen in Gleich-stromzeichen umformt, die dem örtlichen Wählersystem angepaßt sind.

Mit der Tonfrequenzfernwahl auf dieser Grundlage ist es möglich, ein zwangloses Zusammenarbeiten der verschiedensten Wählersysteme über Fern-leitungen zu erreichen. Die Tonfrequenzzeichen auf den Fernleitungen sind für alle verschiedenartigen Wählersysteme gleich, der Relaissatz, der diese Tonfrequenzzeichen umformt, bringt sie in diejenige Form, die dem ört-lichen Wählersystem entspricht. Der Relaissatz ist demnach für alle Wähler-systeme verschieden.

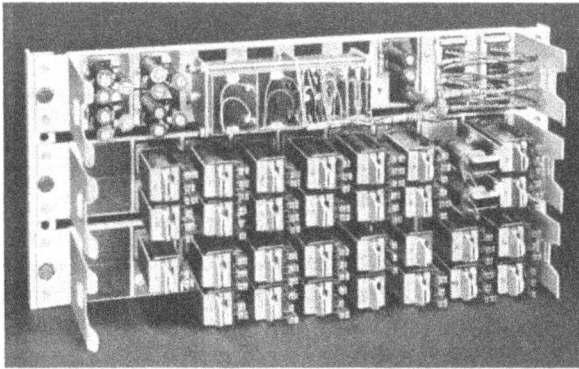

Abb. 109. Relaisübertragung für Tonfrequenzfernwahl (ohne Schutzkappen).

Die Hörzeichen in den selbsttätigen Ortsämtern haben Einfluß auf die Tonfrequenzfernwahl und können diese stören, wenn sie nicht bestimmte Bedingungen erfüllen. Z. B. kann das Wählzeichen die Fernwahl selbst durch Verstümmelung der Zeichen bei Unterwegs-Echosperren stören und das Be-setztzeichen die Auslösung einer Fernverbindung unterbinden, wenn dieses Zeichen aus einem ununterbrochenen oder einem zu kurz unterbrochenen Ton besteht, weil dann Unterwegs-Echosperren die Übertragung des Aus-lösezeichens verhindern. Aus diesen Gründen sind auch für die Hörzeichen in den Ortsämtern Empfehlungen festgelegt worden. In einem Selbstanschluß-Ortsamt sollen im allgemeinen nur drei Zeichen vorkommen:

a) Das Wählzeichen,
b) das Besetztzeichen,
c) das Rufzeichen.

Zu a: Das Wählzeichen ist im zwischenstaatlichen Verkehr aus mehre-ren Gründen nicht erwünscht, und es soll dieses Zeichen deshalb hier in Zukunft grundsätzlich vermieden werden. In der Übergangszeit ist nur ein ganz kurzer Ton zulässig.

Zu b: Das Besetztzeichen, das ständig wiederholt wird, soll aus dem Zeichen selbst und einer Pause bestehen, die mindestens 400 ms lang ist.

169

Das vollständige Zeichen, d. h. Zeichen plus Pause soll 500 bis 1500 ms betragen.

Zu c: Das Rufzeichen wird ebenfalls periodisch wiederholt. Das Zeichen selbst soll ein einfaches oder zusammengesetztes Zeichen von 1 s Dauer sein mit einer Pause von mindestens 2 s oder länger.

Die Hörzeichen müssen demnach, bevor eine Tonfrequenzwahl eingeführt wird, diesen Bedingungen angepaßt werden.

Die vom CCIF angenommenen Empfehlungen in der vorliegenden Form sind sehr zu begrüßen; denn diese Empfehlungen werden die Einführung des Wählerbetriebes mit der Tonfrequenzfernwahl im zwischenstaatlichen Netz und auch in den innerstaatlichen Netzen sehr fördern.

19. Stromstoßentzerrer.

Die Fernwahlstromstöße erleiden auf ihrem langen Wege von den Gebern, das sind die Nummernschalter oder sonstige Zahlengeber, zu den Empfängern, das sind die Wähler, bei ihren teilweise vielen Umformungen gewisse Verzerrungen, die ihre Ursache in den Eigenschaften der Leitungen, der Relais und der sonstigen Übertragungsmittel haben. Dazu tritt bei der Wahl mit Wechselstrom niederer Frequenz der Einfluß der Phase, d. h. in welchem Augenblick das Relais eingeschaltet wird. Bei 50 Hertz kommen auf einen Stromstoß nur drei Schwingungen, so daß der Phaseneinfluß verhältnismäßig groß sein kann. Unter Verzerrung wird hierbei nicht die Veränderung der Stromform selbst, sondern diejenige der Stromschließungs- oder Öffnungszeit verstanden, die verkürzt oder verlängert sein kann. Da die Verzerrungen mit der Zahl der Umformungen wachsen, so ist eine Entzerrung der Stromstöße aus diesen Gründen nach einer gewissen Zahl von Umformungen wünschenswert. Bei der Entwicklung von zweckmäßigen Entzerrern sind die Eigenschaften der Empfänger, also der Wähler, zugrunde zu legen. Die Stromstöße werden mit ihren Pausen von den Gebern in einem bestimmten Stromstoßverhältnis und mit einer gewissen Geschwindigkeit gegeben, die beide mit zulässigen Abweichungen behaftet sind. Die Wähler arbeiten aber nicht auf Stromstoßverhältnisse, sondern auf gewisse Stromschließungs- und Öffnungszeiten und versagen erst, wenn diese Zeiten bestimmte Werte unterschreiten. Es braucht daher durch die Entzerrer das ursprüngliche Stromstoßverhältnis nicht unbedingt wieder hergestellt zu werden, sondern es reicht vollkommen aus, wenn eine Prüfung auf geringste Stromschließungs- und Öffnungszeiten erfolgt und gegebenenfalls eine Unterschreitung dieser Zeiten durch die Entzerrung verhindert wird. Für diesen Zweck gibt es die verschiedensten Stromstoßentzerrer, elektrische und mechanische, die untereinander ebenfalls wieder Verschiedenheiten in der Art der Entzerrung aufweisen. Die Grundsätze dieser beiden Arten von Entzerrern sollen behandelt werden.

a) Elektrische Stromstoßentzerrer.

Bei den elektrischen Stromstoßentzerrern kann man im allgemeinen drei Gruppen unterscheiden:

die 1. Gruppe prüft und entzerrt die Stromstoßzeit,

die 2. Gruppe prüft und entzerrt die Pausen zwischen den Stromstößen,

die 3. Gruppe prüft und entzerrt sowohl Stromstoßzeit als auch die Pausen.

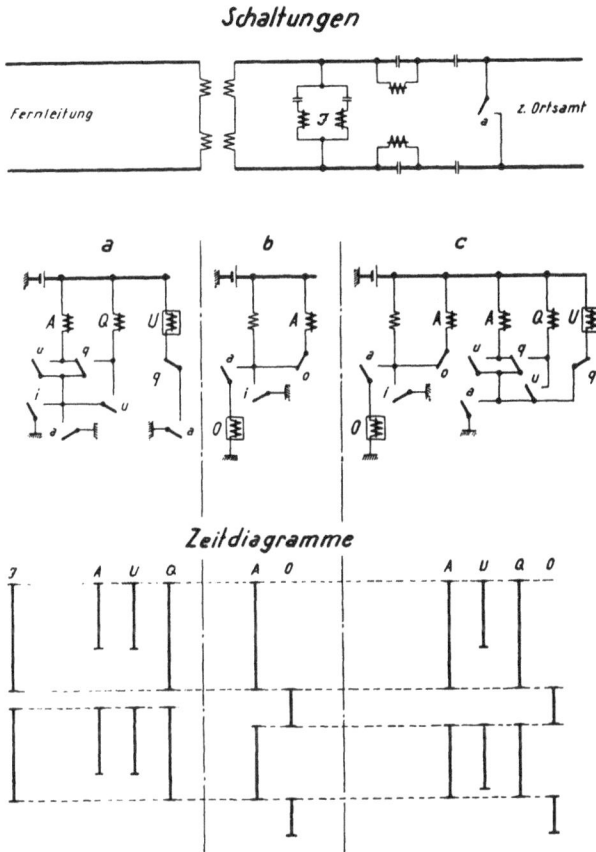

Schaltungen

Zeitdiagramme

Abb. 110. Drei Arten von elektrischen Stromstoßentzerrern.

In Abb. 110 sind diese drei Arten der Stromstoßentzerrer in einer gemeinsamen Linienschaltung dargestellt; die unter jedem Entzerrer befindlichen Zeitdiagramme der Relais lassen die Wirkungsweise der Entzerrer erkennen. In allen Fällen ist J das Wechselstromempfangsrelais und A das die Stromstöße weitergebende Relais.

Die erste Entzerrung *(a)* arbeitet unabhängig von der Zeitdauer der einlaufenden Stromstöße immer auf gleiche Zeitdauer der weitergegebenen Stromstöße. Zu kurze Zeiten werden auf einen bestimmten Wert verlängert, lange Zeiten auf denselben Wert verkürzt. Die Zeit der weitergegebenen Stromstöße ist abhängig von der Verzögerungszeit des Relais U. Die zweite Entzerrung *(b)* arbeitet bei zu kurzer Zeit der einlaufenden Pausen immer auf gleiche weiterzugebende Mindestpause, die abhängig ist von der Verzögerungszeit des Relais O. Die dritte Entzerrung *(c)* ist eine Vereinigung von *a* und *b* und ändert die Stromschließungs- und Öffnungszeiten immer nur dann, wenn diese gewisse geringste zulässige Werte unterschreiten. Zu kurze Stromzeiten und zu kurze Pausen werden auf eine bestimmte Zeit verlängert, abhängig wieder von den Verzögerungszeiten der Relais U und O. Brauchbare Stromstöße und Pausen werden ungeändert weitergegeben. Man hat es daher durch die Einstellung der Verzögerungszeiten der Relais U und O in der Hand, alle drei Entzerrer beliebig zu regeln. Die elektrischen Stromstoßentzerrer sind einfach und reichen mit ihrer Wirkungsweise in der Praxis, wenn die Wählersysteme mit großen Toleranzen arbeiten, in allen Fällen aus.

Abb. 111. Stromstoßwiederholer.

b) Mechanische Stromstoßentzerrer.

Mechanische Entzerrer werden als sogenannte Stromstoßwiederholer gebaut und verwendet. Ein derartiger Stromstoßwiederholer ist in Abb. 111 als einzelnes Gerät gezeigt; er wird den Relaisübertragungen am Ende der Fernleitungen hinzugesetzt, wie es aus Abb. 112 aus der Anordnung im Rahmen zu ersehen ist. Er nimmt die Stromstöße auf und gibt sie mit den Pausen im richtigen Verhältnis wie der ursprüngliche Geber wieder weiter, wobei die

Zeitdauer der gesamten Stromstoßreihe und auch die Zeitdauer zwischen den Stromstoßreihen auf bestimmte Grundwerte gebracht werden. Der mechanische Stromstoßentzerrer besteht im wesentlichen aus einer Lochscheibe mit 50 Löchern, die bewegliche Stifte enthalten und die mechanisch innerhalb der Löcher verschoben werden können. Jeder Stift entspricht gewissermaßen einem Stromstoß und kann einen solchen speichern. Die einlaufenden Stromstöße schalten mit Hilfe eines Elektromagnets einen Steuerarm schrittweise über die Stifte der Lochscheibe weiter. Nach Ablauf der Stromstoßreihe wird durch den Steuerarm ein Stift in dieser Lochscheibe verschoben und zur anderen Seite durchgedrückt. Die nächste Stromstoßreihe schaltet den Arm wieder schrittweise weiter, und nach Ablauf der Reihe drückt der Steuerarm wieder den entsprechenden Stift durch. In dieser Weise kann Stromstoßreihe auf Stromstoßreihe gespeichert werden. Die Zahl der Stromstöße je Reihe ist stets zwischen den durchgedrückten Stiften aufgespeichert.

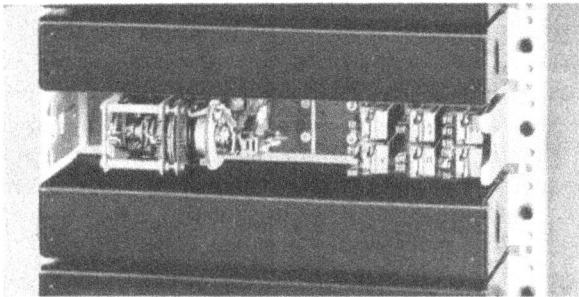

Abb. 112. Stromstoßwiederholer im Relaisgestell.

Ist die erste Stromstoßreihe aufgespeichert, so beginnt ein Stromstoßgeber in der Art der Nummernschalter Stromstöße in die weiterführende Leitung zu geben und schaltet dabei einen Prüfarm schrittweise über die Stifte, aber auf der anderen Seite der Lochscheibe so lange weiter, bis der Prüfarm an einen durchgedrückten Stift anschlägt und damit die abgegebene Stromstoßreihe beendet. Nach einer gewissen fest bestimmten Pause, z. B. 500 ms, wird der Stift durch den Prüfarm in der Scheibe in seine gewöhnliche Stellung zurückgedrückt, worauf der Geber wieder anläuft und Stromstöße so lange in die Leitung gibt, bis der Prüfarm wieder gegen den nächsten durchgedrückten Stift anstößt. Nach einer Pause wird der Stift wieder zurückgedrückt, der Geber läuft wieder an und so fort, bis der letzte durchgedrückte Stift erreicht ist. Der Steuerarm läuft also stets nur auf einer Seite der Lochscheibe und speichert, der Prüfarm läuft stets auf der anderen Seite der Lochscheibe nach und entspeichert wieder.

Es sind 50 Stifte vorgesehen, so daß 50 Stromstöße in einer beliebigen Zusammensetzung von Stromstoßzahl und Stromstoßreihen aufgenommen werden können. Da aber Stromstöße schon wieder abgegeben werden, nachdem die erste Stromstoßreihe aufgenommen ist, so können viel mehr als 50 Stromstöße verarbeitet werden. Nur wenn der Ablauf der Stromstoßreihen viel langsamer erfolgt als ihr Eintreffen, kommt die große Reserve in den 50 Stiften zur Anwendung.

Durch die einlaufenden Stromstöße wird, wie schon erwähnt, ein Elektromagnet schrittweise erregt, der den Steuerarm über die Stifte bewegt und dabei eine Antriebsfeder spannt, die den Ablauf des Gebers regelt, wobei die Feder wieder entspannt wird. Je mehr Stromstöße gespeichert sind, desto größer ist die Vorspannung der Feder, desto mehr Stromstöße können auch wieder abgegeben werden. Die Zahl der aufgenommenen Stromstöße entspricht genau der Vorspannung der Feder und der Zahl der abgegebenen, unterteilt in die entsprechenden Stromstoßreihen.

Bei dem mechanischen Entzerrer kann der Ablauf der Stromstoßreihen noch abhängig gemacht werden von der Wahlbereitschaft der angeschlossenen Wähler.

Der mechanische Stromstoßentzerrer erfordert zwar mehr Mittel als irgendein elektrischer Entzerrer, er erfüllt aber auch mehr Aufgaben als dieser; denn er stellt das ursprüngliche Stromstoßverhältnis wieder her, stellt die Ablaufzeiten richtig und regelt die Pausenzeit zwischen den Stromstoßreihen auf einen bestimmten Wert ein. Aus wirtschaftlichen Gründen wird man einfache elektrische Entzerrer überall da verwenden, wo die zu erfüllenden Bedingungen einfach sind und wo große Toleranzen in der Stromstoßgabe zugelassen werden können, und mechanische Entzerrer in all den Fällen, wo verwickelte Bedingungen vorliegen und wo enge Toleranzen in der Stromstoßgabe der Wählersysteme einzuhalten sind. Alle Arten der Stromstoßentzerrer finden in der Praxis Anwendung und haben sich bewährt. Die Ausbreitung der einfachen elektrischen Entzerrer ist aber wegen ihrer Wirtschaftlichkeit bei weitem größer als diejenige der mechanischen Entzerrer.

Konstruktionen.

20. Der Einfluß der Wählertechnik auf die Ausgestaltung der Fernämter.

Die Wählertechnik hat bekanntlich die Ortsämter grundlegend verändert und den Betrieb ganz erheblich verbessert, und sie wird auch die Ausgestaltung der Fernämter verändern und den Betrieb verbessern und vor allen Dingen beschleunigen.

Folgende Verbesserungen bringt die Wählertechnik unmittelbar in die Fernämter:

a) Verkleinerung und Vereinfachung der Fernämter.
b) Erhebliche Personalersparnis bei vereinfachtem Betrieb mit geringeren Hör- und Bedienungsfehlern.
c) Vereinfachte Verkehrsüberwachung und -regelung.

d) Bessere Verbindungsherstellung mit verdeckten Schaltern ohne Stöpsel und Klinken und mittels Fernwahl.

e) Vereinfachung der Gebührenerfassung und -berechnung.

f) Verminderung der Zahl der Fernämter.

g) Beschleunigung des Verkehrs; in den meisten Fällen Sofortverkehr ohne neuen Leitungsaufwand bei vereinfachtem Netz mit besserer Ausnutzung der Fernleitungen.

Diese grundlegenden Verbesserungen werden im einzelnen auf folgende Weise erreicht:

Zu a: Die Teilnehmer wählen sich auf kurzen Entfernungen die Fernverbindungen selber und entlasten damit die Fernämter. Die in großen Fernämtern sonst notwendigen vielen Gruppen verschiedenartiger Fernplätze werden zu einer Art von Fernplätzen zusammengefaßt. Die Anmeldungen werden unmittelbar zu den Fernplätzen, der ankommende und Durchgangsverkehr über Wähler geleitet.

Zu b: Personal wird erspart durch den Selbstwählverkehr der Teilnehmer über kurze Entfernungen, durch die Zusammenfassung der verschiedenen Gruppen von Fernplätzen zu einer Gruppe — besondere Meldeplätze, Plätze für den ankommenden Verkehr und Durchgangsplätze fallen fort — und durch den Aufbau der Fernverbindungen über größere und größte Entfernungen durch nur eine Beamtin im Gegensatz zum Handbetrieb, wo unter Umständen dafür fünf bis sechs Beamtinnen erforderlich sind. Die geringere Mitwirkung von Vermittlungspersonal vermindert die Zahl der Hör- und Bedienungsfehler.

Zu c: Die Einführung einer sehr einfachen Verkehrsüberwachung, die alle Schwankungen des Verkehrs selbsttätig anzeigt, ermöglicht es, die Zahl der tätigen Beamtinnen dem Verkehr leicht anzupassen.

Zu d: Da die Fernleitungen und Teilnehmer über Wähler erreicht werden, kann die Verbindungsherstellung und -durchschaltung am Platz selbst mit verdeckten Schaltern vorgenommen werden, wodurch Stöpsel, Klinken und Schnüre entbehrlich werden. Die Fernschränke mit großem Vielfachklinkenfeld der Fern- und Vermittlungsleitungen werden durch Tische ersetzt, die nur wenige Schalter erhalten.

Zu e: Bei Fernverbindungen, die die Teilnehmer sich selbst herstellen, erfolgt die Gebührenerfassung und -verrechnung selbsttätig durch Zeitzonenzähler und durch Mehrfachzählung auf den Teilnehmerzähler. Bei Fernverbindungen, die die Beamtinnen herstellen, wird entweder der bisherige Gebührenzettel beibehalten oder aber die Gebühr ebenfalls mit Mehrfachzählung auf den Teilnehmerzähler verrechnet, wobei die Ausstellung eines Gesprächszettels überflüssig wird. Eine Rückprüfung der Teilnehmernummer ist dann nicht erforderlich.

Zu f: Die Zusammenfassung vieler Orte zu Netzgruppen mit nur einem gemeinsamen Fernamt vermindert die Zahl der Fernämter erheblich. Im

Nachtverkehr können ferner weniger wichtige Fernämter aus dem Verkehr gezogen werden. Den Verkehr dieser Ämter vermitteln dann Fernämter höherer Ordnung.

Zu g: Durch die Bündelung der Fernleitungen erreicht man den Sofortverkehr mit einer erheblichen Ausnutzungssteigerung der Fernleitungen in der wirtschaftlichsten Weise; man erhält dadurch ferner ein sehr vereinfachtes, übersichtliches und klares Fernnetz.

Diese vielen grundlegenden Verbesserungen, die im folgenden näher erläutert werden sollen, sind die beste Erklärung für den Fortschritt der Wählertechnik im Fernbetrieb.

Große Fernämter haben bei Handbetrieb eine große Anzahl Gruppen verschieden ausgestatteter und bedienter Fernplätze. Im allgemeinen sind folgende Plätze vorhanden:

a) Plätze für die Anmeldung von Fernverbindungen,
b) Plätze für den abgehenden Fernverkehr mit Wartezeiten, die mitunter noch nach den verschiedenartigen Fernleitungen und den an die fremdsprachlichen Kenntnisse der Beamtinnen zu stellenden Anforderungen in verschiedene Gruppen geteilt sind,
c) Plätze für den ankommenden Fernverkehr, die mitunter ebenfalls in verschiedene Gruppen unterteilt sind,
d) Plätze für den Sofortverkehr,
e) Plätze für den unverstärkten Durchgangsverkehr,
f) Plätze für den verstärkten Durchgangsverkehr,
g) Sammelplätze für den Nachtverkehr, getrennt für die verschiedenen Gruppen.

In Abb. 113 ist ein Fernamt mit einer derartigen Unterteilung der Plätze, die in den verschiedenen Gruppen, ihrem Zweck entsprechend, eine verschiedenartige Ausrüstung haben, grundsätzlich dargestellt.

Die Verschiedenartigkeit der Plätze verlangt eine unterschiedliche Ausbildung des Personals. Die Platzzahl und Personalbesetzung in den verschiedenen Gruppen muß sich dem jeweiligen Verkehr anpassen, wobei in allen Gruppen wegen der Verkehrsschwankungen Platz- und Personalreserven erforderlich sind. Da sich die Plätze der verschiedenen Gruppen nicht ohne weiteres gegenseitig aushelfen können, muß in jeder Gruppe die Platzzahl für den jeweiligen Spitzenverkehr bestimmt sein. Die Gruppenteilung erfordert daher große Platz- und auch Personalreserven und verteuert somit den Betrieb erheblich.

Anders ist es, wenn der gesamte Fernverkehr auf Wählerbetrieb umgestellt und so der erstrebenswerte Endzustand erreicht ist. In diesem Falle gibt es in den Fernämtern nur noch eine einzige Art von sehr einfachen Fernplätzen, nämlich nur Plätze mit Sofortverkehr, die aber auch gegebenenfalls vorkommenden Warteverkehr erledigen, wenn in der Hauptverkehrsstunde einige Verbindungen nicht sofort hergestellt werden können. Diese einzige Gruppe von einheitlichen und einfachen Plätzen bedeutet gegenüber den verschiedenen Gruppen von Plätzen mit verschiedenartiger und umfangreicher Ausrüstung in den alten Fernämtern einen erheblichen Vorteil, weil sich die Verkehrsschwankungen nur auf eine Gruppe auswirken und mit der Einheitlichkeit der Plätze auch die Ausbildung des Personals einheitlich ist. In Abb. 114 ist ein derartiges Fernamt mit nur einer Art von Plätzen für

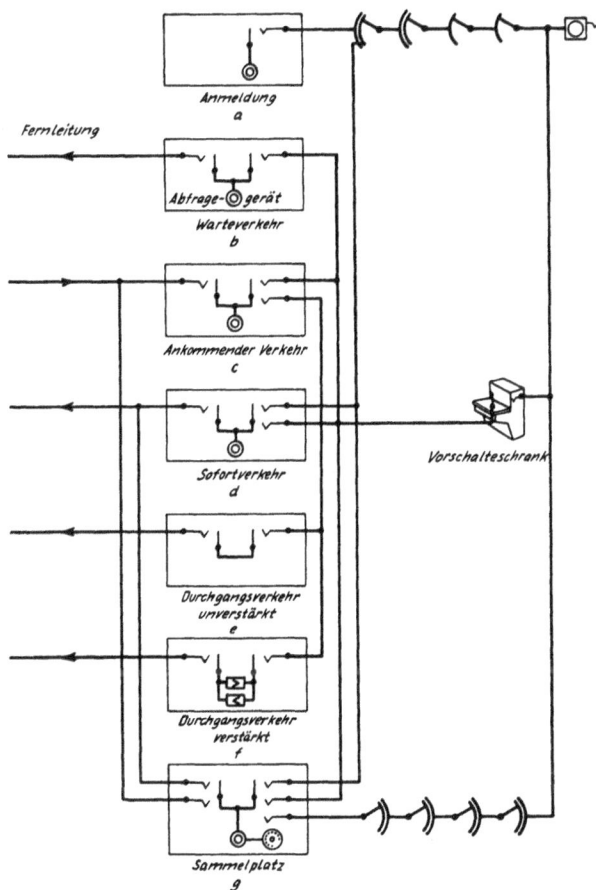

Abb. 113. Fernamt mit Handbetrieb und Unterteilung der Fernplätze.

vollkommen durchgeführten Wählerbetrieb dargestellt. Grundsätzlich wird dabei die bisherige feste Zuteilung der Fernleitungen zu den Plätzen aufgehoben. Fernleitungen und Teilnehmer werden über Wähler angesteuert.

Die Plätze für die Anmeldung von Ferngesprächen unter 113a werden dadurch eingespart, daß die Meldeanrufe über selbsttätig gesteuerte Wähler unmittelbar auf die Plätze für Sofortverkehr auflaufen. Eine selbsttätige Anrufverteilung sorgt dafür, daß jeder in Betrieb befindliche Platz mit nur einem Anruf belegt wird, weil grundsätzlich eine Beamtin jeweils nur einen Anruf bearbeiten kann. Mehrere Anrufe auf einen Platz auflaufen zu lassen, wäre unzweckmäßig, weil sie auf Erledigung warten müßten, selbst wenn an anderer Stelle Beamtinnen freigeworden sind oder sich neu eingeschaltet haben. Es würden dann nur größere Wartezeiten entstehen. Sind alle Plätze mit je einem Anruf belegt, so laufen überschüssige Anrufe auf ein Wartefeld, an dem man z. B. durch Aufleuchten von Lampen die Zahl der wartenden Teilnehmer unmittelbar ersehen kann. Wird eine Beamtin frei, weil sie ihren Anruf z. B. durch Herstellen der Fernverbindung erledigt hat, oder schaltet sich eine neue Beamtin an einem bisher unbesetzten Platz ein und gibt einen Verbindungssatz ihres Platzes frei, so läuft selbsttätig ein wartender Anruf auf den betreffenden Satz dieser Beamtin auf.

Nach der Belegung des Wartefeldes kann die Zahl der einzuschaltenden Beamtinnen in der einfachsten Weise bestimmt werden. Ist die Zahl der wartenden Anrufe groß, so müssen weitere Beamtinnen zum Dienst herangezogen werden; ist das Wartefeld längere Zeit von wartenden Anrufen frei, so kann daraus geschlossen werden, daß zuviel Beamtinnen im Dienst sind. Nach der Belastung des Wartefeldes kann daher die Abwicklung des Verkehrs ohne weiteres beurteilt und die Zahl der tätigen Beamtinnen sowohl bei Tag als auch bei Nacht dem jeweiligen Verkehr angepaßt werden. Werden die wartenden Anrufe, wie Abb. 114 zeigt, durch ein schreibendes Instrument aufgezeichnet, so läßt sich aus der Aufzeichnung nachträglich die gesamte Wartezeit und damit die Güte des Dienstes ersehen.

Die Plätze für den Fernverkehr mit Wartezeiten unter 113 b werden durch die Einführung des Sofortverkehrs und durch die Möglichkeit erspart, gelegentliche Verbindungen, die aus irgendeinem Grunde nicht sofort erledigt werden können, ebenfalls an den Plätzen für Sofortverkehr herzustellen. Für diesen Zweck wird der Platz mit seinen Verbindungssätzen gegenüber neuen Anrufen so lange gesperrt, bis die Verbindungen mit Wartezeit hergestellt sind.

Die Plätze für den ankommenden Verkehr unter 113 c werden durch Einführung einer Wählergruppe für den ankommenden Verkehr überflüssig, über die die Beamtinnen der anderen Fernämter die verlangten Teilnehmer durch Fernwahl unmittelbar ansteuern. Die Beamtin des fernen Amtes stellt zunächst die Wähler des eigenen Fernamtes, dann die Wähler des fernen Amtes und schließlich die Wähler der Ortsämter bis zum gewünschten Teilnehmer ein. Die ausschließliche Führung der Fernverbindungen über Wähler erspart in den Ortsämtern die früher hier erforderlichen Vorschalteschränke und deren Bedienungspersonal.

Die Platzzahl für den Sofortverkehr unter 113 d wird gegenüber früher vergrößert, weil der gesamte abgehende Fernverkehr über größere Entfernungen darüber fließt. Die Plätze werden aber anderseits entlastet von den Verbindungen, die die Teilnehmer über kurze Entfernungen sich selbst herstellen. Die Ausrüstung und der Betrieb dieser Plätze wird später noch näher erläutert.

Die Plätze für den unverstärkten wie verstärkten Durchgangsverkehr unter 113e und 113f werden ebenfalls durch eine besondere Wählergruppe eingespart. Die ferne Beamtin steuert auch diese Wähler durch Fernwahl, wobei, wenn erforderlich, selbsttätig Verstärker in die Verbindung eingeschaltet werden. Die Einschaltung und Regelung der Verstärker geschieht ohne irgendeine Mitwirkung von Hilfsbeamtinnen und hängt allein von der Art der miteinander verbundenen Fernleitungen ab.

In jeder Fernverbindung ist nur noch eine Beamtin im Ausgangsfernamt eingeschaltet, in dem die Fernverbindung angemeldet, hergestellt und verrechnet wird. Diese Beamtin steuert sowohl die Wähler in den eigenen Ortsämtern zu dem anrufenden Teilnehmer als auch — wie erwähnt — die Wähler in den fernen Ämtern über die Fernleitung, gegebenenfalls über mehrere Fernämter, bis zum gerufenen Teilnehmer. Sie überwacht und trennt die Verbindung und stellt die Gebührenzettel aus.

Besondere Sammelplätze für den Nachtverkehr unter 113g sind durch die bereits erwähnte selbsttätige Steuerung der Anrufe auf die in Betrieb befindlichen und freien Plätze vollkommen überflüssig. Jeder Platz kann Nachtplatz sein, und die Zahl der während der Nacht in Betrieb zu haltenden Plätze wird aus der Belegung des Wartefeldes wie am Tage ersichtlich. Der Tag- und Nachtverkehr wird daher vollkommen gleichartig behandelt. Die Sammelplätze für die anderen Gruppen fallen von vornherein fort, weil die Gruppen nicht mehr vorhanden sind.

Aus diesen Überlegungen ersieht man, daß die Fernämter der Zukunft nach Einführung der Wählertechnik außerordentlich einfach werden. Sie erhalten nur eine Art von Fernplätzen mit einheitlicher Bedienung und einfacher Überwachung des Verkehrs. Die Zahl der Plätze wird erheblich herabgesetzt, weil ein großer Teil des Verkehrs über Wähler abgewickelt wird. Aber auch die Plätze selbst werden überraschend einfach, obwohl von ihnen aus die verschiedenartigsten Verbindungen hergestellt werden.

An Hand der Abb. 114 soll erläutert werden, in welcher Weise im zukünftigen Fernamt der Verkehr an den Plätzen abgewickelt wird.

Bei vollselbsttätigem Fernverkehr erfolgt die Herstellung der kurzen Fernverbindungen durch die Teilnehmer selbst, wodurch — wie schon erwähnt — das Fernamt sehr entlastet wird. Da etwa $80^0/_0$ des gesamten entstehenden Fernverkehrs sich auf Entfernungen bis zu 75 km beschränken und der vollselbsttätige Fernverkehr zunächst bis zu dieser Entfernung zugelassen werden kann, bleiben für den durch Beamtinnen herzustellenden Fernverkehr nur $20^0/_0$ des Gesamtverkehrs übrig. Ob später der selbsttätige Fernverkehr noch über größere Entfernungen zugelassen werden soll, ist eine Frage, die auf Grund der Erfahrungen der Praxis später entschieden werden kann.

Die Teilnehmer wählen im selbsttätigen Fernverkehr zuerst das eigene Fernamt, dann die Fernleitungsrichtung und weiter über die Fernleitung den fernen Teilnehmer. Im Zuge dieser aufgebauten Verbindung ist, wie aus Abb. 114 zu ersehen ist, ein Zeitzonenzähler eingeschaltet, der die Gebühr selbsttätig nach Entfernung und Gesprächszeit ermittelt und sie durch Mehrfachzählung als ein ganzes Vielfaches der Grundgebühr auf den Teilnehmer-zähler überträgt. Der Zeitzonenzähler, der sich schon seit vielen Jahren im Betriebe bewährt hat, ersetzt gewissermaßen das Gehirn der rechnenden Beamtin und hat überhaupt erst den vollselbsttätigen Teilnehmerfernverkehr möglich gemacht.

Die für den halbselbsttätigen Fernverkehr vorgesehenen Fernplätze erhalten eine Anzahl von Verbindungssätzen, die sich nach der Leistung der

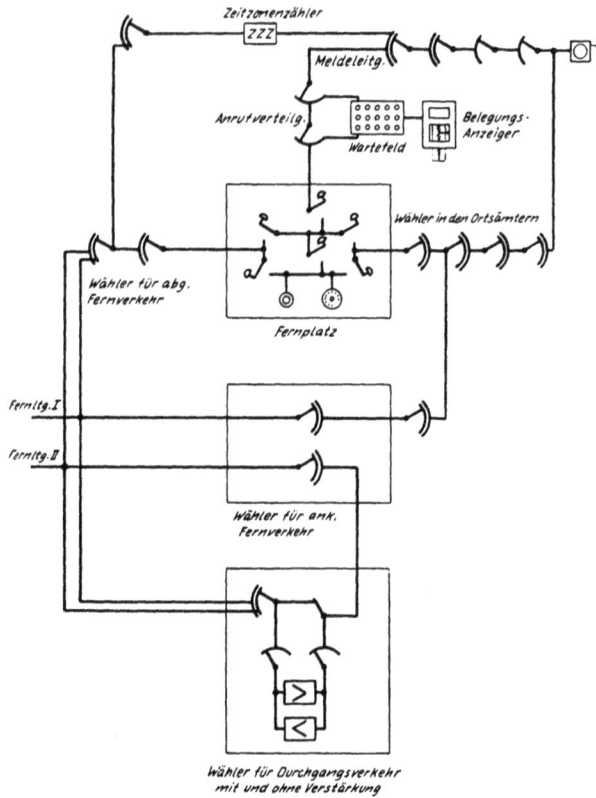

Abb. 114. Fernamt mit Wählerbetrieb mit nur einer Art von Fernplätzen.

Fernbeamtin und der Zeitdauer des Aufbaues und des Bestehens der Fernverbindungen richtet. Im allgemeinen genügen drei bis fünf Verbindungssätze. Jeder Verbindungssatz kann durch je einen Schalter mit einem Wähler, der Zugang zu den abgehenden Fernleitungen hat, und mit einem Wähler, der zu den Wählern der eigenen Ortsämter und damit zu deren Teilnehmern führt, verbunden werden. Ein weiterer Schalter gibt den Verbindungssatz über die Anrufverteilung zum Belegen durch Meldeanrufe frei. Die Platzausrüstung wird vervollständigt durch das Abfragegerät und den Nummernschalter und ist somit außerordentlich einfach. Abb. 115 zeigt die Schaltung eines Fernplatzes mit drei Verbindungssätzen in grundsätzlicher Darstellung und die Lage und Zweckbestimmung der verschiedenen auf der Tischplatte angeordneten Schalter, die als Kippschalter oder Tasten ausgebildet sein können.

Wünscht ein Teilnehmer eine Fernverbindung, so nimmt er seinen Handapparat ab, wählt das Fernamt z. B. mit zwei Ziffern, kommt über eine Meldeleitung auf die selbsttätige Anrufverteilung, die ihn mit einem freien Verbindungssatz an einem freien Platz und so mit einer freien Beamtin verbindet. Ist keine Beamtin frei, so läuft der Anruf auf das Wartefeld, von wo aus er sich bei Freiwerden einer Beamtin selbsttätig auf deren Verbindungssatz aufschaltet. Die Beamtin fragt ab, füllt einen Gesprächszettel aus, stellt bei freier Fernleitungsrichtung sofort die gewünschte Fernverbindung durch Fernwahl über die Fernleitung bis zum gewünschten Teilnehmer her und schaltet sie, falls sie keinen Zweifel an der Richtigkeit der ihr angegebenen Nummer des Rufenden hat, über die belegte Meldeleitung zum Anrufer durch. Sie überwacht die Verbindung, bestimmt zum Schluß die aufgelaufene Gebühr, vervollständigt den Gesprächszettel und trennt.

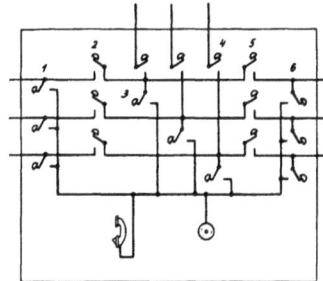

Fernplatzschaltung

Schalter *1* für Fernwahl
  „ *2* „ Durchschalten
  „ *3* „ Abfragen
  „ *4* „ Freigabe
  „ *5* „ Durchschalten
  „ *6* „ Rückprüfung

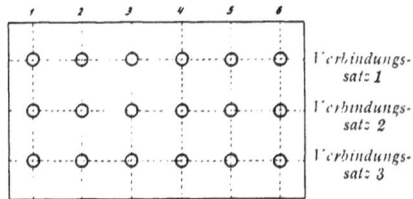

Fernplatzschalter

Abb 115. Fernplatzausrüstung mit drei Verbindungssätzen.

Bezweifelt die Beamtin die Richtigkeit der Nummer des rufenden Teilnehmers oder will sie aus irgendeinem anderen Grunde die Nummer prüfen, so kann sie den Teilnehmer über die Wähler der Ortsämter anrufen und untersuchen, ob er die richtige Nummer angegeben hat. Sie schaltet zu diesem Zweck entweder ein Tickerzeichen ein und prüft in der Meldeleitung, ob sie dieses Zeichen hört, oder trennt den Teilnehmer von der Meldeleitung ab und stellt eine neue Verbindung über die Ortswähler her, über die dann das Ferngespräch stattfindet. Sie kann auch den Teilnehmer über die Meldeleitung auffordern, einzuhängen, und ihn dann über die neuaufgebaute Verbindung wieder anrufen.

Die Rückprüfung macht bei Mehrfachanschlüssen gewisse Schwierigkeiten, weil der Teilnehmer die benutzte Amtsleitungsnummer angeben muß, diese ihm aber nicht immer bekannt ist. Diese Schwierigkeit kann man umgehen, wenn die Gebühr ohne Gesprächszettel unmittelbar auf den Teilnehmerzähler in Mehrfachzählung verrechnet wird. In diesem Fall ist eine Rückprüfung der Nummer der Teilnehmer nicht erforderlich, weil durch die

Zählung in jedem Fall der Gesprächszähler des wirklich anrufenden Teilnehmers betätigt wird. Die Beamtin überträgt die nötige Anzahl von Zählstromstößen am Schluß des Gesprächs durch irgendeinen Zahlengeber über die Meldeleitung unmittelbar auf den Teilnehmerzähler, wie es im vollselbsttätigen Fernverkehr durch den Zeitzonenzähler geschieht. Andererseits läßt sich auch hier ein Zeitzonenzähler verwenden, der die Gebühr selbsttätig ermittelt und durch Mehrfachzählung wie im vollselbsttätigen Verkehr verrechnet. Die Beamtin stellt in diesem Fall nur die Verbindung her, überwacht und trennt zum Schluß.

Wenn die verlangte Fernverbindung nicht sofort hergestellt werden kann, weil z. B. die in Frage kommenden Fernleitungen besetzt sind oder der gewünschte Teilnehmer nicht sofort zu erreichen ist, so erhält der rufende Teilnehmer von der Fernbeamtin die Aufforderung einzuhängen, weil die Fernverbindung erst nach einiger Zeit hergestellt werden kann. Der zugehörige Gesprächszettel bleibt am Fernplatz liegen, bis die Beamtin die Verbindung erledigen kann. In diesem Fall erfolgt die Verrechnung der Gebühr ausschließlich mit dem Gesprächszettel.

Eine weitere Möglichkeit der Verrechnung der Ferngespräche im voll- und halbselbsttätigen Fernverkehr bietet sich in der Verwendung von selbsttätigen Zetteldruckern, wodurch ebenfalls eine Entlastung der Beamtinnen eintritt und die Teilnehmer schriftliche Nachweise über ihre hergestellten Fernverbindungen erhalten.

Das Besetztsein von Fernverkehrsrichtungen kann den Beamtinnen in irgendeiner zweckmäßigen Weise angezeigt werden, damit keine Zeit durch unnötiges Wählen verlorengeht. Besetzte Fernleitungsrichtungen können je Platz, je Platzgruppe oder für das ganze Amt an einer zentralen Stelle sichtbar, z. B. durch Aufleuchten von Besetztlampen, angezeigt werden.

Hat die Beamtin einen Anruf durch Herstellen der Fernverbindung zunächst erledigt, so gibt sie durch Drücken einer Freigabetaste einen weiteren Verbindungssatz ihres Platzes für Entgegennahme eines neuen Anrufs frei.

Sind bei Auslandsanmeldungen Sprachschwierigkeiten zu erwarten, so können die Anmeldezettel zu Plätzen gesandt werden, die mit sprachkundigen Beamtinnen besetzt sind, wo sie dann in gewöhnlicher Weise erledigt werden.

Für den ankommenden und Durchgangsverkehr haben die Fernleitungen Wähler, die — wie oben erwähnt — von der fernen Beamtin mittels Fernwahl auf die gewünschte Richtung eingestellt werden. Die Überwachung und Auslösung der Verbindung erfolgt durch die ferne Beamtin.

Der Durchgangsverkehr kann verstärkt oder unverstärkt, je nach der Art und dem Zustand der miteinander verbundenen Fernleitungen, abgewickelt werden. Bei verstärktem Verkehr schaltet sich, wie Abb. 114 erkennen läßt, ein Verstärker selbsttätig, ohne Zutun der Beamtin, in die Verbindung ein. In Zukunft wird die Verstärkung im Durchgangsverkehr durch die Einführung der Endverstärker an Bedeutung verlieren. Bei unverstärktem Verkehr werden die beiden Fernleitungen unmittelbar miteinander verbunden, wobei gegebenenfalls Verlängerungsleitungen oder Dämpfungsglieder ausgeschaltet werden.

Sammelplätze für den Nachtverkehr sind, wie schon erwähnt, nicht mehr erforderlich, weil jeder Platz Nachtplatz sein kann. Die Zahl der in der Nacht einzuschaltenden Plätze richtet sich wie am Tage nach dem Verkehr und wird auf Grund der Belegungen des Wartefeldes bestimmt, so daß eine unterschiedliche Behandlung des Tag- und Nachtverkehrs nicht mehr besteht. Für den Nachtverkehr können weniger wichtige Fernämter vollkommen außer Betrieb gesetzt werden. Ein Teil der Meldeleitungen wird dann zum nächsten wichtigen Fernamt durchgeschaltet, von wo aus die Verbindungen in gewöhnlicher Weise, gegebenenfalls auch mit Rückprüfung, hergestellt werden.

Im bisherigen Handbetrieb wurden viele Fernverbindungen vorbereitet, um die Leerlaufzeiten auf den Fernleitungen zu verkürzen und die Gesprächsausnutzung zu steigern. Diese Vorbereitung hatte besonders dann Bedeutung, wenn beim Verbindungsaufbau mehrere Beamtinnen tätig waren, der Aufbau also sehr viel Zeit erforderte. Beim Wählerbetrieb fallen diese Gründe fort; der Verkehr wird größtenteils sofort abgewickelt und die Verbindung durch nur eine Beamtin hergestellt, und zwar selbst für die größten Entfernungen in sehr kurzer Zeit, z. B. in etwa 10 s.

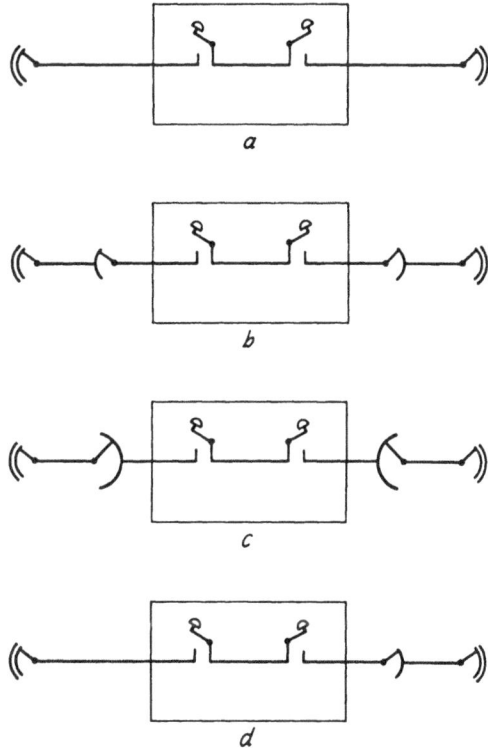

Abb. 116. Anschaltung der Wähler an die Fernplätze.

a unmittelbar,   c über Anrufsucher
b über Vorwähler,   d gemischte Anschaltung

Wie oben erörtert, hat aber auch beim Wählerbetrieb die Beamtin — wenn einmal die gewünschte Fernleitungsrichtung besetzt ist — die Möglichkeit, die Verbindung zum Teilnehmer im eigenen Ort vorbereitend aufzubauen, um sofort nach Freiwerden einer Fernleitung den fernen Teilnehmer wählen und die Verbindung zum eigenen Teilnehmer durchschalten zu können.

Für die Anschaltung der Wähler an die Fernplätze gibt es die in Abb. 116 dargestellten Möglichkeiten. Die Wähler können unmittelbar, über Vorwähler oder über Anrufsucher an die Verbindungssätze der Fernplätze angeschlossen werden. Welche Art der Anschaltung gewählt wird, ist von rein wirtschaftlichen Erwägungen abhängig, wobei als allgemeine Regel gilt, daß bei starkem Verkehr die unmittelbare, bei mittlerem Verkehr die Anschaltung über Vorwähler und bei schwachem Verkehr die Anschaltung über Anrufsucher wirtschaftlich ist. Die zweckmäßigste Art läßt sich durch folgende Überlegungen ermitteln.

Die Verbindungssätze der Plätze werden mit mindestens 45/60 VE ausgenutzt, weil sie über die Anrufverteilung mit mehrfacher Freiwahl in großen Bündeln erreicht werden. Infolge der bisweilen vorkommenden Wartezeiten wird die wirkliche Ausnutzung noch größer sein, was aber bei der nachfolgenden Rechnung nicht berücksichtigt werden soll. Die mittlere Belegungsdauer der Verbindungssätze je Fernverbindung kann mit etwa 5 min in Ansatz gebracht werden. Hiervon wird etwa $\frac{1}{2}$ min für die Ausstellung des Gesprächszettels benötigt. Es werden also von jedem Verbindungssatz je Stunde 9 Fernverbindungen zu je 5 min geleistet. Die Wähler für den abgehenden Fernverkehr werden belastet mit $45 - \frac{9}{2} = 40\frac{1}{2}$ min. Diese Leistung ließe sich wohl durch die Einführung von 100er-Bündeln mit doppelter Vorwahl auf 45 min = 45/60 VE steigern, was sich aber kaum empfehlen wird, weil die Kosten für die Vorwahlschaltwerke größer sein würden als die der ersparten Nummernempfänger. Anrufsucher kommen für derartige Leistungen nicht in Betracht. Die unmittelbare Anschaltung der Wähler für den abgehenden Fernverkehr an die Verbindungssätze ist daher berechtigt.

Anders liegt der Fall bei den Wählern zu den Ortsämtern. Über diese Wähler fließt nur ein Teil des von den Fernplätzen abgewickelten Fernverkehrs, weil viele Fernverbindungen über die Meldeleitungen hergestellt werden. Rechnet man hierfür z. B. 50% des Verkehrs, so würden die angeschlossenen Wähler mit nur 20/60 VE belastet werden. Man würde ihre Ausnutzung durch Einfügung von Vorwählern steigern. Nimmt man den über die Wähler der Ortsämter gehenden Verkehrsteil nur zu 5% des Gesamtverkehrs der Fernplätze an, so würde bei unmittelbarer Anschaltung jeder Wähler nur 2/60 VE leisten und die Anschaltung über Anrufsucher in Frage kommen. Die Art der Anschaltung hängt also von dem über die Wähler fließenden %-Satz des Verkehrs ab. In den meisten Fällen wird sich wahrscheinlich die Anschaltung der Ortswähler über Vorwähler empfehlen.

Die Zahl der Verbindungssätze je Platz kann folgendermaßen berechnet werden:

Belegungsdauer je Fernverbindung . . . . 5 min, davon für
Ausstellung des Gebührenzettels . . . . $\frac{1}{2}$,,
Verbindungsherstellung . . . . $\frac{1}{2}$,,
Gesprächsdauer . . . . $3\frac{3}{4}$,,
Fertigstellung des Gebührenzettels und Trennung $\frac{1}{4}$ min.

Die Belastung der Beamtin je Verbindung ergibt sich daraus zu $1\frac{1}{4}$ min.

Bei einem Ausnutzungsfaktor $x = 50\%$ könnte die Beamtin demnach $\dfrac{60 \cdot 4}{5} \cdot \dfrac{1}{2} = 24$ Verbindungen je Stunde herstellen. Dafür sind $\dfrac{24}{9} \approx 3$ Verbindungssätze erforderlich. Bei $x = 75\%$ käme man auf eine Stundenleistung der Beamtin von 36 Verbindungen und damit auf 4 Verbindungssätze je Platz. Bei $x = 90\%$ ergeben sich 43 Verbindungen je Stunde und 5 Verbindungssätze je Platz. Die Zahl der Verbindungssätze je Platz schwankt daher je nach dem Ausnutzungsfaktor zwischen 3 und 5.

Ein Vorteil des Wählerbetriebes, der bisher noch nicht erwähnt wurde, der aber in manchen Fällen von Bedeutung sein kann, liegt in der Fernsteuerung der Wähler selbst. Es ist nicht nötig, die Wähler im Fernamt neben den Fernplätzen aufzustellen, sondern man kann sie an irgendeiner zweckmäßigen Stelle, gegebenenfalls an mehreren Stellen, im Netz unterbringen. Man erreicht damit u. U. Ersparnisse im Netzaufbau und an Raum und noch andere Vorteile.

Es ist ferner möglich, die Zugänge zu den Wählern nicht unmittelbar, sondern über Hilfsleitungen an die Fernplätze anzuschließen und die Bedienung durch Fernsteuerung mittels Relais vorzunehmen, wie es in Abb. 117 dargestellt ist. An der grundsätzlichen Bedienungsweise der Plätze und an dem Aufbau der Verbindungen ändert sich hierdurch nichts.

Die verschiedenen Gattungen von Ferngesprächen werden in dem neuzeitlichen Fernamt folgendermaßen erledigt:

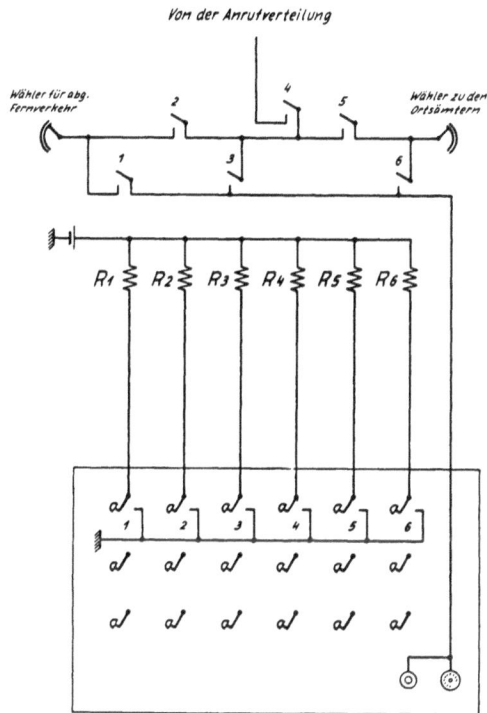

Abb. 117. Fernplatz mit Fernsteuerung.

Für Blitzgespräche und dringende Gespräche wird kein besonderes Bedürfnis mehr vorhanden sein, da allgemein Sofortverkehr besteht; sollten sie gelegentlich beantragt werden, so erfolgt ihre Herstellung in gewöhnlicher Weise.

Sammelgespräche, Stunden-, Wochen- und Monatsgespräche, Festzeit-, Börsen-, Dienst-, Staats-, Funk- und Nachrichtengespräche und gewünschte Umleitungen von Verbindungen können ebenfalls in gewöhnlicher Weise erledigt werden.

R-Gespräche, das sind Gespräche, die der Angerufene zahlen soll, werden an das Fernamt des Angerufenen weitergegeben und von dort in gewöhnlicher Weise hergestellt.

XP-Gespräche, das sind Gespräche mit einer herbeizurufenden Person, und V-Gespräche, das sind Gespräche, bei denen der verlangten Teilnehmersprechstelle im voraus angekündigt wird, mit wem der Anrufende zu sprechen wünscht, werden folgendermaßen behandelt: Die Fernbeamtin schreibt einen Gesprächszettel aus und sendet ihn zu der Beamtin eines für solche Fälle vorgesehenen Hilfsplatzes im Fernamt, die aber selbst keine Teilnehmerverbindungen herstellt. Derartige Hilfsplätze sind wie die Auskunftsplätze zentral angeordnet und können über Wähler durch Nummernwahl erreicht werden. Die Beamtin des Hilfsplatzes benachrichtigt durch Fernwahl die Beamtin eines Hilfsplatzes im Fernamt des Angerufenen, die das weitere, bei einem XP-Gespräch z. B. das Herbeirufen des gewünschten Teilnehmers, veranlaßt. Hat sich dieser Teilnehmer bei seinem Fernamt gemeldet, so wird dort die Beamtin des Hilfsplatzes benachrichtigt, die die Nachricht an die Beamtin des Hilfsplatzes im Ausgangsfernamt weitergibt. Diese Beamtin sendet den Gesprächszettel mit der Mitteilung, daß der Angerufene wartet, an einen Fernplatz ihres Fernamts, an dem dann die Verbindung in gewöhnlicher Weise hergestellt wird.

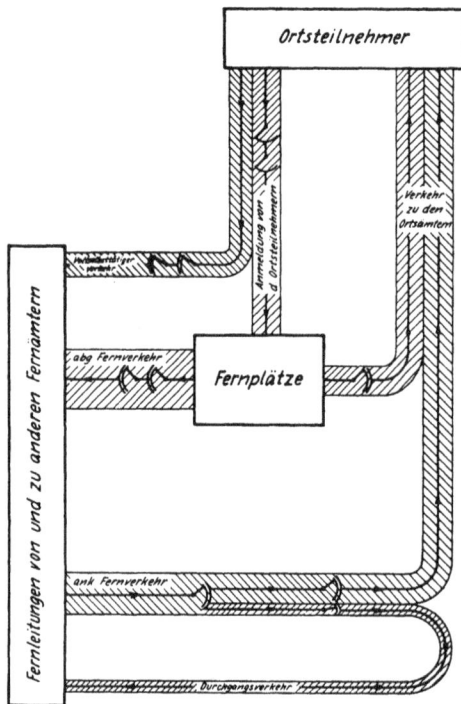

Abb. 118. Verkehrsfluß eines Fernamtes mit Wählerbetrieb.

Der Hilfsplatz kann auch für andere Zwecke von den Fernbeamtinnen in Anspruch genommen werden. Jede aus dem Rahmen des gewöhnlichen Betriebes herausfallende Aufgabe wird dem Hilfsplatz übertragen, der die Schwierigkeiten beseitigt und nach Aufklärung des betreffenden Falles die Herstellung der Fernverbindung bei irgendeiner Fernbeamtin veranlaßt.

Abb. 118 zeigt den Verkehrsfluß über ein Fernamt mit Wählerbetrieb in besonderer Darstellung, bei der der Umfang des in den einzelnen Richtungen fließenden Verkehrs durch die Breite der gezeichneten Bänder angedeutet ist.

Die Wählertechnik wird daher die Fernämter ganz erheblich vereinfachen, ihre Zahl bedeutend vermindern und den Betrieb verbessern und beschleunigen.

186

Wie im Ortsverkehr, so wird auch im Fernverkehr die Einführung der Wählertechnik Jahre in Anspruch nehmen. Es gilt, die Vielzahl der Fernämter und das ausgedehnte Fernleitungsnetz der Eigenart des Wählerbetriebes anzupassen. Die Aufgabe kann auf verschiedene Weise in Angriff genommen werden. Man kann z. B. mit dem Einsatz der Wähler im ankommenden Verkehr beginnen, um zunächst die Plätze für den ankommenden Verkehr einzusparen, und sich dann der Umgestaltung des Durchgangsverkehrs zuwenden. Als letztes würde die Umstellung des abgehenden Verkehrs auf den Sofortverkehr folgen. Ihr hätte zur Vermeidung einer sonst notwendigen Leitungsvermehrung die Bündelung der Fernleitungen vorauszugehen, die einen erheblichen Eingriff in das Fernnetz erfordert. Man kann die Reihenfolge auch anders wählen und z. B. mit der Bündelung der Fernleitungen und der Einführung des Sofortverkehrs beginnen und dann erst die Plätze für den ankommenden und Durchgangsverkehr durch Wähler einsparen. Möglich ist auch eine gleichzeitige Umstellung des abgehenden und ankommenden Verkehrs und des Durchgangsverkehrs, getrennt nach verschiedenen Verkehrsbeziehungen. Die zweckmäßig zu wählende Reihenfolge hängt von den örtlichen Verhältnissen ab und muß von Fall zu Fall ermittelt werden. Je früher aber mit der planmäßigen Einführung des Wählerbetriebes im Fernverkehr begonnen wird, um so geringer werden die dafür erforderlichen Arbeiten und damit die aufzuwendenden Kosten, und um so früher kommt man in den Genuß der geschilderten technischen, wirtschaftlichen und betrieblichen Vorteile des Wählerbetriebs. Technische Schwierigkeiten stehen der Einführung des Wählerbetriebes in den Fernverkehr nicht mehr im Wege; es muß nur von Fall zu Fall die beste Lösung für die Überführung des Handbetriebes in den Selbstanschlußbetrieb gefunden werden. Hierbei werden die vielen Erfahrungen, die man bei der Überleitung großer Ortsnetze gewonnen hat, gute Dienste leisten.

21. Die im großen Fernnetz zur Anwendung kommenden Wähler.

Die Frage, welche Wähler im großen Fernnetz zweckmäßig verwendet werden sollen, ist von besonderer Bedeutung, weil sich die Wähler von den Wählern in den Ortsnetzen unterscheiden. Während die allgemeine Arbeitsweise der Wähler im Fernverkehr, Einstellung durch Nummernwahl und freie Wahl sowie Auslösung, mit der im Ortsverkehr übereinstimmt, ist die Zahl der durchzuschaltenden Adern und damit ihr Aufbau verschieden. Im Ortsverkehr ist durchweg Zweidrahtbetrieb eingeführt, bei dem die verschiedenen Schaltkennzeichen ganz allgemein über die Sprechleitungen übertragen werden, im großen Fernnetz wird aber der Vierdrahtbetrieb mit allgemeiner vieradrige Durchschaltung der Fernleitungen empfohlen, bei dem die Schaltkennzeichen unter Umständen sogar getrennt von den eigentlichen Sprechleitungen über besondere Zusatzadern innerhalb der Fernämter übertragen werden. Die Zahl der von den Wählern durchzuschaltenden Adern ist im großen Fernnetz daher erheblich größer als in den Ortsnetzen. Im Ortsnetz sind allgemein 3 Adern ausreichend, während im großen Fernnetz aus den angeführten Gründen 6 bis 7 Adern von den Wählern durchzuschalten sind. Die Wähler werden daher in ihrem Aufbau erheblich größer und umfangreicher.

Es gibt auch im Fernverkehr für den Aufbau der Fernverbindungen zwei Arten von Wählern, die sich grundsätzlich durch die Art ihrer Steuerung unterscheiden, Wähler, die unmittelbar durch die Nummernstromstöße dekadisch eingestellt werden und dann eine freie Fernleitung in der eingestellten Richtung aussuchen, also wie Gruppenwähler arbeiten, und Wähler, die nur mittelbar durch die Stromstöße beeinflußt werden, sich als reine Drehwähler einstellen und eine freie Fernleitung aussuchen. Beide Arten von Wählern müssen die erwähnte größere Adernzahl für den Fernverkehr durchschalten.

Für die Wähler der ersten Art, die Nummernempfänger, eignen sich sowohl die bekannten Hebdrehwähler mit mechanischer Unterteilung der Dekaden als auch die Motorwähler mit elektrischer Unterteilung der Dekaden, wie sie im ersten Teil dieses Buches beschrieben worden sind, beide mit der entsprechenden Zahl von Schaltarmen. Für die Wähler der zweiten Art, die als Mischwähler und Umsteuerwähler verwendet werden, eignen sich die bekannten einfachen kleinen Drehwähler, wieder mit einer entsprechenden Anzahl von Schaltarmen, die entweder mit Schrittschalt- oder mit Motorantrieb ausgerüstet sind. Als Wählerkontakte für beide Arten von Wählern können die bekannten Schleifkontakte, wie sie in allen Ortsämtern eingeführt sind, verwendet werden; es lassen sich aber auch Silber-Druckkontakte wie bei den Relais vorsehen, die nicht schleifen, sondern nach der Einstellung angedrückt werden. Die bekannten Schleifkontakte reichen in ihrer Güte auch im Fernverkehr vollkommen aus, wenn eine gewisse Sauberhaltung sichergestellt wird. Silber-Druckkontakte können verwendet werden, wenn an die Güte der Kontakte die höchsten Anforderungen ohne besondere Aufwendungen für die Pflege gestellt werden. Natürlich sind bei allen Kontaktarten, Schleif- und Silber-Druckkontakten, Mehrfachkontakte zur Vergrößerung der Sicherheit und Güte in der Kontaktgabe vorgesehen. Es sei noch darauf hingewiesen, daß die gewöhnlichen Wählerschleifkontakte bessere Kontakteigenschaften haben als die bekannten Schaltmittel der Handamtstechnik, Stöpsel und Klinken.

Bei der im Fernverkehr über das große Fernnetz empfohlenen allgemeinen vieradrigen Durchschaltung der Fernleitungen werden an die Güte der Kontakte geringere Ansprüche gestellt als bei der zweiadrigen Durchschaltung, besonders wenn dabei die Nachbildungen über Wählerkontakte geschaltet werden. Geringe Widerstandszunahme der Kontakte, die gelegentlich einmal vorkommen kann, hat bei der vieradrigen Durchschaltung praktisch keinen besonderen Einfluß, während sie bei der zweiadrigen Durchschaltung unter Umständen die Pfeifsicherheit schon ungünstig beeinflussen kann.

Die Vierdraht-Durchschaltung stellt demnach geringere Anforderungen an die Güte der Kontakte als die Zweidraht-Durchschaltung.

Natürlich werden die Wähler für den Weitfernverkehr mit 6 bis 7 Armen größer und teurer als die Ortswähler mit nur 3 Armen; man erreicht aber durch die größeren Wähler mit vieradriger Durchschaltung der Fernleitung nicht nur eine bessere Pfeifsicherheit, sondern man erspart auch Gabeln und Nachbildungen. Allgemein kann man sagen, je Nummernempfänger werden 2 Gabeln und 2 Nachbildungen erspart, wodurch der Mehrpreis des größeren Wählers mehr als ausgeglichen wird. Selbst wenn die Fernverbindungen über mehrere Netzebenen im selben Fernamt verlaufen, so daß die Ersparnis der beiden Gabeln mit den Nachbildungen sich auf 2 bis 3 Nummernemp-

Abb. 119. Motorwähler mit auswählbarem Relaissatz.

fänger erstreckt, so ist trotzdem neben dem technischen Vorteil der größeren Pfeifsicherheit noch ein gewisser wirtschaftlicher Gewinn bei den großen Wählern vorhanden.

Der Hebdrehwähler ist bekannt; der Motorwähler, wie er für die vieradrige Durchschaltung der Fernleitungen verwendet wird, ist nicht so bekannt und deshalb mit der entsprechenden Kontaktarmzahl und den dazugehörigen Relais in Abb. 119 dargestellt. Wähler und Relaissatz sind leicht auswechselbar und daher leicht zu pflegen.

Die erforderlichen Schaltmittel für die Einführung der Wählertechnik im großen Fernnetz mit einer entsprechenden Anzahl von Armen und jeder gewünschten Ausbildung der Kontakte liegen vor, so daß der allgemeinen Einführung der Wählertechnik mit Rücksicht auf die Wählerkonstruktionen nichts mehr im Wege steht.

22. Der zweckmäßigste Zahlengeber für die Fernbeamtinnen.

Nach Abschnitt 18 wird die Verbindungsherstellung im Weitfernverkehr in der Hand der Fernbeamtin bleiben. Es fragt sich, welche Art von Zahlengebern sich für den Verbindungsaufbau im Weitfernverkehr durch die Beamtin am besten eignet.

Es gibt eine ganze Reihe der verschiedensten Zahlengeber, die sich in folgende Gruppen mit Rücksicht auf die Art der Bedienung durch die Beamtinnen einteilen lassen:

a) Maschinen-, Wähler- oder Relais-Zahlengeber mit einer Tastenplatte, bestehend aus mehreren Reihen von je 10 Tasten im dekadischen Aufbau. Die Zahl der Tastenreihen entspricht der Dekadenzahl und der Höchstzahl der abgebbaren Stromstoßreihen, wodurch deren Zahl begrenzt wird. Die Beamtin stellt die gewünschte Nummer auf der Tastenplatte ein, worauf der Zahlengeber anläuft und die entsprechenden Stromstoßreihen nacheinander abgibt. Die auf der Tastenplatte eingestellte Nummer bleibt so lange bestehen, bis eine neue Nummer gedrückt wird.

b) Maschinen-, Wähler- oder Relais-Zahlengeber wie unter a), jedoch mit einer Tastenplatte, bestehend aus nur einer Reihe von 10 Tasten. Die Zahlen der zu wählenden Nummer werden auf dem einreihigen Tastenstreifen nacheinander gedrückt. Ein zur Tastenplatte gehörendes Register, dessen Größe in diesem Falle die Zahl der Stromstoßreihen begrenzt, nimmt die nacheinander gedrückten Zahlen auf, worauf ein Zahlengeber die Aussendung der entsprechenden Stromstoßreihen veranlaßt. Die Nummerneinstellung bleibt nicht erhalten.

In beiden Fällen a und b kann das Abtasten der eingestellten Nummer und die nacheinander erfolgende Abgabe der entsprechenden Stromstoßreihen durch verschiedene Sender erfolgen, die einen Antrieb durch Maschinen, Wähler oder Relais besitzen, wobei Relaissender am schnellsten arbeiten. Derartige Zahlengeber sind nicht einfach und erfordern viel Anlagekapital.

c) Mechanische Zahlengeber nach Art der Drehnummernschalter wie bei den Teilnehmern oder Zugnummernschalter, wie sie für Beamtinnen entwickelt worden sind, bei denen die Wahl in bekannter Weise durch Ziehen der Ziffern nacheinander erfolgt. Diese Art von Zahlengebern sind einfach und billig und besitzen in der Zahl der auszusendenden Stromstoßreihen keine Begrenzung.

Zur Beurteilung, welche Art von Zahlengebern für eine Fernbeamtin die günstigste ist, sind folgende Überlegungen anzustellen:

Bei den Maschinen-, Wähler- oder Relaiszahlengebern drückt die Beamtin die Tasten auf der Tastenplatte und muß warten, bis der Zahlengeber abgelaufen ist. Diese Wartezeit ist für die Fernbeamtin verloren; denn sie wünscht nach dem Verbindungsaufbau in allen Fällen sofort mit dem angerufenen Teilnehmer zu sprechen und kann deshalb in der Zwischenzeit nichts Neues anfangen. Für eine reine B-Beamtin, die viele Verbindungen herstellt, ohne sich dann weiter um sie zu kümmern, sind derartige Zahlengeber wegen der Zeitersparnis von großer Bedeutung; für eine Fernbeamtin dagegen genügt ein einfacher mechanischer Zahlengeber, da sie bedeutend weniger Verbindungen als eine B-Beamtin ausführt, beim Aufbau der Verbindung beschäftigt ist, nach der Wahl sofort das Rufzeichen hört und deshalb keine Wartezeit beobachtet, die den Eindruck eines gemächlichen Betriebes hinterläßt, auf dessen Beschleunigung sie nicht den geringsten Einfluß hat. Bei mechanischen Zahlengebern kann sie so schnell wählen, wie es dem vorliegenden Verkehrsandrang entspricht.

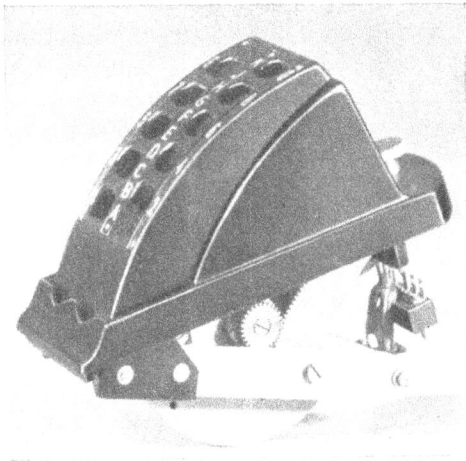

Abb. 120. Zugnummernschalter.

Von den mechanischen Zahlengebern ist der Drehnummernschalter am weitesten verbreitet; denn er ist allgemein der Zahlengeber der Teilnehmer, einfach in der Bedienung und wirtschaftlich im Aufbau. Er wird auch für Beamtinnenplätze mit gutem Erfolg verwendet. Für derartige Plätze, an denen dauernd Verbindungen hergestellt werden, kann die Handhabung eines solchen Zahlengebers bei ein wenig größerem Aufwand aber trotzdem noch einfacher und bequemer ausgebildet werden. Hierfür ist der Drehnummernschalter in einen Zugnummernschalter unter Verwendung desselben Schalters umgeformt worden. Die Einstellung erfolgt nicht mehr durch Drehen der Fingerscheibe, sondern durch einfaches Abwärtsziehen eines Lochstreifens, der wie beim Drehnummernschalter nach der Betätigung wieder in die Ruhelage zurückgeht. Der Zugnummernschalter wird bequem zugänglich und bedienbar sowie leicht auswechselbar auf der Tischplatte befestigt und gestattet die Herstellung vieler Verbindungen hintereinander in der einfachsten und bequemsten Weise, ohne besondere Ermüdungserscheinungen. Er ist einfach im Aufbau und wirtschaftlich, besonders im Vergleich mit irgendeinem Maschinen-, Wähler- oder Relaiszahlengeber der Gruppen a und b, deren Aufbau recht verwickelt ist und deren Kosten ein Vielfaches von denen des Zugnummernschalters betragen. Trotz der technischen und wirtschaftlichen Vorzüge besitzt der Zugnummernschalter, wie schon erwähnt, keine Begrenzung in der Zahl der abgegebenen Stromstoßreihen und daher keine Hemmungen in der zukünftigen Entwicklung, wie sie die Maschinen-, Wähler- und Relaiszahlengeber besitzen. Abb. 120 zeigt den Aufbau eines Zugnummernschalters, der aus dem Drehnummernschalter entwickelt ist, Abb. 121 den bequemen und leicht auswechselbaren Einbau in einer Tischplatte. Die Bedienung des Schalters ist bei richtiger Anordnung äußerst bequem, die Auswechselung kann leicht durch Lösen einer Kordelschraube erfolgen, wie die Abb. 121 erkennen läßt.

Abb. 121. Zugnummernschalter, eingebaut in die Tischplatte des Platzes.

Für eine Fernbeamtin, die je nach dem Ausnutzungsfaktor x von 50 bis 90 % 24 bis 43 Fernverbindungen je Stunde nach Abschnitt 20 herstellt, ist der Drehnummernschalter zunächst das einfachste Wählgerät, er kann für bequemere Bedienung zu einem Zugnummernschalter umgeformt werden. Natürlich können auch die Zahlengeber der Gruppen a und b verwendet werden, wenn ein etwas größerer Aufwand zulässig ist.

23. Münzfernsprecher für den halb= und vollselbsttätigen Fernverkehr.

Münzfernsprecher für den halb- und vollselbsttätigen Fernverkehr sind naturgemäß nicht so einfach wie diejenigen für den selbsttätigen Ortsverkehr, weil sie erheblich schwierigere Bedingungen erfüllen müssen. Es gibt für den Fernverkehr grundsätzlich zwei Arten von Münzfernsprechern, die eine Art hat halbselbsttätigen und die andere halb- und vollselbsttätigen Betrieb. Münzfernsprecher mit halbselbsttätigem Betrieb lassen Ferngespräche über alle Entfernungen zu, Münzfernsprecher mit vollselbsttätigem Betrieb lassen Fernverbindungen selbsttätig nur in dem Bereich des Selbstwählfernverkehrs zu; darüber hinaus ist halbselbsttätiger Betrieb wie bei den Münzfernsprechern der ersten Art vorgesehen. Alle Münzfernsprecher für den Fernverkehr erlauben natürlich auch selbsttätigen Ortsverkehr.

a) Münzfernsprecher für halbselbsttätigen Fernverkehr.

Die Münzfernsprecher für halbselbsttätigen Fernverkehr müssen eine Prüfung der eingeworfenen Münzen und eine Überwachung der Kassierung durch die Fernbeamtin ermöglichen. Die Arbeitsweise ist folgende:

Das Fernamt wird durch Wählen der üblichen Kennzahl angerufen. Die Fernbeamtinnen, die sowohl Sprechgäste der Münzfernsprecher als auch Teilnehmer bedienen, erhalten zur Kennzeichnung der Münzfernsprecher ein besonderes Zeichen, z. B. Flackern der Anruflampe, da die Bedienung der Sprechgäste am Münzfernsprecher sich von derjenigen gewöhnlicher Teilnehmer unterscheidet. Die Fernbeamtin füllt in gewöhnlicher Weise einen Gesprächszettel mit allen Angaben aus und stellt die Fernverbindung wenn möglich sofort her. Sie fordert den Sprechgast auf, die entsprechende Gebühr einzuzahlen, was durch Einwerfen von 4 verschiedenen Münzsorten, 5-, 10-, 50-Rpf.- oder 1-RM-Stücke, erfolgen kann. Sie überwacht die Zahlung durch

Abb. 122. Münzfernsprecher für halbselbsttätigen Fernverkehr.

Klangzeichen, die die eingeworfenen Münzen verursachen. Z. B. gibt ein 5-Rpf.-Stück einen tiefen Ton, ein 10-Rpf.-Stück zwei tiefe Töne, ein 50-Rpf.-Stück einen hohen Ton und ein 1-RM-Stück zwei hohe Töne. Die Höhe der eingeworfenen Beträge läßt sich durch diese Klangzeichen leicht und einwandfrei feststellen. Die Prüfung der eingeworfenen Münzen auf ihren wirklichen Wert erfolgt durch eine besondere Einrichtung, die die Münzen auf Durchmesser, Stärke und Material prüft. Erst nach der Prüfung werden gute Münzen angenommen und geben Klangzeichen, während als unbrauchbar erkannte Münzen ohne Klangzeichen zurückgegeben werden. Ist der erforderliche Betrag eingeworfen und hat sich der Gerufene gemeldet, so fordert die Beamtin den Teilnehmer auf, einen besonderen Zahlknopf zu drücken, worauf das Geld kassiert wird, was die Beamtin an einem besonderen Ton hört. Dann verbindet sie die beiden Teilnehmer. Nach 3 min wird die Verbindung von der Beamtin unterbrochen, die jetzt Nachzahlung fordert, wenn weiter gesprochen werden soll. Der Nachzahlvorgang wiederholt sich in der beschriebenen Weise. Wird auf die Weiterführung des Gespräches verzichtet, erfolgt Auslösung. Kann sich die Beamtin mit dem Sprechgast nicht über den eingeworfenen Betrag einigen, weil irgendwelche Irrtümer unterlaufen sind, so kann der Zahlvorgang wiederholt werden. Der Teilnehmer hängt kurz ein, worauf er das Geld bei Rückgabezeichen für Beamtin zurückbekommt; die Zahlung kann dann wiederholt werden. War die sofortige Herstellung der Verbindung nicht möglich, so muß der Sprechgast einhängen und auf den Anruf seitens der Fernbeamtin warten. Der Münzfernsprecher muß daher auch auf Anruf seitens der Fernbeamtin eingerichtet sein. Abb. 122 zeigt einen Münzfernsprecher für halbselbsttätigen Fernverkehr mit den vier getrennten Einwurföffnungen für die Münzen.

b) Münzfernsprecher für Selbstwählfernverkehr.

Die Münzfernsprecher für Selbstwählfernverkehr haben die schwierigsten Bedingungen zu erfüllen. Sie müssen die fällige Gebühr aus der Entfernung der Orte selbsttätig ermitteln und prüfen, ob ein ausreichender Betrag eingezahlt ist, die Verbindung durchschalten und überwachen, das Geld kassieren und die Verbindungen nach 3 min auftrennen. Damit die Münzfernsprecher, die über den ganzen Bezirk verteilt sind, selbst möglichst einfach werden, sind alle verwickelteren Einrichtungen für die Ermittlung der Gebühr, Prüfung, Überwachung und Auftrennung in das Amt verlegt worden, weil im Amt eine viel einfachere Wartung der Einrichtungen möglich ist als bei den vielen dezentralisierten Fernsprechern. Hier gilt dasselbe wie für jedes Teilnehmergerät: Dezentralisierte Geräte sollen möglichst einfach sein; wenn verwickelte Einrichtungen nicht zu umgehen sind, sollen diese zentralisiert im Amt aufgestellt werden. Der Münzfernsprecher besteht daher aus einem Fernsprecher, der zweckmäßig für die Bevölkerung leicht zugänglich aufgestellt ist, aus einer Überwachungseinrichtung je Münzfernsprecher und aus Münzzonenprüfer gemeinsam für eine Gruppe von Münzfernsprechern im Amt. Der Münzfernsprecher arbeitet wie folgt:

Beim Selbstwählfernverkehr ermittelt der Sprechgast aus einer Tabelle die Kennzahl des Ortes, mit dem er sprechen will, und die erforderliche Gebühr für ein Gespräch von 3 min. Er wirft den Betrag in 10-, 50-Rpf.- oder 1-RM-Stücken ein. Bei diesem Münzfernsprecher hat man auf den Gebrauch von 5-Rpf.-Stücken verzichtet, weil er als unnötig erkannt ist und die Gebühren von Orts- und Ferngesprächen in 10-Rpf.-Einheiten verrechnet werden. Wie beim Fernsprecher für halbselbsttätigen Verkehr geben die Geldstücke Klangzeichen zum Amt, aber neben diesen auch Stromzeichen, aus denen der Wert der eingeworfenen Münzen ermittelt wird. Die Stromzeichen werden in der Überwachungseinrichtung im Amt aufgenommen und gespeichert. Der

Sprechgast wählt jetzt die Kennzahl des Ortes und dann die Teilnehmer-nummer. Aus der Kennzahl wird von dem Münzzonenprüfer, der sich im Amt angeschaltet hat, wie beim Zeitzonenzähler die Zone ermittelt, worauf geprüft wird, ob der eingeworfene Geldbetrag für ein 3-min-Gespräch nach diesem Ort ausreicht. Ist das der Fall, oder ist der Betrag ein klein wenig größer als die Gebühr, so wird die Verbindung durchgeschaltet und der Münzzonen-prüfer abgeschaltet. Kommt das Gespräch zustande, so wird das Geld im Münzfernsprecher selbsttätig kassiert und die Verbindung nach 3 min von der Überwachungseinrichtung ge-trennt. Der eingeworfene Be-trag darf nicht viel größer als die Gebühr sein, weil der Münz-fernsprecher bei gebührenpflich-tigen Gesprächen entweder alles kassiert oder bei Besetztverbin-dungen alles zurückgibt. Teil-kassierungen oder Teilrückga-ben oder sogar Geldwechsel fin-den nicht statt. Reicht der Be-trag des Geldes nicht aus oder ist er viel größer als die erfor-derliche Gebühr, so kommt das Gespräch nicht zustande, der Teilnehmer erhält Besetztzei-chen, das Geld wird zurückge-geben. Die Rückgabe des Gel-des erfolgt auch beim Ein-hängen des Hörers, wenn der Teilnehmer besetzt war.

Für Weitferngespräche, die nicht im Rahmen des Selbst-wählfernverkehrs liegen, ar-beitet der Fernsprecher halb-selbsttätig mit einer Beamtin

Abb. 123. Münzfernsprecher für Selbstwählfern-verkehr und halbselbsttätigen Fernverkehr.

in der früher angegebenen Weise mit Zahlknopf, wozu dann auch die Klangzeichen erforderlich sind. Abb. 123 zeigt einen Münzfernsprecher für selbsttätigen und halbselbsttätigen Betrieb. Es ist nur eine Einwurf-öffnung vorhanden, in die alle drei Münzsorten eingeworfen werden. Münz-prüfung und Sortierung in die drei Kanäle besorgt selbsttätig der Münzfern-sprecher. Abb. 124 zeigt die Überwachungseinrichtung im Amt, Abb. 125 den Münzzonenprüfer, der ähnlich wie ein Zeitzonenzähler arbeitet.

Während der Nacht ermäßigen sich bekanntlich die Ferngebühren auf $^2/_3$ der Tagesgebühr. Diese Umwertung der Gebühren um 8 und 19 Uhr muß der Münzfernsprecher im selbsttätigen Verkehr selbsttätig vornehmen, was bei zentralisierter Anordnung der Überwachungs- und Münzzonenprüf-

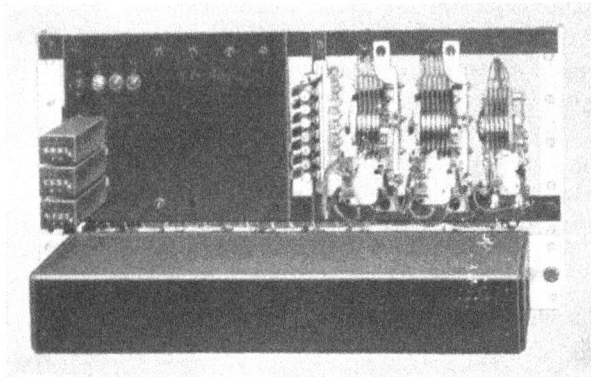

Abb. 124. Überwachungseinrichtung für Münzfernsprecher mit Selbstwählfernverkehr.

einrichtung einfach ist. Im halbselbsttätigen Betrieb der Münzfernsprecher
sorgt die Beamtin für die richtige Anrechnung der jeweilig in Frage kommenden Gebühr.

Münzfernsprecher, auch die für den halb- und vollselbsttätigen Fernverkehr, sind bei zweckmäßiger Aufstellung sehr wirtschaftlich, ein Bedürfnis
dafür ist überall vorhanden, ihre Ausbreitung sollte gefördert werden.

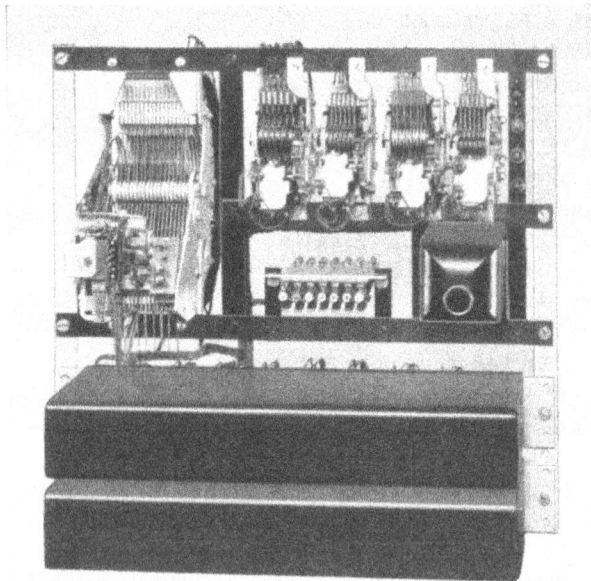

Abb. 125. Münzzonenprüfer für Münzfernsprecher mit Selbstwählfernverkehr.

196

Besonderheiten.

24. Besondere Forderungen bei der Einführung der Wählertechnik im Weitfernverkehr.

Nachdem die Wählertechnik im Ortsverkehr gelöst und auch zum größten Teil durchgeführt ist, nachdem ebenso die Wählertechnik des Nahfernverkehrs in Netzgruppen als gelöst betrachtet werden kann und auch schon in vielen Staaten verwirklicht wird, steht jetzt die Einführung der Wählertechnik im Weitfernverkehr im Vordergrund des Interesses. Für diese Aufgabe ist bekannt und früher behandelt die Fernnetzgestaltung unter Einführung der Bündelung und Bildung von Verteiler-, Durchgangs- und Weltfernämtern, die Fernwahl mit Tonfrequenz über die weitesten Entfernungen, die vieradrige Durchschaltung der Fernleitungen, die unter Umständen erforderliche selbsttätige Einschaltung von Verstärkern, die Einschaltung von schnurlosen Fernplätzen nur für den abgehenden Verkehr, weil ankommende und Durchgangsverbindungen über Wähler hergestellt werden. Als neue Forderungen für die Lösung von besonderen Aufgaben treten zu den eingangs erwähnten allgemeinen Forderungen noch hinzu:

1. Höchste Ausnutzung der Fernleitungen unter Vermeidung jeglicher Leerlaufzeit auf diesen Leitungen.
2. Wartezeitloser Betrieb.
3. Kleine Stellenzahl der Kennzahlen der Endfernämter im großen Fernnetz.
4. Unter Umständen Umgehungsverkehr über andere Fernämter, wenn die unmittelbaren Fernleitungen besetzt sind.
5. Unter Umständen Einschaltung der für die betreffende Fernverbindung passenden Fernleitung für End- oder Durchgangsverkehr.
6. Selbsttätige Steuerung der Leitungsverlängerungen bei Fernleitungen mit Endverstärkern, wenn überhaupt erforderlich.
7. Die Zusammenarbeit der verschiedenen Wählersysteme über Fernleitungen.
8. Keine Verminderung der Pfeifsicherheit bei zunehmender Zahl der Schaltstellen.

Zu diesen Forderungen ist zu sagen:

Zu 1: Die höchste Ausnutzung der Fernleitungen wird erreicht, wenn die Leerlaufzeiten ein Mindestmaß betragen. Zu den Leerlaufzeiten sind zu rechnen:

a) Die Freizeiten, in denen die Fernleitungen nicht belegt sind,
b) die Auf- und Abbauzeiten der Fernverbindungen,
c) die Wartezeiten auf Antwort des gerufenen Teilnehmers nach hergestellter Verbindung,
d) die Verlustzeiten durch irrtümliche Belegungen, Fehlverbindungen und Prüfungen.

Diese Leerlaufzeiten lassen sich durch folgende Maßnahmen vermindern:

Zu a: Durch weitgehende Bündelung der Fernleitungen zur Steigerung der Leistung, wie in Abschnitt 3 gezeigt wurde.

Zu b: Durch Verwendung schnell und ohne Wartezeiten arbeitender Wählersysteme.

Zu c: Durch sofortigen und durch wirkungsvolleren Ruf im Fernverkehr, wenn der gewählte Teilnehmer erreicht ist.

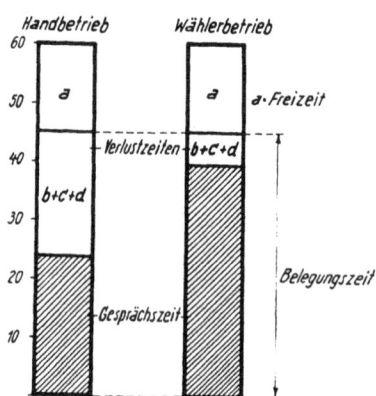

Abb. 126. Einfluß der Wählertechnik auf Gesprächs- und Verlustzeiten der Fernverbindungen im Durchgangsverkehr bei gleicher Belegungszeit.

Zu d: Durch Verwendung einfacher, verständlicher und zuverlässiger Systeme, mit klarer Betriebsanweisung und ohne zeitbenötigende Blindbelegungen.

Welchen Einfluß die Wählertechnik auf die Gesprächs- und Verlustzeiten der Fernverbindungen hat, läßt Abb. 126 deutlich erkennen, in der diese Zeiten für Hand- und Wählerbetrieb im Durchgangsverkehr gegenübergestellt sind. Bei gleicher Belegungszeit ist die nutzbare Gesprächszeit beim Wählerbetrieb nahezu doppelt so groß wie beim Handbetrieb.

Zu 2: Wartezeitloser Betrieb ist anzustreben; denn einmal wird durch allerlei Wartezeiten die Ausnutzung der Fernleitungen herabgesetzt, zum anderen gehen jährlich Millionen an Volksvermögen verloren, wenn die Teilnehmer auch nur einige Sekunden bei den verschiedenen Schaltvorgängen auf den Fernleitungen nutzlos warten müssen. Wartezeitloser Betrieb wird, wie gezeigt wurde, erreicht durch Bündelung auch der längsten Fernleitungen und Einführung der Fernwahl.

Zu 3: Von den Endfernämtern der Netzgruppen eines Landes sollen die anderen Endfernämter mit möglichst geringer Stellenzahl gewählt werden können. Man wählt bekanntlich einen Teilnehmer im großen Fernnetz, indem man zuerst die Kennzahl der Netzgruppe und dann die Nummer des Teilnehmers einstellt. Normalerweise erhöht sich die Stellenzahl der Kennzahl, über je mehr Fernnetzebenen sich der Fernverkehr auf dem Wege von einer Netzgruppe zur anderen Netzgruppe erstreckt. Die Stellenzahl der Kennzahl wird bei dekadischem Aufbau des Fernnetzes am kleinsten. Diese Stellenzahl kann man durch besondere Schaltmittel, sogenannte Weichen, einschränken. An Stelle eines großen Wählers, dem mehrere Richtungen zugeordnet sind, tritt bei den Weichen für jede Richtung ein kleiner Drehwähler mit Voreinstellung. Die Art der Numerierung und die Anwendung der Weichen ist in den früheren Abschnitten 14 und 15 schon behandelt worden.

Zu 4: Der Umgehungsverkehr wird erreicht durch Umsteuerwähler und Weichen, wie es im Abschnitt 15 gezeigt wurde. Er kann beliebig in jedem

Umfang mit den verschiedensten Bedingungen ausgeführt werden. Die Berechtigung sollte aber in allen Fällen auf ihre Wirtschaftlichkeit geprüft werden; denn es ist ein Unterschied, ob sich der Umgehungsverkehr zwanglos in einfacher Weise ergibt oder ob dafür erhebliche Mittel aufzuwenden sind.

Zu 5: In den heutigen Fernnetzen gibt es noch zwischen denselben Fernämtern verschiedenwertige Fernleitungen, z. B. Zweidrahtleitungen, die einfachen Ansprüchen genügen und im Endverkehr verwendet werden können, und hochwertige Vierdrahtleitungen, die für den Durchgangsverkehr erforderlich sind. Bei dem Aufbau von derartigen Verbindungen soll selbsttätig die entsprechende Leitung gewählt werden, für Endverkehr die einfachen Leitungen, für Durchgangsverkehr die höherwertigen Leitungen. Da beim Aufbau einer Fernverbindung zunächst noch nicht ersehen werden kann, ob eine Endverkehrsleitung oder eine Durchgangsleitung benötigt wird, so wird man zunächst die höherwertige Durchgangsleitung belegen und dann, wenn durch die gewählte Nummer sich die Verwendung einer Endverkehrsleitung ergibt, die Umschaltung auf eine einfachere Leitung vornehmen. Diese Umschaltung unterbleibt, wenn keine Endverkehrsleitungen frei sind. Die Vorbelegung der Durchgangsleitung kann wieder durch Verwendung der Weichen verhindert werden, wenn diese Belegung die Belastung der Durchgangsleitungen wesentlich erhöhen sollte, was aber im allgemeinen nicht der Fall sein wird. In Abb. 86 ist diese Umschaltung der Fernleitung schon gezeigt worden.

Zu 6: Beim Zusammenschalten von Fernleitungen mit Endverstärkern muß unter Umständen im Durchgangsverkehr ein Teil der Leitungsverlängerungen, die für den Verkehr in das eigene Netz erforderlich sind, ausgeschaltet werden, während im Endverkehr die gesamte Leitungsverlängerung in der Fernleitung eingeschaltet bleibt. Diese Ausschaltung erfolgt selbsttätig dann, wenn eine weitergehende Fernleitung angesteuert wird, sie unterbleibt, wenn eine Nummer des eigenen Netzes gewählt wird. Am besten ist aber die Anwendung von Durchschaltemethoden, die ohne jede Leitungsverlängerung und damit ohne jede Steuerung derselben mit unmittelbarer Verbindung der Fernleitungen arbeiten, wie es im Abschnitt 5 gezeigt wurde.

Zu 7: Das Zusammenarbeiten der verschiedenen Wählersysteme trat in der ersten Zeit des Fernwahlbetriebes auf Fernleitungen nicht in Erscheinung, weil die Ausdehnung klein war. Erst mit zunehmender Ausdehnung der Fernwahl trat die Bedeutung dieser Aufgabe immer mehr in den Vordergrund. Die in Abschnitt 18 beschriebenen, vom CCIF angenommenen Empfehlungen der Tonfrequenzfernwahl dienen dazu, die Schwierigkeiten bei der Zusammenarbeit der verschiedenen Wählersysteme im zwischenstaatlichen Fernnetz zu beseitigen.

Zu 8: Die Pfeifsicherheit wird bei der allgemeinen vieradrigen Durchschaltung, wie sie in Abschnitt 5 behandelt wurde, durch die zunehmende

Zahl der Schaltstellen praktisch nicht beeinflußt. In den verschiedensten Fernverbindungen kommen selbst bei Verwendung von Zweidrahtleitungen im Endfernnetz nicht mehr als drei Verstärkerabschnitte vor, wobei noch für stark gedämpfte Fernvermittlungsleitungen besondere Verstärker in den Endfernämtern dazugeschaltet werden können, ohne die Pfeifsicherheit zu beeinflussen. In Abb. 127 ist die Durchschaltung der Fernleitungen in den Netzgruppen zweiadrig und im großen Fernnetz über die verschiedenen Fernämter vieradrig dargestellt. In den Netzgruppen bleibt demnach die zweiadrige Durchschaltung bestehen, während im großen Fernnetz allgemein vieradrig durchgeschaltet wird. Anzustreben wäre auch die Verwendung von Vierdrahtleitungen im Endfernnetz, in welchem Falle für die längste

Abb. 127. Die Durchschaltung der Fernleitungen, zweiadrig in den Netzgruppen, vieradrig in den Fernämtern.

Fernverbindung nur ein Verstärkerabschnitt, wie in Abb. 127 gezeigt, erforderlich wird. Leitungsverlängerungen, Schnurverstärker und Netzgruppenverstärker fallen sämtlich fort.

Mit diesen einfachen Mitteln können daher alle besonderen Forderungen des Weitfernverkehrs vollkommen erfüllt werden, ohne die geringsten Wartezeiten zu erfordern. Die Ausnutzung der Fernleitungen läßt sich auf den höchstmöglichen Wert steigern.

Der gesamte Fernverkehr befindet sich im Zustande der Anpassung an den Weltverkehr, wobei in den innerstaatlichen Netzen eine Beseitigung der unangenehmen Wartezeiten möglichst ohne große Leitungsvermehrung durch Bündelung der Fernleitungen angestrebt wird. Die Änderungen können naturgemäß nur Schritt für Schritt erfolgen, weil die Anlagen sehr ausgedehnt und erhebliche Kapitalien in ihnen festgelegt sind. Die auftretenden zahlreichen technischen Probleme sind wohl im allgemeinen als gelöst zu betrachten, dagegen muß die wirtschaftlich günstigste Lösung für jeden einzelnen Fall noch besonders bestimmt werden, wobei zu erwähnen ist, daß die Wirtschaftsberechnungen bei einem derartigen weitverzweigten Gebiet mit den vielen zu beachtenden Faktoren nicht einfach sind.

Zusammenfassung.

Die Selbstanschlußtechnik hat den Ortsverkehr und die Ortsnetze mit großem Erfolg umgestaltet und ist jetzt auf dem Wege, auch den Fernverkehr und die Fernnetze grundlegend umzuformen. Wie der Ortsverkehr durch sie auf eine andere technische und wirtschaftliche Basis gestellt wurde, so wird auch der Fernverkehr auf eine andere technische und wirtschaftliche Basis gestellt werden.

Im Welt-, Durchgangs- und Verteilerfernnetz werden künftig nur Vierdrahtleitungen, Trägerfrequenzkanäle oder drahtlose Verbindungen verwendet werden, deren Durchgangsdämpfung möglichst nahe an 0 Neper anzustreben ist. Im Endfernnetz kann man Zweidrahtleitungen verwenden, wenn man nicht vorzieht, ebenfalls Vierdrahtleitungen zu verwenden, wie es schon teilweise von Verwaltungen eingeführt ist. Durch die vorher empfohlene allgemeine Einführung der vieradrigen Durchschaltung der Fernleitungen kann man eine Verminderung der Dämpfung der gesamten Fernverbindung bei genügender Pfeifsicherheit erreichen und kann dann wünschenswerte größere Dämpfungen in den Leitungen der zahlreichen Netzgruppen zulassen, wodurch die Zahl der Netzgruppen und Endfernämter erheblich vermindert werden kann.

Die vieradrige Durchschaltung ermöglicht auch eine weitgehende Bündelung der Fernleitungen, wodurch eine gute Ausnutzung im Sofortverkehr erreicht wird.

Die Zahl und Größe der Fernämter nimmt mit zunehmender Ausbreitung der Wählertechnik ständig ab, weil durch die Bildung von Netzgruppen sich die Zahl verkleinert und in den Fernämtern der ankommende, teilweise auch der abgehende und Durchgangsverkehr über Wähler geleitet wird. Die Fernplätze dienen nur noch dem abgehenden Weitfernverkehr, der größtenteils als Meldefernverkehr ohne Wartezeiten durchgeführt wird. Die Verbindungsherstellung in neuzeitlichen Fernämtern erfolgt ohne Stöpsel und Klinken mit Hilfe von fest eingebauten Tasten und Schaltern.

Wie sich ein neuzeitliches Fernnetz von einem alten Netz und wie sich der neuzeitliche Fernbetrieb vom alten Betrieb unterscheiden, ist in der nachstehenden Gegenüberstellung zusammengefaßt.

Altes Fernnetz	Neuzeitliches Fernnetz
1. Viele Richtungen mit je wenig Fernleitungen, daher Zersplitterung der Bündel im Maschennetz.	Wenige Richtungen mit je vielen Fernleitungen, daher Zusammenfassung der Leitungen zu großen Bündeln im Sternnetz.
2. Möglichst nur unmittelbare Fernleitungen, Bevorzugung des Endverkehrs.	Wenige unmittelbare Fernleitungen. Bevorzugung des Durchgangsverkehrs.
3. Vermeidung von Durchgangsfernämtern und Durchgangsverkehr.	Vergrößerte Zahl von Durchgangsfernämtern.
4. Keine erkennbare Ordnung im Fernnetz.	Klares Fernnetz, unterteilt in Netzebenen mit gleichwertigen Fernämtern.

Das neuzeitliche Fernleitungsnetz ist daher wie ein neuzeitliches Ortsnetz besonders gekennzeichnet durch die Zusammenfassung vieler kleiner Bündel zu wenigen großen Bündeln unter Vermehrung der Durchgangsämter und Vermeidung von Querverbindungen und durch besonders klaren Netzaufbau.

Der alte Fernbetrieb mit Herstellung der Fernverbindungen von Hand unterscheidet sich vom neuzeitlichen Betrieb mit Fernwahl folgendermaßen:

Alter Betrieb	Neuzeitlicher Betrieb
1. Verkehr mit zum Teil recht großen Wartezeiten.	Sofortverkehr ohne Wartezeiten.
2. Herstellung der Fernverbindungen von Hand über Fernleitungen und im Ortsamt über Vorschalteschränke mit Hilfe mehrerer Beamtinnen.	Fernwahl über Fern- und Ortsleitungen bis zum Teilnehmer durch höchstens eine Beamtin. Fernwahl in besonderen Fällen unmittelbar vom Teilnehmer.
3. Stets Aufschaltung auf bestehende Ortsverbindungen und Trennung derselben.	Keine Störung ortsbesetzter Leitungen.
4. Durchschaltung in besonderen Durchgangsfernämtern von Hand, gegebenenfalls mit Verstärkern mit Handregelung.	Selbsttätige Durchschaltung in Durchgangsfernämtern, gegebenenfalls mit selbsttätig eingeschalteten und geregelten Verstärkern.
5. Gebührenverrechnung durch Beamtinnen mit Gesprächszettel.	Gebührenverrechnung durch Beamtinnen mit Gesprächszettel oder mit selbsttätiger Zählübertragung auf den Teilnehmerzähler. In besonderen Fällen bei Fernwahl durch den Teilnehmer selbsttätige Zählung unter Umständen mit Gebührendrucker.

Hiernach wird die Einführung der Wählertechnik mit der Fernwahl und des Sofortverkehrs in Verbindung mit der Bündelung der Fernleitungen und der entsprechenden Gestaltung des Fernnetzes eine wesentliche Beschleunigung und bedeutende Verbesserung des Fernverkehrs ermöglichen.

Die erheblichen technischen, besonders aber auch wirtschaftlichen Gewinne, die durch die Einführung der Wählertechnik im Fernbetrieb erzielt werden, können nicht mehr übersehen werden. Die bisher bei der Handamtstechnik herrschende Ansicht, daß im Weitfernverkehr aus wirtschaftlichen Gründen auf Wartezeiten nicht verzichtet werden kann und daß aus technischen Gründen Schaltstellen zu vermeiden sind, muß bei der Wählertechnik einer erheblichen Berichtigung unterzogen werden.

Die Aufgaben, die durch die Einführung der Wählertechnik im Weitfernverkehr gestellt werden, sind zum größten Teil als gelöst zu betrachten; die Durchführung wird aber wohl noch viele Jahre in Anspruch nehmen.

Literatur vom Verfasser.

„Das selbsttätige Fernamt Weilheim." Siemens-Zeitschrift, Jahrg. 23.

„Gestaltung der Landnetze für Fernsprechanlagen." Zeitschr. f. Fernmeldetechnik, Jahrg. 25, Heft 2.

„Die Gestaltung des Orts- und Nachbarortsverkehrs in ländlichen Fernsprechnetzen." Siemens-Zeitschrift, Jahrg. 28, Heft 3.

„Automatische Telephonie über große Entfernungen." Siemens-Jahrbuch 30.

„Zweckmäßige Gestaltung des Fernleitungsnetzes telephonischer Anlagen." Zeitschr. f. Fernmeldetechnik, Jahrg. 31, Heft 2.

„Wirtschaftlicher Aufbau ländlicher Fernsprechämter." Zeitschr. f. Fernmeldetechnik, Jahrg. 31, Heft 4.

„Münzfernsprecher." Siemens-Zeitschrift, Jahrg. 32, Heft 2.

„Die zukünftige Gestaltung des Fernverkehrs." Zeitschr. f. Fernmeldetechnik, Jahrg. 32, Heft 2.

„Die Steigerung der Wirtschaftlichkeit des Fernverkehrs." Fortschritte der Fernsprechtechnik, Heft 5.

„Der Einfluß der Fernwahl und des Sofortverkehrs auf das Fernleitungsnetz und den Fernbetrieb der Fernsprechanlagen." Europ. Fernsprechdienst, Jahrg. 33, Heft 31.

„Die Technik des Fernbetriebes." Zeitschr. f. Fernmeldetechnik, Jahrg. 34, Heft 6 bis 8.

„Die Versorgung des flachen Landes mit zweckmäßigen Fernsprecheinrichtungen." Zeitschr. f. Fernmeldetechnik, Jahrg. 35, Heft 4.

„Das bestehende europäische Fernnetz, seine Leistung und Ausnutzungssteigerung, sowie die Beschleunigung des Verkehrs durch die Selbstanschlußtechnik." Europäischer Fernsprechdienst 1936, Heft 44.

„Die Entwicklung, Ausgestaltung und Anordnung der Zeitzonenzähler." T.F.T. 1937, Heft 6.

„Das Eindringen der Wählertechnik in den Fernbetrieb und der Einfluß auf die Ausgestaltung der Fernämter." T.F.T. 1938, Heft 6.

„Eine zweckmäßige Zusammenschaltung der Fernleitungen in den Fernämtern." T.F.T. 1938, Heft 11.

„Die Wählertechnik im Fernverkehr und die Tonfrequenzfernwahl." Jahrbuch des elektrischen Fernmeldewesens 1938.

T.F.T. = Telegraphen-, Fernsprech- Funk- und Fernsch-Technik.

Sachregister.